Historical Discography Of

NEIL YOUNG

ニール・ヤング全公式音源攻略ガイド

責任編集 **和久井光司**

目 次

4 Introduction
和久井光司

7 Chapter 1
American Rock Before Neil Young
和久井光司

27 Chapter 2
Buffalo Springfield
真下部緑朗

35 Chapter 3
CSNY (Out Of Neil's Solo Album)
犬伏 功、森 次郎、和久井光司

79 Chapter 4
Original Release Of Neil Young
梅村昇史

87 Chapter 5
Neil's Recordings 1963–1978
梅村昇史、真下部緑朗、和久井光司

143 Chapter 6
Neil's Recordings 1979–1991
梅村昇史、森 次郎、森 陽馬、和久井光司

175 Chapter 7
Neil's Recordings 1991–2020
犬伏 功、梅村昇史、森 次郎、森 陽馬、和久井光司

223 Chapter 8
Family, Friends & Crazy Horse
森 陽馬、和久井光司

INTRODUCTION

〝肉を食らわば骨まで〟のきっかけになった『渚にて』

和久井光司

1980年の春だったと思う。私は新宿西口の雑居ビルの中にあった「新宿ロフト」の事務所に、スクリーンの最初のデモ・テープを持っていった。「ロフトに出たいんです」と電話すると、「じゃあデモ・テープを持ってきて」と時間を指定されたのだ。

そのとき応対してくれたのは、のちに独立してプロダクションを興すことになるAさん（すでに故人）だった。彼は挨拶もそこそこにテープを聴き、入っていた2曲が終わると「詞が観念的じゃない？」と言った。前身バンドを諦めてスクリーンをつくったとき、私はニュー・ウエイヴ・バンドを目指した。ライヴをやらずに曲を書いて練習し、4トラックのデッキで録ったデモだった。それをAさんは酷評し、「勢いが売りのパンクならわかるけど、ちゃんとつくられたメロディを歌って、曲もそこそこポップなんだから、なにを伝えたいかが重要じゃないか？」と言うのだ。そして、「だいたいどういう音楽を聴いて、こうなったの？」と訊いてきた。

私はそのころトーキング・ヘッズやXTCに夢中だったからそう言うと、「それは最近でしょ。俺が訊いてるのは、どういう音楽を聴いてキミがここまで来たのかってこと」とAさん。ウーン…と考えた私が、「ずっと聴いてるのはボブ・ディランとルー・リードとニール・ヤングかなぁ」と応えると、Aさんは「ニール・ヤング？」と見る見る顔を紅潮させ、「まさか『アフター・ザ・ゴールド・ラッシュ』と『ハーヴェスト』だけじゃないよな？」と、まるで喧嘩ごしである。

ちょっと悔しくなった私は、「そんなわけないじゃないですか。『時は消え去りて』も『今宵その夜』も『ズマ』

も『カムズ・ア・タイム』も『ラスト・ネヴァー・スリープス』も持ってますよ」と応えた。

するとAさん、「じゃあ『オン・ザ・ビーチ』は？」と言う。やられた。日本盤を買い逃した『渚にて』を、私は持っていなかったのだ。

正直に「持ってません」と言うと、私の目を正面から見据えたAさんは、「好きだったら全部だろ。バンドなんかやって生きていこうと思ったら、肉を食らわば骨まで覚悟がなきゃいけないんだよ」と言った。

アタマをひっぱたかれたように思った私がシュンとなると、「じゃあ『オン・ザ・ビーチ』を聴いてつくったデモができたら、また持ってきなよ。そしたら採用だ。お、こんな時間か。いまごろS-Kenがリハやってるから覗いていけよ」とロフトに案内してくれた。

S-Kenはカッコよかった。胡散臭さが本物だった。私はすぐに中古盤屋をまわって『渚にて』を手に入れたのだが、歌詞の対訳がほしくて輸入盤は買わないでいたのに、日本盤には対訳がついていなかった。

そういうことじゃないんだな、と21歳の私は悟った。「心で聴け」ということか、と。

翌年インディー・ブームに乗って世に出た私は、ロフトで開かれた日本初のインディー・フェスに招かれた。オーディション的なことはなかった。一度出てしまえば、あとは楽だった。そういうことか、と思った。

20年ぐらい経ってAさんに再会したとき、彼は私のことを知っていたが、「初めまして」なんて言う。だから、「むかしロフトの事務所にデモ・テープを持って行って、あなたにこっぴどく怒られたんですよ」と言うと、「えー!? そりゃ失礼しました。ライヴハウスのブッキング担当ごときが、なにをエラそうに言ったんだか」と謝られてしまった。「ぼくが生意気そうだったから、少しお灸をすえてやろうと思ったんじゃないですか。いまのぼくがあるのは、あのときAさんが厳しいことを言ってくれたからだと思ってるんです。とっても感謝してますよ」と言うと、Aさんたら「和久井さんにとやかく言えるほど、俺が『オン・ザ・ビーチ』を聴いてたとは思えないんですよ。ほんとに失礼しました」なんて本気で平伏低頭するではないか。

ま、そんなものだよな、と私は思った。

しかし、ここには単なる個人の思い出話とは違う、確固たる真実があると思うのだ。

ボブ・ディランほど難しくないし、ルー・リードみたいに捻れてもいないから、「ニール・ヤングはわかりやすい」と思われている。ときどき変なことをやらかしたりはするが、『トランス』みたいなアルバムが何枚も続くことはないし、決まって〝いつものニール・ヤング〟に戻る。「50年以上そうだったではないか」と、多くのリスナーは思っていると思う。

けれど、本当にそうだろうか？

アーカイヴ・シリーズが始まって、私のニール・ヤング観はぐらつき始めた。絶対に揺らがない〝ニール節〟に対する想いはより強固になったものの、〝そこ〟ではないところでは揺れまくっているニールを、多くのリスナーは捉えていないんじゃないかと思い始めたのだ。「肉を食らわば骨まで」と教えられてニールと向き合ってきた私でも、長年の習慣から〝いつものニール・ヤング〟に期待し、ど真ん中のストライク・ボールを待っているだけなんじゃないか、と思うようになった。

そうなると、だんだん不安になる。「結局オレは『アフター・ザ・ゴールド・ラッシュ』や『ハーヴェスト』みたいなアルバムを待ってるんじゃないか？」と自問するようになってしまったのだ。

『フランク・ザッパ攻略ガイド』のキモである録音順の編年体というアイディアをくれた梅村昇史から、「編年体でニール・ヤング、どうですか？」と相談されたのは、そんなときだった。「いいねぇ。そりゃオレもありがたいよ。近年はニールへの想いが揺らぎまくっていて、困ってたんだ」と企画を通す約束をした。

そんな経緯で本書の作業が始まったのだが、梅ちゃんが録音順にアルバムを並べてくれたおかげで、絡まっていた糸がみごとにほぐれた。執筆陣からも「スッキリしました！」という声が相次いだほどだから、読者の皆さんに喜んでもらえるものになったはずである。

コロナ禍の中の酷いオリンピックでも、アスリートたちの熱闘には感動させられたように、ひとり戦ってきたニール・ヤングに、いまこそ心を重ねたい。

彼が対峙してきた半世紀強の世界や社会や音楽界の記録として、私はこの本をつくった。

Chapter 1

American Rock Before Neil Young

和久井光司

CSNYにいたる長い道のり

和久井光司

最初にお断りしておくが、本稿はニール・ヤングのライフ・ストーリーではない。こういう本ではたいてい主人公の足跡が縦軸になるものだが、ニールの場合、個人としての生活や、生活する中での想いは、ほとんど作品にぶちまけられている。かつては制作途中で暗礁に乗り上げたアルバムや伝説になったライヴなど、我々には知る術がないことを、ライナーノーツや雑誌・書籍で読み、「そうだったのか」と思うことが少なくなかったけれど、アーカイヴ・シリーズで重要なところがほとんど出揃った現在は、時々のニールの気持ちや、「なぜそういう曲を書いたか」を摑むことができる。

つまり、彼は「作品が人生そのもの」なのだ。

すでに自伝を出版している人のライフ・ストーリーを私なんぞが語るのもおこがましいので、「作品をきちんと味わうためのガイド」として、私は本書を企画した。だからここでは、ニール・ヤングがシーンに現れるまでのアメリカン・ロックを語っておきたい。

「ハート・オブ・ゴールド」のころ

私がポップ・ミュージックを意識的に聴き始めたのは1971年だが、その時点ではすでに「アメリカン・ロック」「ブリティッシュ・ロック」という概念があった。先輩たちに「お前はどっち派？」なんて問われた。

いま考えればバカらしいことだ。生まれた国や育った環境が表現者の個性に大きな影を落とすのは必然だが、音楽はいとも簡単に民族や国境を超えるから面白いのである。第二次世界大戦後、レコードが世界的にポピュラーなものになってからその傾向は加速し、生まれや育ちとはまったく縁のない、行ったことがないばかりか、ろくに知らない土地でつくられたレコードに、我々は一喜一憂し、音楽を聴き続けてきた。中にはアイルランドやブラジルの音楽ばかりを追いかける人もいるし、黒人音楽が専門という人もいるが、そういう偏りは私は好きではない。ポップ・ミュージックの〝ポップ〟は、そこにはないと思うからだ。

ビートルズやローリング・ストーンズがメンフィスのバンドなら、土地を語ることにある種の整合性が出てくるかもしれないが、ご存知のようにビートルズはリヴァプール、ストーンズはロンドン生まれではないか。60年代前半の英国バンドを聴けば彼らの趣向がとくべつではなかったことがわかるけれど、コロナ・ウィルスの変異株のように、彼らには「ルーツ＋」の要素があった。ここは重要なポイントだ。ビートルズとジェリー＆ザ・ペースメイカーズ、ストーンズとプリティ・シングスの違いは「＋」の部分である。

「ハート・オブ・ゴールド（孤独の旅路）」の日本盤シングル。72年を代表するヒットになった。

その「＋」に含有されたオリジナリティの分量が「ポップ」のキモなのだが、もちろん商業的なバックアップがなければ、それが瞬間で大衆に伝播することもない。

72年2月にリリースされた「ハート・オブ・ゴールド」が米英で1位となったのは、CSNYの『デジャ・ヴ』、『アフター・ザ・ゴールド・ラッシュ』、『4ウェイ・ストリート』と満塁になっていたところでのホームランという感じだったが、そこで取った4点を50年にわたって守り続けてきたニール・ヤングはスゴい。デイヴィッド・クロスビー、スティヴン・スティルス、グレアム・ナッシュのその後を考えれば、ニールの精神性が少なくともロックのリスナーには必要とされてきたのがわかるし、唯我独尊に見えなくもない創作活動の中で光る「時代を読む目」が感じられるはずだ。

ニールの曲づくりは極めてシンプルだし、コード進行やリズム・パターンのヴァリエイションはいくつかしかない。名曲といわれているナンバーはほとんど〝いちばん得意なパターン〟で書かれた曲だ。メロディがごっちゃになるほど同じようなのに、それが50年も飽きられない。いや、飽きない我々もどうかと思うのだが（笑）、焼酎でいえば四日市の「キンミヤ」ぐらい安くて美味くてポピュラーで、その辺のスーパーやコンビニでも難なく買えるという手軽さもある。てことは、クレイジー・ホースはホッピーか？（爆）。

しかしニールのワン・パターンは、「アメリカン・ロック史に残る発明」とも言える。

それがどこから来たのかを探るためにも、彼が中央に出てくるまでのアメリカン・ロック・シーンをおさらいしておく必要があるはずだ。

幼少期のニール

ニール・ヤングは1945年11月12日に、カナダのトロントで生まれた。父スコット・アレクサンダー・ヤング（1918〜2005）はスポーツライターをメインの仕事とするジャーナリスト、母エドナ・ブロウ・レイグランド〝ラッシー〟ヤング（1918〜1990）はフレンチクウォーターで、DAR（Daughters Of The American Revolution）のメンバーだった。

両親がニールの人間形成に大きな影響を与えたことは間違いない。独立戦争当時の精神を後世に伝えるために1890年に誕生した非営利団体「アメリカ革命の娘たち」の活動に熱心だったという母の平和主義は、ニールに受け継がれていると言ってもいいだろう。

スコットとラッシーは1940年にマニトバ州のウィニペグで結婚。トロントに移った42年に長男ロバート・ヤング、45年にニールをもうけた夫妻はその直後にオンタリオ州のオメミーに移住した。ポリオが大流行した52年にニールはこの街で病に冒されたが、静養をかねて一家で訪れたフロリダのニュー・スマーナ・ビーチに建つフォークナー・エレメンタリー・スクールに通って回復し、オメミーに戻っている。ヤング家は56年にピッカリングに引っ越したあと一度ウィニペグに戻り、57年からは再びトロントで暮らすようになった。

59年に日本の中学校にあたるローレンス・パーク・カレッジエイト・インスティテュートに入学したニールは、ロックンロールに夢中な少年になっていたが、60年に両親が離婚。兄は父とトロントで、ニールは母とウィニペグで暮らすことになり、アール・グレイ・ジュニア・ハイ・スクールに転校している。ギターを弾くようになったのはそのころのようだ。

ローカル・バンド時代

ケルヴィン・ハイ・スクールに進学したニールは、その学友たちと最初のリーダー・バンド、ザ・スクワイアーズを結成する。ケン・コブラン、ジェフ・ワッカート、ビル・エドモンドソンというメンバーだった。

3年ほどは学生バンドにすぎなかったが、やがてフォート・ウィリアムのローカル・プロデューサー、レイ・ディーの目にとまってデモ・テープを録音するまでになる。63年、地元のVレコードからリリースされた「ザ・サルタン」と「オーロラ」をカップリングしたシングルでスクワイアーズは知られるようになり、「ザ・サルタン」はローカル・ヒットとなった。ニールはのちにこの曲を「ザ・オリジナル・ブリッジ」と呼んでいるぐらいだから、基本となるスタイルはすでにできあがっていたと自負しているのだろう。

『ザ・アーカイヴス　ヴォリューム1』には、そのシングルのAB面、64年4月2日にCKRCスタジオで録音された「アイ・ワンダー」と「ムスタング」、65年11月23日にCJLXスタジオで録音された「アイル・ラヴ・ユー・フォーエヴァー」、そして65年の初冬もしくは春にウィニペグで録音された「(アイム・ア・マン・アンド) アイ・キャント・クライ」が収録されている。ニールの公式音源としては最古のものだが、ラジオ局での録音が残っていることからも、地元でそれなりに活動していたのが窺える。

「アイ・ワンダー」は『ズマ』に収録の「アイ・ドント・クライ・ノー・ティアーズ」となったほか、このころのスクワイアーズのレパートリーだった「エイント・イット・ザ・トゥルース」は88年の『ディス・ノーツ・フォー・ユー』に、ドン&デューイがオリジナルの「ファーマー・ジョン」は90年の『ラグド・グローリー』で再演されているのだから、ニールも執念深い。

やがてウィニペグのフォーク・クラブで働くようになったニールは、そこでジョニ・ミッチェルと知り合って意気投合し、ボブ・ディランの影響が顕著な「シュガー・マウンテン」を書く。それにジョニは「サークル・ゲーム」で応えるという形でふたりの交流は続き（ジョニも子供のころポリオに罹り、左手の指に障害が残っていたため、ニールが単純化したコードの押さえ方やカポの使い方を教えたらしい）、「シュガー・マウンテン」はCJLX局での録音も残された。ソングライターとして注目され始めたニールは、ランディ・バックマン率いるウィニペグのバンド、ザ・ゲス・フーに提供した「フライング・オン・ザ・グラウンド・イズ・ロング（Flying On The Ground Is Wrong）」で小銭を稼いだ。この曲がカナダのチャートでトップ40に入るヒットになり、印税を手にしたのである。

　ウィニペグやマニトバのヴェニューで稼ぐようになったスクワイアーズは、66年初頭のある日、ザ・フラミンゴというクラブでロサンゼルスからやってきたバンド、ザ・カンパニーと共演した。このバンドのスティヴン・スティルスと仲良くなったニールは、「いずれ一緒に演ろう」と約束を交わす。スクワイアーズはすでに有名無実で、ニールがその都度メンバーを集めて維持していたからだったようだ。

The Mynah Birds
2012年春のレコード・ストア・デイに限定発売された7インチ・シングル。

　同じころニールはリック・ジェイムズ（のちにモータウンで一時代を築いたあのファンク野郎だ）が率いるトロントのバンド、マイナー・バーズ（Mynah Birds）の一員となってカナダをツアーしたが、ジェイムズが脱走兵だったことがバレて立ち行かなくなり、バンドはあえなく解散。スティヴン・スティルスとの約束を思い出したニールは、マイナー・バーズでドラムを叩いていたブルース・パーマーを誘って、ロサンゼルスに出ることを決意したのである。

スティヴン・スティルス

　1945年1月3日に、ウィリアム・アーサー・スティルス（1915〜1986）と、タリサ・クウィンティラ・コラード（1919〜1996）の息子としてテキサス州ダラスで生まれたスティヴン・スティルスは、一家がフロリダ州タンパのゲインズヴィル、コヴィントン、コスタ・リカ、パナマ、エル・サルバドルを転々としたことから、ブルースやフォークとラテン音楽を同時に吸収するという少年時代を過ごした。

フロリダのアドミラル・ファーラゲット・アカデミーやセイント・リオ・カレッジ・プリパラトリー・スクールや、コスタ・リカのリンカン・ハイ・スクールで学び、LSU（ルイジアナ州立大学）に進んだスティルスは、19歳のときにドロップ・アウト。のちにイーグルスを結成するドン・フェルダーとバンドを結成してみたりしたが、ソロ・アーティストの道を選び、グリニッチ・ヴィレッジのフォーク・シーンに飛び込むのだ。

ガーズ・フォーク・シティ（Garde's Folk City）に出演して知られるようになったスティルスは、カフェ・オウ・ゴー・ゴーのレギュラー9人（リッチー・フューレイ、ロイ・マイケルズ、リック・ジェイガー、ジーン・ガーニー、マイケル・スコット、キャシー・キング、ネルス・ガスタフソン、ボブ・ハーメリンク、スティルス）によるオウ・ゴー・ゴー・シンガーズでレコード・デビューも果たしたが、フォーク・ロック・バンドに移行しようと65年にザ・カンパニーを結成した。

これについていったのがリッチー・フューレイで、66年初頭にザ・カンパニーが6週間のカナダ・ツアーを行った際にニール・ヤングと出会っている。

1944年5月9日にオハイオ州のイエロー・スプリングで生まれたリッチー・フューレイは、当時はまだソングライターとしては未知数だったから、スティルスはニールを誘ったのだろうが、数ヶ月後にバッファロー・スプリングフィールドのようなバンドが生まれるとは思っていなかったはずだ。彼がモンキーズのオーディションを受けたりしていたのは、その証拠である。

ニールとブルース・パーマーは有り金はたいて買った中古のポンティアックに乗ってカリフォルニアを目指したのだが、ハリウッドのサンセット・ブールヴァードに到着すると、対向車線にスティルスとフューレイが乗った車が現れた。まさかの事態に4人は驚き、すぐにバッファロー・スプリングフィールドが結成されたわけだ。

Au Go Go Singers
“That Call Us Au Go Go Singers”
(Roulette / R 25280) 1964年

このバンドの活動については次章で真下部緑朗さんがお書きになっているからここでは省くが、スティルスとフューレイがマサチューセッツからロサンゼルスに移り住んだのも、ボブ・ディランとザ・バーズが65年にフォーク・ロックの扉を開けたことで、ニューヨークのフォークがもはや古くなっていたからだろう。

サーフィン／ホット・ロッドのメッカだったカリフォルニアではバンドが演奏できるクラブが次々に生まれ、ビーチ・ボーイズのスタッフとしても知られたゲイリー・アッシャーやブルース・ジョンストンは、サーフ・バンドにフォーク・ロックを演奏させるようになっていた。「ミスター・タンブリン・マン」を大ヒットさせてフォーク・ロックの先兵となったバーズは、バンド内の力関係を刻々と変化させながら、ビートルズやローリング・ストーンズら英国のビート・バンド勢とは重ならない〝ロック〟をつくろうとしていたし、サンフランシスコではジェファーソン・エアプレインやグレイトフル・デッドが活動を始めていた。

スティルスはそういう〝風〟を読んでいたはずだ。複数のソングライター、複数のシンガーがいるのが、彼にとっては〝新しいバンド〟であり、バーズ以上に自由度の高い演奏を目指していたのではないかと思う。

ファースト・アルバムを話題にできなかったバッファロー・スプリングフィールドは、スティルス作の「フォー・ホワット・イッツ・ワース」のヒットで〝アメリカン・ロック〟の可能性を示したが、どこが新しかったかと言えば、黒人音楽的な〝弾み〟を曲自体が持っていることだった。そのビート感やグルーヴは、ソウル・ミュージックを白人層に広めようとしていたアトランティックの総帥、アーメット・アーティガンのリクエストだったのかもしれないが、50年代のR&Bを手本にしていた英国のビート・バンドたちより〝ヨコノリ〟の、ソウルフルなグルーヴだったことを見逃してはならない。

スティルスがリズムに対して柔軟だったのは、彼のラテン・ルーツに由来するのだろう。67年から72年にかけての彼は、ラテンもソウルも〝ロック〟の範疇に収めようとしていたのが画期的だったのだ。70年代に入って〝ルーツ感〟がキモのスワンプ・ロックが定着してしまうと、〝そこ〟から新しさを抽出する術を見失い、失速したのがスティルスだが、デイヴィッド・クロスビー、グレアム・ナッシュと出会ったことで一度は必要としなくなったニールをCSNに加えたという芸当を含めて、当時は冴えわたっていたと言える。

カントリー・ロックを目指してポコを結成したリッチー・フューレイとジム・メッシーナをスティルスはあまり認めていなかったようだが、おそらくスティルスはカントリーのベタなコード進行やお決まりの表現が嫌いなんだと思う。そう考えると、ニールという相棒のいなくなったバッファローを諦めたのもうなづけるのだ。

デイヴィッド・クロスビー

67年6月16日から18日の3日間、カリフォルニア州モンタレーで開かれた「モンタレー・ポップ・フェスティヴァル」は、ロックをメインとした大規模な野外コンサートとしては初めてのもので、ジミ・ヘンドリックスがギターに火をつけ、ザ・フーのピート・タウンゼンドが飛び、ジャニス・ジョプリンが一夜にしてスターになった歴史的なイヴェントとして語り継がれている。

もともとは「モントルー・ジャズ・フェスティヴァル」の〝ロック版〟を考えたプロモーターのアラン・パリザーの企画だったが、ママズ&パパズのジョン・フィリップスと、彼らのプロデューサーだったルー・アドラーが乗り、LAで音楽専門のプロモーション会社を興したデレク・テイラー（元ビートルズの広報）が英国勢の召集を依頼されたことから大掛かりとなり、69年の「ウッドストック」への布石となった。

出演者は以下のとおり。

6月16日　夜の部
アソシエイション、ザ・パウパーズ、ルー・ロウルズ、ビヴァリー、ジョニー・リヴァース、エリック・バードン&ジ・アニマルズ、サイモン&ガーファンクル

6月17日　昼の部
キャンド・ヒート、ビッグ・ブラザー&ザ・ホールディング・カンパニー（ジャニス・ジョプリン）、カントリー・ジョー&ザ・フィッシュ、アル・クーパー、ザ・バターフィールド・ブルース・バンド、クイックシルヴァー・メッセンジャー・サーヴィス、スティーヴ・ミラ

ー・バンド、エレクトリック・フラッグ

6月17日　夜の部
モビー・グレイプ、ヒュー・マケセラ、ザ・バーズ、ザ・バターフィールド・ブルース・バンド、ローラ・ニーロ、ジェファーソン・エアプレイン、ブッカー・T&ザ・MGズ、ザ・MGズ&ザ・マーキーズ、オーティス・レディング

6月18日　昼の部
ラヴィ・シャンカール

6月18日　夜の部
ブルース・プロジェクト、ビッグ・ブラザー&ザ・ホールディング・カンパニー（ジャニス・ジョプリン）、アソシエイション、グループ・ウィズ・ノー・ネイム（サイラス・ファーヤー）、バッファロー・スプリングフィールド、ザ・フー、グレイトフル・デッド、ジミ・ヘンドレクス・エクスペリエンス、ママズ&パパズ、スコット・マッケンジー

このときにザ・バーズのデイヴィッド・クロスビーとバッファロー・スプリングフィールドの交流が始まり、CSN結成への導火線が引かれたと言っていい。

デイヴィッド・クロスビーは1941年8月14日に、ロサンゼルスで生まれた。父はアカデミー賞を獲ったこともある映画のカメラマンで、デイヴィッドはその次男だった。父はオランダにルーツを持ちニューヨークのウォール街でビジネスを成功させたヴァン・レンセッリア・ファミリーの末裔、母はピッツバーグの名家の娘だったこともあって、裕福な家庭だったようだ。

クロスビーはロサンゼルスでミュージシャンをしていた兄イーサンを頼って高校のころ両親の家を出たが、60年に両親が離婚したため、サンタ・バーバラ・シティ・カレッジに進学するもドロップ・アウトし、テリー・キャリアーとのデュオや、レス・バクスターのバンドでミュージシャン生活をスタートさせた。63年にはワールド・パシフィック・レコーズのA&Rマンだったジム・ディクソンの目にとまり、最初のソロ・レコーディング

を行っている。

ジェット・セット〜ザ・ビフィーターズ

テリー・キャリアーのツアーでシカゴに行った際に、クロスビーは、ハリー・ベラフォンテとの共演盤でも知られたミリアム・マケバのグループでさまざまな弦楽器をプレイしていたロジャー・マッギン（42年7月13日、シカゴ生まれ）と意気投合。マッギンがデュオでトゥルバドールに出演した際の相棒だったジーン・クラーク（44年11月17日、ミズーリ州ティプトン生まれ／91年5月24日没）を誘ってグループ結成に向けて動き出し、まずはジェット・セットと名乗るトリオでの活動が始まる。64年初頭のことだ。

クロスビーをアシストしていたジム・ディクソンは、ワールド・パシフィック・スタジオでクロスビー、マッギン、クラークのデモ録音を開始し、″ビートルズとボブ・ディランを合わせたようなフォーク・ロック・バンド″として売り出すべく体制を整えていく。この最初のデモがのちに『プリフライト〜イン・ザ・ビギニング』としてリリースされるわけだが、ドラマーのマイケル・クラーク（46年6月3日、ワシントン州スポーケン生まれ／93年12月19日没）と、ベーシストのクリス・ヒルマン（44年12月4日、ロサンゼルス生まれ）がジェット・セットに加わった直後にディクソンはエレクトラとシングル1枚をリリースする契約を決めてきて、「プリーズ・レット・ミー・ラヴ・ユー」と「ドント・ビー・ロング」のレコーディングが行われた。このときは、クロスビー、マッギン、クラークに、セッションマンのレイ・ポールマン（ベース）と、アール・パーマー（ドラムス）という布陣での録音となり、10月7日にリリースされたシングルはザ・ビフィーターズ（The Beefeaters）名義だった。

ブライアン・ジョーンズのような髪型でルックスがよかったマイケル・クラークだが、それ以前はコンガの経験しかなく、ドラム・セットでプレイするには練習が必要だった。クリス・ヒルマンもア

The Beefeaters
'Please Let Me Love You / Don't Be Long'
(Elektra/ EKSN 4013) 1964年

コースティック・ギターやマンドリンの経験しかなく、ベースを弾いたのはジェット・セットが初めて。つまり、ロック・バンドとしてはまるで素人だったわけだ。

8月、ディクソンはボブ・ディランがまだ発表していなかった「ミスター・タンブリン・マン」のデモを、ディランのパブリシャーから入手してきた。ディランがジャック・エリオットと録音したヴァージョンである。クロスビー、マッギン、クラークは、3人のハーモニーにマッギンが12弦ギターを加えたこの曲のデモを録り、ディクソンはアセテート盤をつくった。おそらく「ディランの曲だから」という理由で彼はコロンビア・レコーズにコンタクトしたのだろうが、ニューヨークが拠点で、ロック・バンドを抱えていなかったコロンビアは、カリフォルニア進出に向けて、サーフ・ミュージック・シーンで活躍していた若きプロデューサー、テリー・メルチャーを雇ったばかりだった。〝ビートルズとボブ・ディランを合わせたようなフォーク・ロック・バンド〟はまさにコロンビアが求めていたものだし、バンド側にとっては夢のようなハナシである。両者の希望が叶って契約は成立。ジェット・セット／ビーフィーターズはザ・バーズと名前を変え、新たなスタートを切るのだった。

サーフ・ミュージック・シーン

コロンビア・レコーズは明らかにキャピトルに嫉妬していた。古くはフランク・シナトラが在籍していたものの、もともとのキャピトルは1942年に創立されたインディペンデント・レーベルであり、映画会社が母体のコロンビアやMGM、ワーナー・ブラザーズとは成り立ちが違っていた。それが変わり始めるのは英EMIと配給契約を交わした55年からで、57年から約6年をかけて、むしろキャピトル側に主導権のある業務提携に移行していったのだ。

王室レーベルとしての伝統を世界に誇っていたEMIだが、第二次世界大戦後、急激にビジネスとして発展しつつあったレコード産業の中心にいるには、巨大なアメリカのマーケットを押さえないわけにはいかなかったのだろう。キャピトルが首を縦に振らなければEMI勢のアメリカでの成功がなかったのは、当初はキャピトルに認められなかったビートルズの苦労話が証明している。

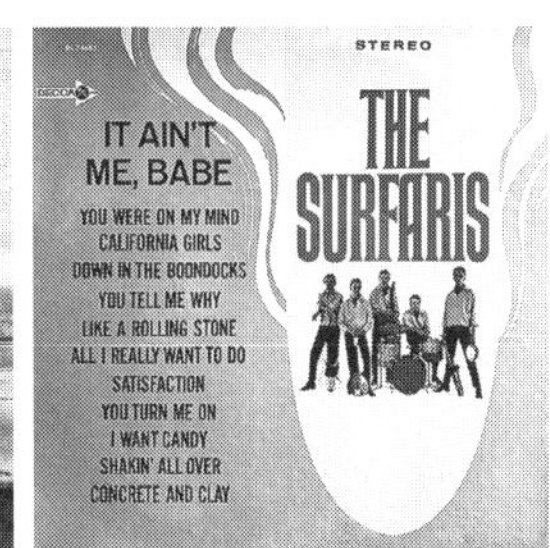

左から、The Bruce Johnston Surfing Band "Surfer's Pajama Party"（Del-Fi / DFLP 1228）1963年、The Super Stocks featuring Gary Asher "Surf Route 101"（Capitol / T 2113）1964年、ゲイリー・アッシャーがプロデュースしたThe Surfaris "It Ain't Me Babe"（Decca / DL 4683）1965年。順番に聴くと、サーフ・ミュージックからフォーク・ロックへの移行がわかる。

私は長年、キャピトルがビートルズを相手にしなかったのが不思議でしょうがなかったのだが、62、63年のカリフォルニアではサーフィン・ミュージックやホット・ロッドが大ブームになっていて、若者のレジャーのお供になる〝新しいポップ・ミュージックづくり〟においてはロサンゼルスのキャピトルが最先端にいた。

イチ推しはもちろんビーチ・ボーイズである。サーフィン・ミュージックのブームは、61年にデビューしたディック・デイルのギター・インスト（サーフィンの初ヒットと言われる「レッツ・ゴー・トリッピン」や、のちに映画『パルプ・フィクション』で世界的にポピュラーとなる「ミザルー」など）に始まり、デイルと、やはり地元のインディー・レーベルからデビューしたビーチ・ボーイズが揃ってキャピトルと契約した62年に、アメリカのロックンロールは新しいフェイズに突入したのだ。コットン・パンツに開襟シャツ、ジーンズにTシャツというカリフォルニアのトレンドに合った音楽を求めていたキャピトルにとっては、揃いのスーツを着て50年代型のロックンロールを演奏するビートルズが古臭く見えたのだろう。レコード会社の判断など、そんなものだ。

ニューヨークのコロンビア・レコーズはポピュラー・ミュージックの総合レーベルではあったが、古くからブルースのレコードを出したり、ビリー・ホリデイやマイルス・デイヴィスに門戸を開いたりしていたものの、カラーが大きく変わったのはボブ・ディランと契約した61年からで、それまではロックンロールやフォークには冷たかった。黒人音楽専門のインディー・レーベルとして47年にスタートしたアトランティック・レコーズもニューヨークが本拠地だが、61年にメンフィスのスタックス・レコーズ（57年にジム・ステュアートが立ち上げたサテライト・レコーズが母体）と業務提携してからは、デトロイトのモータウンと共に新しいR&B＝〝ソウル・ミュージック〟を牽引するレーベルになっていた（ゆえに、モータウン産を中心とする「ノーザン・ソウル」、アトランティック産を中心とする「サザン・ソウル」と差別化されるようになっていく）。

55年に登場したエルヴィス・プレスリーによって、ロックンロールは全米、そして世界に広がったが、60年3月に兵役を終えて帰国したエルヴィスがエンタテインメイト・シンガーに移行したのが決定的な契機となってブームは終結し、ブリル・ビルディングの若手作家たちがつくる〝アメリカン・ポップス〟がヒット・チャートを賑わすようになった。ジェリー・リーバー／マイク・ストーラーがエルヴィスへの楽曲提供で存在感を示したことは大きかったが、バリー・マン／シンシア・ウェイル、ニール・セダカ／ハワード・グリーンフィールド、エニー・グリニッチ／ジェフ・バリー、バート・バカラック／ハル・デイヴィッド、ジェリー・ゴフィン／キャロル・キングら若手作家による新しい感覚のポップスと、プロデュース・ワークやサウンドづくりにも長けたフィル・スペクターによって、60年代前半、アメリカン・ポップスは黄金時代を迎えたのだ。

シンガー・ソングライターを志向していたクロスビー、スティルス、ニールは、明らかにディラン寄りだったが、グリニッチ・ヴィレジでオウ・ゴー・ゴー・シンガーズに参加したスティルスが、ザ・カンパニーを率いてフォーク・ロックを模索しながらもモンキーズのオーディションを受けたことが示すように、メジャーになるにはシングル・ヒットを出し、大衆に〝スター〟と認められなければいけなかった。

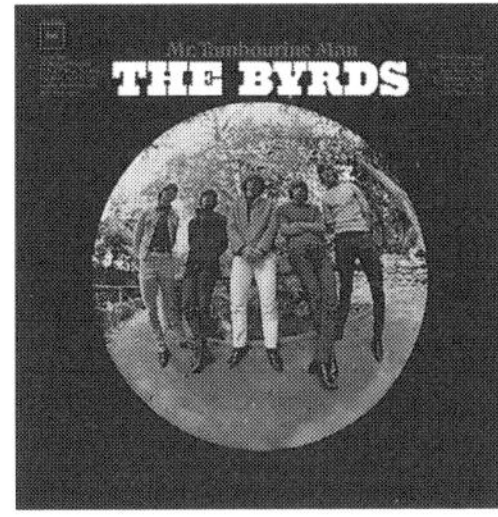

"Mr. Tambourine Man"
1965年6月21日

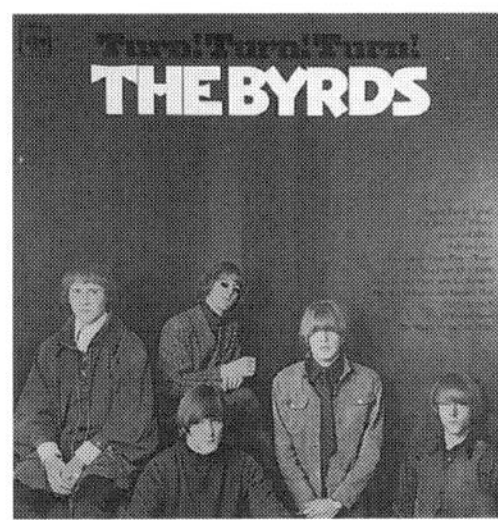

"Turn！Turn！Turn！"
1965年12月6日

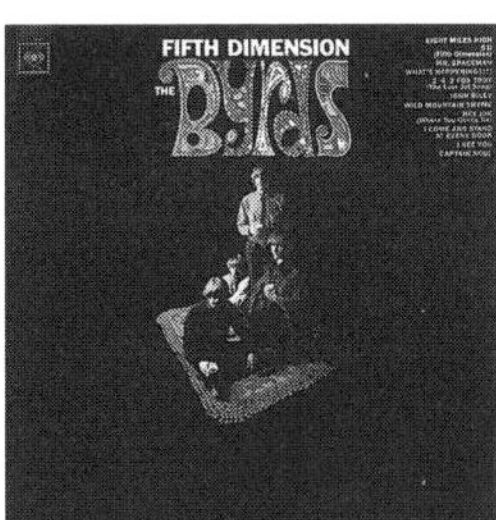

"Fifth Dimension"
1966年7月18日

"Younger Than Yesterday"
1967年2月6日

"The Notorious Byrd Brothers"
1968年1月15日

"Preflyte"
1969年7月29日

ところが、ビーチ・ボーイズ周辺の作家やプロデューサーはもっと巧妙だった。初期のビーチ・ボーイズに曲を提供したことでサーフィン／ホット・ロッド界の大物プロデューサーとなったゲイリー・アッシャーとブルース・ジョンストンや、歌手で女優のドリス・デイの息子という立場も利用してまんまとコロンビアと契約したテリー・メルチャーは、ブリル・ビルディングの作家たちとは異質の〝ロックなムード〟を放ちながらも、ロサンゼルスの音楽界の中心にいた。

ザ・バーズ

バーズの面々（とくにクロスビーとマッギン）はすぐにディランと交流を持つようになったが、シンガー・ソングライターとしてひとり立ちすることよりもバンドでの成功を考えていたのか、シングル・ヒットを狙いながらも〝プロデュースされたバンド・サウンド〟でアルバムをつくっていく、というビーチ・ボーイズ・スタイルを採用しながら、それぞれの個性に歯止めをかけないという独自のバンドとなっていくのだ。

65年1月に行われた「ミスター・タンブリン・マン」のレコーディングには、リオン・ラッセル、ハル・ブレイン、ラリー・ネクテルらが起用され、マッギンの12弦ギターと、クラーク、マッギン、クロスビーのヴォーカル・ハーモニーだけでつくられた。ヒルマンとマイケル・クラークは不参加だ。メルチャーは高音部を強調したコーラスと、ビーチ・ボーイズの「ドント・ウォリー・ベイビー」を踏襲したバンド・アンサンブルを融合させることで〝フォーク・ロックの新星〟にふさわしいサウンドを演出したというのだが、4月に発売されるや瞬く間に米英で1位となり、6月に出たファースト・アルバム『ミスター・タンブリン・マン』も、米6位、英8位という成功を収めた。ディランに続いて、すぐにビートルズと親しくなったのもかなり影響したのだろうが、ファースト・アルバムでは影が薄かったクロスビーは2作目『ターン！ターン！ターン！』（65年12月）でソングライターとしての個性を発揮し始めるのだ。

66年7月リリースの第3作『フィフス・ディメンション』は、先行シングル「エイト・マイルズ・ハイ」に顕著なスペイシーなラーガ・ロックが特徴となったアルバムだ。ラヴィ・シャンカールや、モード・ジャズに踏み込んだジョン・コルトレインから受けた影響を、サイケデリックな方向に推し進めたのはクロスビーだったはずだが、ジーン・クラークはこの路線を嫌って脱退。いちばんポップな曲を書くソングライターが欠けたことからクロスビーも中庸を考えたのか、続く『ヤンガー・ザン・イエスタディ』（67年2月）はプロデューサーとして迎えたゲイリー・アッシャーとのコンビネイションも素晴らしい傑作となった。

しかし、ビートルズの『サージェント・ペパーズ・ロンリー・ハーツ・クラブ・バンド』への応えとも言える『ザ・ノートリスアス・バード・ブラザーズ』（68年1月）の制作中にクロスビーは脱退。アッシャーのサウンドスケープには納得していたクロスビーだが、ゲスト参加するようになったクラレンス・ホワイトに寄って行ったマッギン／ヒルマンがカントリー・ロックにシフトし始めたことが、クロスビーには納得できなかったのだろう。なぜなら彼は、ＣＳＮにつながるような曲をすでに書き、個性を確立しつつあったからである。

ザ・ホリーズ

グレアム・ナッシュは1942年2月2日に英国のブラックプールで生まれた。マージー河の北側に位置するリヴァプールよりさらに北の、海沿いの街である。ビートルズの『マジカル・ミステリー・ツアー』のもとになった〝ミステリー・ツアー〟は、リヴァプールからブラックプールへのバスの旅だった（途中どこを経由し、どんなところで食事をさせるか、季節ごとに変えていたため、〝ミステリー〟の一語を用いていたそうだ）。

ナッシュが育ったのはマンチェスターのサルフォードという街で、5歳のときに市内の小学校で同級になった

"Stay With The Hollies"
1964年1月

"In The Hollies Style"
1964年11月

"Hollies"
1965年9月

"Would You Believe ? "
1966年6月

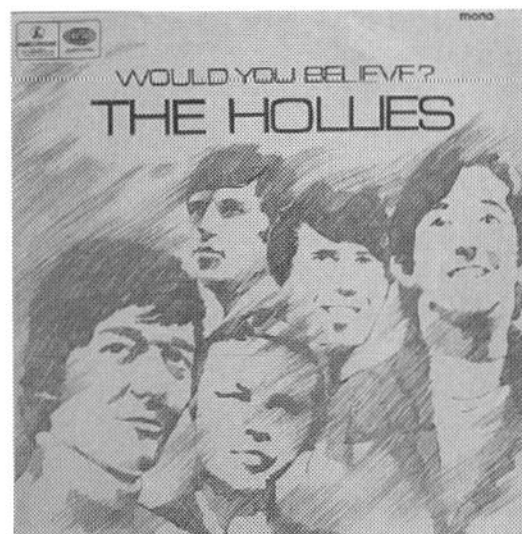

"For Certain Because"
1966年12月

"Evolution"
1967年6月

"Butterfly"
1967年11月

「バス・ストップ」"の日本盤シングル
1966年

アラン・クラークと親友になった。ふたりはやがてエヴァリー・ブラザーズを真似て歌うようになり、62年にドミネイターズ・オブ・リズムというバンドを結成。メンバー・チェンジを経て同年暮れにザ・ホリーズと名乗るようになり、ビートルズに続くバンドを探してマンチェスターにやってきたEMIパーロファンのプロデューサー、ロン・リチャーズの目にとまるのだ。

63年1月にEMIのオーディションを受けたホリーズは合格し、4月に初レコーディング。翌月リリースされたデビュー・シングル「(エイント・ザット) ジャスト・ライク・ミー」が全英25位まで上がる好スタートを切り、11月に発売された3枚目のシングル「ステイ」で初のトップ・テン入り。64年1月リリースのファースト・アルバム『ステイ・ウィズ・ザ・ホリーズ』を全英2位のヒットにして人気を決定づけた。

世界的に認知度を上げたのは、66年に英米で5位になった「バス・ストップ」からだが、英国では「シングルのバンド」と見られていたため、67年にはビートルズを追いかけるようにサイケデリック路線に転じ、トータリティの高いアルバム『エヴォルーション』と『バタフライ』で存在感を示した。

しかし、ナッシュが書いた'King Midas In Reverse'をはじめとする進歩的なナンバーがファンには受け容れられず、オーソドックスなポップ路線を好んだクラークと意見の相違が顕著になったため、ナッシュの苛立ちを募らせるばかりになる。

バーズやバッファロー・スプリングフィールドのような革新性を求めた彼は、66年のアメリカ・ツアーの際に知り合ったデイヴィッド・クロスビーとスティヴン・スティルスを頼って68年に渡米し、帰国後正式にホリーズを脱退。やがて本格的にカリフォルニアに移住して、CSNが生まれるわけだ。

ホリーズを脱退してからCSN結成までのあいだに、ナッシュはオランダ人デザイナー、シーモン・ポシュマとマーレイケ・コーガーを中心とするポップ・ユニット「ザ・フール」をプロデュースする。ホリーズの『エヴォルーション』や、インクレディブル・ストリング・バンドの『ザ・5000スピリッツ・オア・レイヤーズ・オブ・ザ・オニオン』のジャケットで注目された彼らは、ビートルズが「オール・ユー・ニード・イズ・ラヴ」を発表した世界同時中継番組「アワー・ワールド」に出演。ギターのペインティングでクリームとも親しくなり、ビートルズがベイカー・ストリートにオープンした「アップル・ブティック」を任されるまでになった。

ブティックはアッと言う間に閉店となったものの、シーモンとマーレイケとビートルズの関係は続き、ジョン・レノン、ジョージ・ハリスンの楽器や車のペインティングや、ジョージが音楽を担当した映画『ワンダーウォール』のセット・デザインなども引き受けていた。

そんなデザイン・チームが女性ふたりと結成したフールは、66〜67年のホリーズとインクレディブル・ストリング・バンドが一緒になったようなサイケ・ポップ・ユニットだったが、そこでのナッシュのプロデュース・ワークは当時の彼の志向を物語っていて面白い。ラーガ・ロック的な面ではクロスビーに近いし、ポップなメロディはバッファロー時代のスティルスを意識しているとも思えるからだ。

71年にシーモン&マーレイケ名義でリリースされた『サン・オブ・アメリカ』もナッシュのプロデュースだが、そこにはブッカー・T・ジョーンズも参加。シーモン&マーレイケは72年、ブッカー・Tにプロデュースを任せたアルバム〝Mediterranean Blues〟を制作したが、これは未完成に終わっている。

ナッシュからブッカー・Tに繋がるラインが見えれば、クロスビー、スティルス、ヤングが〝アメリカン・ロック〟を進化させる過程で、英国人のナッシュが果たした役割がもっと明確に見えたはずだけれど、そんなサブ・テキストは残されなかったのだ。

ある意味では無責任にアメリカ音楽を捉えていたナッシュのポップ感覚と、カナダ人のニールのアイリッシュ的なメロディが、CSNYの新しさの〝キモ〟だったはずなのだが——。

The Fool "The Fool"
(Mercury / SR 61178) 1968年

Seemon & Marjke
"Son Of Americaln"
(A&M / SP 4309) 1971年

Chapter 2

Buffalo Springfield

真下部緑朗

短命に終わった「早すぎたバンド」

真下部緑朗

あの「はっぴいえんど」が参考にしたバンドのひとつとしても知られるバッファロー・スプリングフィールドだが、CSNY、ポコまで生み出しているにもかかわらず、〝幻の〟という形容でくくられてしまうことが多かった。活動期間が2年余りと短いせいもあるが、日本ではオリジナル・アルバムが解散後の71年に発売されたという事情もあり、特にその傾向があったように思われる。ただ、結成までのあらゆる逸話を辿るだけでも極めて映画的なストーリーと言えるので、フォー・シーズンズの歴史を描いた『ジャージー・ボーイズ』（14年）で監督を務めたクリント・イーストウッドあたりに映画にしてもらいたいと思うのだが……。

さて、時計の針を66年まで戻すことにしよう。ニールは当時、マイナー・バーズ（Mynah Birds）でブルース・パーマーらと活動していたが、そのリーダーだったリッキー・ジェイムズ・マシューズが脱走兵であったために海軍に連れ戻され、あえなくバンドは解散（リッキーとは81年にモータウンで「スーパー・フリーク」のヒットを放つリック・ジェイムズである）。仕事がなくなったニールとパーマーは、一路ロサンゼルスを目指した。オンタリオ時代に知り合ったスティヴン・スティルスに、「バンドをやらないか?」と誘われたことがあったからだ。スティルスは有名になるチャンスを求めて、『ザ・モンキーズ・ショー』（NBCテレビ）のオーディションを受けたりしていたが、不合格。彼の誘いでオーディションに参加したピーター・トーケルソンは採用となり、ピーター・トークとして大人気となるのだ。

LAに到着したニールたちの車がサンセット大通りで

渋滞に巻き込まれたときに、〝伝説〟となる偶然が起こる。反対車線にスティルスとリッチー・フューレイが乗った車が現われたのだ。この再会でバンドは動き出す。ザ・バーズのマネージャー、ジム・ディクソンの紹介でドラムのデューイ・マーティンが加わり、初期のメンバーが揃った。ちなみにデューイは、トルゥバドールで働きながらスティルスの運転手をしていたバリー・フリードマン（のちにプロデューサーとなり、フレイザー・モホークと改名）が紹介したという説もある。そしてバンド名は、アスファルト舗装に使う蒸気ローラー車の名前をそのまま頂戴したものだった。

66年4月、トルゥバドールでデビューしたグループは、バーズのクリス・ヒルマンのあと押しもあってウィスキー・ア・ゴー・ゴーで6週間の連続公演を行う。このライヴが評判を呼び、アトランティック・レコード傘下のアトコと契約を結ぶことになった。そして12月、デビュー・アルバムが発売されるのだが、このころがグループの絶頂期という声も高く、ステージで繰り広げられるニールとスティルスの掛け合いは「バトル」と表現された。そんな熱狂的なパフォーマンスの一部を、01年のボックス・セットで聴くことができる。

本来ならばヒットを飛ばし、スターダムに駆け上がるはずの彼らだったが、スティルスとニールの覇権争い（67年6月のモンタレー・ポップ・フェスティヴァルにはニール抜きで出演）や、パーマーのマリファナ所持による国外退去問題もあり、活動はままならなくなっていく。67年12月にリリースされた『バッファロー・スプリングフィールド・アゲイン』は後年評価の高まったアルバムだが、グループらしい形態はこれが最後と言える。YouTubeにはテレビ出演時の「フォー・ホワット・ワース」と「ミスター・ソウル」のメドレーがアップされているが、その後を暗示するようにパーマーがカメラに背を向けているのが印象的である。

68年1月には再三マリファナ所持で警察の厄介になったパーマーが脱退。後任にはジム・メッシーナが加入したが、3月にニールをはじめとするメンバーたちがドラッグ使用容疑で逮捕されたことで解散は決定的となり、5月のロング・ビーチ・アリーナがラスト・ライヴとなった。その後、フューレイとメッシーナはポコを結成、スティルスとニールはＣＳＮＹで再び合流するのだ。

Buffalo Springfield

Buffalo Springfield

バッファロー・スプリングフィールドⅠ

Atco／33-200 (mono), SD 33-200 (stereo)
Release: 1966年12月5日
[Side A] 1. Go And Say Goodbye / 2. Sit Down I Think I Love You / 3. Leave / 4. Nowadays Clancy Can't Even Sing / 5. Hot Dusty Roads / 6. Everybody's Wrong
[Side B] 1. Flying On The Ground Is Wrong / 2. Burned / 3. Do I Have To Come Right Out And Say It / 4. Baby Don't Scold Me / 5. Out Of My Mind / 6. Pay The Price

Atco／33-200-A (mono), SD 33-200-A (stereo)
2nd Edition: 1967年3月
[Side A] 1. For What It's Worth / 2. Go And Say Goodbye / 3. Sit Down I Think I Love You / 4. Nowadays Clancy Can't Even Sing / 5. Hot Dusty Roads / 6. Everybody's Wrong
[Side B] 1. Flying On The Ground Is Wrong / 2. Burned / 3. Do I Have To Come Right Out And Say It / 4. Leave / 5. Out Of My Mind / 6. Pay The Price

　ファースト・アルバムには曲目・曲順が違うふたつのヴァージョンがあり、それぞれにモノラル盤とステレオ盤が存在する。メンバーは当時の主流であったモノラル・ミックスを決定版としていたが、アトコ側の要請を受け、マネージャーのチャーリー・グリーンとブライアン・ストーンの判断でステレオ・ミックスが制作されたのだ。現在流通しているCDにはモノ、ステレオの両ヴァージョンが入っているので、聴き比べてみるのも一興だろう。

　ニールの作品は、「ナワデイズ・クランシー・キャント・イーヴン・シング」「フライング・オン・ザ・グラウンド・イズ・ロング」「バーンド」「ドゥ・アイ・ハヴ・トゥ・カム・ライト・アウト・アンド・セイ・イット」「アウト・オブ・マイ・マインド」の5曲。ニール自身がヴォーカルを取っているのは「ドゥ・アイ・ハヴ〜」と「アウト・オブ〜」で、ほかはリッチー・フューレイが歌っている。彼の耳ざわりのいい声の方がリスナーの心をつかむと予想されたからだろう。

　ファースト・シングルに選ばれたのが「ナワデイズ・クランシー・キャント・イーヴン・シング」だったために、自分がリーダーだと思っていたスティルスは憤慨し、マネージャーたちから〝君の声では売れない〟と言われたニールは落ち込んだ。どちらの気持ちにもそぐわなかったここが、最初の分岐点だったと言ってもいいかもしれない。

　しかし、「ナワデイズ〜」もセカンド・シングル「バーンド」も鳴かず飛ばずに終わり、サード・シングルになったスティルスの新曲「フォー・ホワット・イッツ・ワース」が全米7位のヒットとなるのだ。グループが世界的な存在となったのはその時点からである。アルバムはセカンド・プレスから同曲がオープニング・トラックとなり、曲順も変えられた。

Buffalo Springfield
Buffalo Springfield Again
バッファロー・スプリングフィールド・アゲイン

Atco／33-226(mono), SD 33-226(stereo)
Release: 1967年9月18日
［**Side A**］
1. Mr. Soul
2. A Child's Claim To Fame
3. Everydays
4. Expecting To Fly
5. Bluebird
［**Side B**］
1. Hung Upside Down
2. Sad Memory
3. Good Time Boy
4. Rock And Roll Woman
5. Broken Arrow

セカンド・アルバムは67年10月にリリース。当初タイトルは『スタンピート』と予定され、セッションが繰り返されたが、バンドの内情は悪化する一方だった。おそらく、初心に返るという意味もこめて〝アゲイン〟と題されたのではないだろうか。マネージャーのふたりを解雇してバンドでプロデュースを行ったのも功を奏して、個性のぶつかりあいが音楽的な結晶へと発展した名盤となった。前作はトップ100に入らなかったが、このアルバムはビルボード44位。

収録されているのは、ニールの3曲「ミスター・ソウル」「エクスペンティング・トゥ・フライ」「ブロークン・アロー」と、スティルスの4曲、フューレイの4曲。フューレイが初めて作品を提供し、グッド・タイム・ボーイ」ではデューイ・マーティンがヴォーカルを取っている。おかげでヴァラエティに富んだ作品となったが、ニールの個性を求めると期待外れに終わるかもしれない。

「ミスター・ソウル」はその後もニールのステージで演奏され、『トランス』でも再演。「エクスペンティング・トゥ・フライ」はジャック・ニッチェとの初めての仕事で、彼のオーケストレーションが壮大な雰囲気を醸し出すなか、(ビーチ・ボーイズの『ペット・サウンズ』にも参加した)ドン・ランディのピアノが色を添えている。ラストの「ブロークン・アロー」はサイケデリックに音をコラージュした大作。この曲とスティルスの「ハング・アップサイド・ダウン」には、やがてメンバーとなるジム・メッシーナがエンジニアとして参加している。

4枚目のシングルとなり、米58位を記録したスティルスの「ブルーバード」がこのアルバムを代表するナンバーだろう。68年のライヴではスティルスとニールのギター・ソロがどんどん延びてゆき、結局20分前後の長尺演奏が定番となった。

Buffalo Springfield
Last Time Around
ラスト・タイム・アラウンド

Atco／SD 33-256
Release: 1968年7月30日
[Side A]
1. On The Way Home
2. It's So Hard To Wait
3. Pretty Girl Why
4. Four Days Gone
5. Carefree Country Day
6. Special Care

[Side B]
1. The Hour Of Not Quite Rain
2. Questions
3. I Am A Child
4. Merry-Go-Round
5. Uno Mundo
6. Kind Woman

68年7月にリリースされたラスト・アルバムは、未発表曲とソロ・セッションを寄せ集め、フューレイとメッシーナが無理やりまとめたものだ。全米42位。

　ニールの作品は、名曲「オン・ザ・ウェイ・ホーム」と「アイ・アム・ア・チャイルド」、フューレイと共作した「イッツ・ソー・ハード・トゥ・ウェイト」という3曲。自身でヴォーカルを取ったのは「アイ・アム・ア・チャイルド」のみで、ほかはフューレイが歌っている。

　スティルス作は5曲。CSNの「49・バイ・バイズ」に流用された「フォー・デイズ・ゴーン」と、75年の『スティン・スティルス・ライヴ』でも再演される「スペシャル・ケア」、彼のラテン趣味が窺える「ウノ・ムンド」あたりがい い。ニールとスティルスの後塵を拝してきたフューレイは共作も含めて4曲も提供し、その存在をアピールすることになった。なかでも「カインド・ウーマン」は、ラスティ・ヤングのペダル・スティールも魅力的な傑作バラードである。このセッションで意気投合したフューレイ、メッシーナ、ラスティ・ヤングはポコを旗揚げすることになり、この曲はそのまま初期ポコの重要なレパートリーとなるわけだ。

　プロデュースを務めたメッシーナも、自作の「ケアフリー・カントリー・デイ」をリラックスしたバラードに仕上げているため、アルバム全体の印象も前2作よりカントリー・ロック色が強くなった。しかし、「これがバッファロー・スプリングフィールドの音か」と問われると、答えに窮してしまう。発展的な要素はポコに向かっているからかもしれない。

　雰囲気のあるジャケ（ザ・タイガースの「廃墟の鳩」はこれのマネだろう）で、横を向いているニールが印象的だ。

Buffalo Springfield
Retrospective - The Best Of Buffalo Springfield
ベスト・オブ・バッファロー・スプリングフィールド

Atco／SD 33-283
Release: 1969年2月10日
[**Side A**] 1. For What It's Worth / 2. Mr. Soul / 3. Sit Down, I Think I Love You / 4. Kind Woman / 5. Bluebird / 6. On The Way Home
[**Side B**] 1. Nowadays Clancy Can't Even Sing / 2. Broken Arrow / 3. Rock And Roll Woman / 4. I Am A Child / 5. Go And Say Goodbye / 6. Expecting To Fly

69年に発表されたベスト・アルバムは、ファーストから4曲、セカンドから5曲、サードから3曲という構成。フューレイ作は1曲のみで、ニール6曲に、スティルスは5曲。完全に双頭バンドだったことを伝えている。

日本で最初に発売されたバッファローのアルバムはこれで、配給は日本グラモフォン（現ユニバーサル・ミュージック）だった。『クロスビー・スティルス&ナッシュ』と『デジャ・ヴ』はすでに同社から発売されていたが、オリジナル・アルバム3枚が国内盤としてリリースされるのは、米ワーナー・ブラザーズ作品の配給権がワーナー・パイオニアに移ってからの71年6月だった。

冒頭に置かれたのは、もちろん「フォー・ホワット・イッツ・ワース」だ。多くのアーティストにカヴァーされているのはよく知られているが、ザ・ステイプル・シンガーズや、シェールのヴァージョンは必聴の名演。変わったところではセルジオ・メンデス&ブラジル'66によるボサノヴァ版がある。

Buffalo Springfield
Broken Arrows

JAP・Eternal Grooves／Ergo 0019 [CD]
Release: 2018年
1. Bluebird / 2. For What It's Worth / 3. Nowadays Clancy Can't Even Sing / 4. Nowadays Clancy Can't Even Sing / 5. Buffalo Stomp / 6. Go And Say Goodbye / 7. Mr. Soul / 8. Baby Don't Scold Me / 9. Baby Don't Scold Me / 10. We'll See / 11. We'll See / 12. Sell Out (AKA Greatest Song On Earth) / 13. Uno Mundo / 14. Rock And Roll Woman / 15. Bluebird / 16. A Child's Claim To Fame / 17. Uno Mundo / 18. Raga / 19. Down To The Wire / 20. Down To The Wire

あやしいレーベルからリリースされたハーフ・ブートレッグ。音質はともかく、貴重なパフォーマンスが収録されているのでここで取り上げることにした。

後半ジャム・セッションに突入する9分を超える「ブルーバード」は、73年のコンピレーション"Buffalo Springfield"の目玉だったレア・ヴァージョン。モンタレー・ポップ・フェスティヴァルでのライヴ4曲はニールが参加しておらず、当時はまだバーズにいたクロスビーが穴を埋めている。紹介のMCをモンキーズのピーター・トークが務めている。

ニールとスティルス、それぞれのヴォーカル・ヴァージョンで楽しめる「ダウン・トゥ・ザ・ワイヤー」は、セカンド・アルバムとして発表されるはずだった『スタンピート』のアウトテイク。ラスト・ツアーのダラス公演からは、「ア・チャイルズ・クレイム・トゥ・フェイム」と「ウノ・ムンド」の2曲が収録されている。脱退が決まっていたニールだが、このツアーには参加しているのだ。

Buffalo Springfield

Buffalo Springfield - Box Set

バッファロー・スプリングフィールド・ボックス・セット

Atco／R2 74324
Release: 2001年7月1日
[**Disc 1**] 1. There Goes My Babe / 2. Come On / 3. Hello, I've Returned / 4. Out Of My Mind / 5. Flying On The Ground Is Wrong / 6. I'm Your Kind Of Guy / 7. Baby Don't Scold Me / 8. Neighbor Don't You Worry / 9. We'll See / 10. Sad Memory / 11. Can't Keep Me Down / 12. Nowadays Clancy Can't Even Sing / 13. Go And Say Goodbye / 14. Sit Down I Think I Love You / 15. Leave / 16. Hot Dusty Roads / 17. Everybody's Wrong / 18. Burned / 19. Do I Have To Come Right Out And Say It / 20. Out Of My Mind / 21. Pay The Price / 22. Down Down Down / 23. Flying On The Ground Is Wrong / 24. Neighbor Don't You Worry
[**Disc 2**] 1. Down Down Down / 2. Kahuna Sunset / 3. Buffalo Stomp (Raga) / 4. Baby Don't Scold Me / 5. For What It's Worth (2nd Version) / 6. Mr. Soul / 7. We'll See / 8. My Kind Of Love / 9. Pretty Girl Why / 10. Words I Must Say / 11. Nobody's Fool / 12. So You've Got A Lover / 13. My Angel / 14. No Sun Today / 15. Every-days / 16. Down To The Wire / 17. Bluebird / 18. Expecting To Fly / 19. Hung Upside Down / 20. A Child's Claim To Fame / 21. Rock & Roll Woman
[**Disc 3**] 1. Hung Upside Down / 2. Good Time Boy / 3. One More Sign / 4. The Rent Is Always Due / 5. Round And Round And Round / 6. Old Laughing Lady / 7. Broken Arrow / 8. Sad Memory / 9. On The Way Home / 10. Whatever Happened To Saturday Night? / 11. Special Care / 12. Falcon Lake (Ash On The Floor) / 13. What A Day / 14. I Am A Child / 15. Questions / 16. Merry-Go-Round / 17. Uno Mundo / 18. Kind Woman / 19. It's So Hard To Wait / 20. Four Days Gone
[**Disc 4**] 1. For What It's Worth / 2. Go And Say Goodbye / 3. Sit Down I Think I Love You / 4. Nowadays Clancy Can't Even Sing / 5. Hot Dusty Roads / 6. Everybody's Wrong / 7. Flying On The Ground Is Wrong / 8. Burned / 9. Do I Have To Come Right Out And Say It / 10. Leave / 11. Out Of My Mind / 12. Pay The Price / 13. Baby Don't Scold Me / 14. Mr. Soul / 15. A Child's Claim To Fame / 16. Everydays / 17. Expecting To Fly / 18. Bluebird / 19. Hung Upside Down / 20. Sad Memory / 21. Good Time Boy / 22. Rock & Roll Woman / 23. Broken Arrow

01年8月にリリースされたCD4枚組ボックス。88テイク中37テイクが、デモ、別テイク、別ミックスといった未発表音源である。スナップ写真、新聞や雑誌のスクラップと、詳細なデータ満載のブックレットは資料性が高いし、曲順はメンバーの総意から録音順で決められている。リリースのアナウンスから発売まで10年もかかった執念の逸品は、当然のようにマニア必携のアイテムとなった。

ディスク1のヤング作「ゼア・ゴーズ・マイ・ベイブ」はソニー&シェールに書いた曲。「ハロー、アイヴ・リターンド」はスティルスとヴァン・ダイク・パークスの共作によるのフォーク・ロックだ。ディスク2に収録の「ミスター・ソウル」は未発表ヴァージョン。フューレイ作の「マイ・カインド・オブ・ラヴ」はバッファローでは陽の目を見ず、ポコのシングルになった。ディスク3の「オン・ザ・ウェイ・ホーム」はストリングスが入っていない別ミックス。メンバーが一同に会したのはこのセッションが最後だった。ディスク4はニールのアイディアで、ファースト・アルバムのモノラル・ミックスと『アゲイン』のステレオ・ミックスのあいだに、(かつて「フォー・ホワット～」と差し替えられた)「ベイビー・ドント・スコールド・ミー」を挟んで収録している。

Chapter 3

CSNY (Out Of Neil's Solo Album)

犬伏 功、森 次郎、和久井光司

日本での人気、そしてスティルスを語った坪内祐三

和久井光司

71～72年のCSNYの人気はすごかった。『ミュージック・ライフ』の読者人気投票でレッド・ツェッペリンと首位を競り合ったほどで、1位になった月もあった。『ニューミュージック・マガジン』ならわかるが、十代の読者がほとんどだったはずの『ミュージック・ライフ』でもそこまで人気が高かったのは、マーク・レスターとトレイシー・ハイド主演、アラン・パーカー監督による英国映画『小さな恋のメロディ』（日本公開は71年6月26日）が大ヒットしたからだ。ビー・ジーズがメインのサントラの中に唯一入ったアメリカ産の曲がCSNYの「ティーチ・ユア・チルドレン」で、71年夏から秋にかけて、ビー・ジーズの「メロディ・フェア」と共に大ヒットになった（「ティーチ～」のシングルは70年にグラモフォンから出ていたが、映画のシーンをジャケにしてワーナー・パイオニアから出し直された）。

私が通っていた中学でも、2学期にとつぜん女子がこの2曲を英語で歌うようになって驚いたものだが（窓辺でハモったりしてるんだもん）それが『小さな恋のメロディ』の挿入歌だということはクラスメイトのほとんどが知っていた。そのぐらいトレンドだったのだ。

ブラバンの先輩にCSNYの話をすると、「彼らが関わったサントラと言えば『いちご白書』だろ」と教えられた。コロンビア大学で実際に起こった学生運動を記録したノンフィクションをもとにしたステュアート・ハグマン監督による映画『いちご白書』は、70年6月15日に公開され、『イージー・ライダー』『俺たちに明日はない』『アリスのレストラン』と並ぶアメリカン・ニュー・シネマの傑作と評されていたから、タイトルは知っていた。

そのサントラに、CSNの「青い眼のジュディ」、CSNYの「ヘルプレス」「アワ・ホーム」と、ニール・ヤングの「ローナー」「ダウン・バイ・ザ・リヴァー」が入っているのだという。ほう、と感心していると、中3の先輩が中1の私に問うた。「お前、まだウッドストックの映画、観てないんだろ?」——と。

その年の夏、〝日本のウッドストック〟と謳われた日本初の野外フェス「箱根アフロディーテ」にピンク・フロイドがやって来たことは知っていたが、70年7月25日に日本公開された記録映画『ウッドストック/愛と平和と音楽の三日間』はまだ観ていなかった。「あの映画は40万人の若者がニューヨーク郊外の農場に集まってくる長いシーンから始まるんだけど、そのバックにずっとCSNとCSNYの曲が流れてる。なのに演奏シーンはないんだよ。あれ観たらレコード買っちゃうよ。両方持ってるからウチに来いよ。聴かせてやる」と先輩。その週末、私は彼の家に行き、CSNのアルバムと、CSNYの『デヴァ・ヴ』を続けて聴いたのである。

50年前の9月末ごろのことだ。アコースティック・ギターのザクザクした鳴りと、ハーモニーの素晴らしさに打たれたのは言うまでもないが、ハード・ロックの範疇には入らないグループの〝激しさ〟に、私は「ロックの本質」を垣間見たんじゃないかと思う。

後年、ボブ・ディランが結んでくれた縁で、同い年の文芸評論家、坪内祐三と親しくなった(20年1月に彼が突然この世を去ったことを私はいまだに受け容れられない)。何度か会って呑むうちに、「あのころいちばんカッコよかったのは、実はスティヴン・スティルスじゃない?」と彼が言い出した。中学時代にどんなロックを聴いていたか、を確認しあっていたときだ。

「スーパー・セッションからマナサスのファーストまでのスティルスって、ロックの水先案内人みたいだったよね。そこには触れずにニール・ヤングがいちばんって人、俺は信じられないんだよね」と坪ちゃんが言うから、「あれは72年までにロックに入れなかった人にはわからないよ」と私は応え、「じゃあ、次回はスティルスを肴に呑もう」ということになった。

その約束を果たせなかったことが、私はとても悔しい。彼が生きていたら、本書で対談したかったのに。

だからこの章は、坪内祐三に捧げたい。

Stephen Stills
Just Roll Tape / April 26 1968

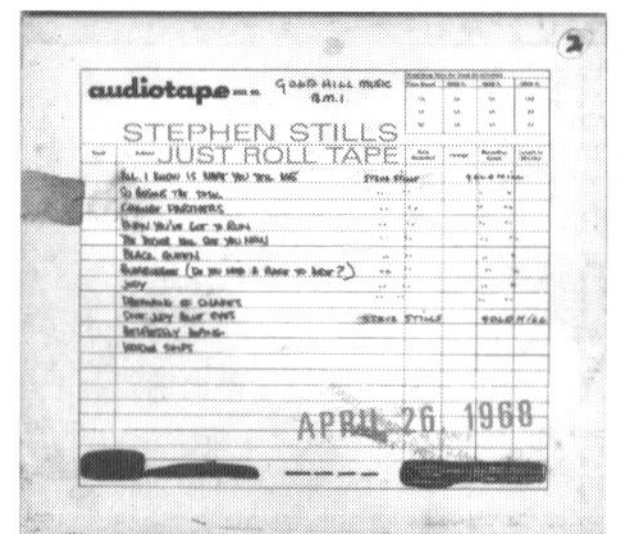

Rhino / Eyewall Records LLC／R2 215676 [CD]
Release: 2007年7月10日
1. All I Know Is What You Tell Me / 2. So Begins The Task / 3. Change Partners / 4. Know You've Got To Run / 5. The Doctor WIll See You Now / 6. Black Queen / 7. Bumblebee (Do You Need A Place To Hide?) / 8. Judy / 9. Dreaming Of Snakes / 10. Suite: Judy Blue Eyes / 11. Helplessly Hoping / 12. Wooden Ships / 13. Treetop Flyer (Bonus Track)

68年春にニューヨークで行われたジュディ・コリンズのアルバム『フー・ノウズ・ホエア・ザ・タイム・ゴーズ』のセッションに、ギター、ベースで参加したスティルスは、そのままエレクトラのスタジオに残り、エンジニアのジョン・ヘイニーと弾き語りのデモを録音した。

当時の意図はわからないが、68年4月26日のこのデモ12曲がCSNの雛形となったことは、収録曲から見ても間違いない。「ジュディ」もすでに組曲の形になっているし、バッファロー・スプリングフィールドとは一線を画する〝アコースティック・ロック〟の模索を伝えている（いち早くジュディに「きみの曲を書いたよ」と言いたかったのかもしれないが）。「ウッドゥン・シップス」にしても、コード感やリズムの新しさが弾き語りでも充分なのが見逃せない。

ボーナス・トラックとして加えられた「トゥリー・トップ・フライヤー」はドブロの弾き語り（ソースの表記がないので自宅録音？）で、スワンプ・ロックへの視線も窺える。（和久井）

Mike Broomfield / Al Kooper / Steve Stills
Super Session
スーパー・セッション

Columbia／CS 9701
Release: 1968年7月22日
[**Side A**] 1. Albert's Shuffle / 2. Stop / 3. Man's Temptation / 4. His Holy Modal Majesty / 5. Really
[**Side B**] 1. It Takes A Lot To Laugh, It Takes A Train To Cry / 2. Season Of The Witch / 3. You Don't Love Me / 4. Harvey's Tune

本作はモビー・グレープの68年作品〝Grape Jam〟への参加で触発されたアル・クーパーによる企画盤で、全米12位の大ヒットを記録、翌年発売の『フィルモアの奇蹟』とともに〝スーパー・グループ〟ブームを先導するアルバムとなった。元々はクーパーとともに〝Grape Jam〟に参加したマイク・ブルームフィールドとのデュオの作品となる予定だったが、当時不眠症に悩まされていたブルームフィールドが書き置きをして失踪。ジェリー・ガルシアら複数のカリフォルニア在住のギタリストが代役の候補となったが、唯一スケジュールが空いていたスティルスの参加が決まったという。

そのため3人の連名となったが、A面にはブルームフィールド、B面にはスティルスの参加曲がまとめられていて、全員の共演曲はない。泣きのブルース・ギターで押し切るブルームフィールドに対し、スティルスは自身の多彩なスタイルによる〝幅〟で挑み、演奏家としてのポテンシャルの高さをアピールしている。（犬伏）

Crosby, Stills & Nash
Crosby, Stills & Nash
クロスビー、スティルス&ナッシュ

Atlantic/SD 8229
Release: 1969年5月29日
[**Side A**]
1. Suite: Judy Blue Eyes
2. Marrakesh Express
3. Guinnevere
4. You Don't Have To Cry
5. Pre-Road Downs

[**Side B**]
1. Wooden Ships
2. Lady Of The Island
3. Helplessly Hoping
4. Long Time Gone
5. 49 Bye-Byes

結成の経緯については諸説あるようだが、グレアム・ナッシュが当時恋人だったジョニ・ミッチェルの自宅を訪れ、そこにいたデヴィッド・クロスビーとスティヴン・スティルスが歌う「泣くことはないよ」を聴いたナッシュがさらに上のパートのコーラスを加え、CSNのハーモニーが出来上がったという〝逸話〟は魅力的だ。その真偽はともかく、バーズ、ホリーズ、バッファロー・スプリングフィールドという人気バンドでの活動に挫折し心が折れた3人がローレル・キャニオンで出会い、ナッシュのホリーズ脱退を待って本格的な活動を開始する(ナッシュはホリーズのリーダーだったが、バンドは彼のサイケデリックな嗜好を拒絶、ボブ・ディランのカヴァー集の制作を始めたところだった)。それが〝バンドではない3人のユニット〟CSNの誕生となった。本作は69年2月より制作がスタートした彼らのデビュー・アルバム。予算の関係からバック・メンバーの起用はダラス・テイラー(ドラムス)のみ。殆どのパートを演奏したスティルスの構成力、マルチ・プレイヤーとしての才能が際立った仕上がりとなった。

アコースティック・ギターが〝軸〟となった作品だが、アルバム冒頭を飾る「組曲:青い目のジュディ」は従来の〝フォーク〟の枠に収まらない7分を超える大作。ホリーズ時代に録音されたが未完成のままだったナッシュ作品「マラケッシュ行急行」、同じくナッシュ作の「プリ・ロード・ダウン」にはサイケデリックな装飾が施され、このアルバムが生まれた時代を思い起こさせる。

スティルスによる緻密なプロダクションが光る本作だが、それぞれのバンドでハイ・トーンが持ち味だった3人が結集したコーラス・ワークの威力は絶大。このアルバムの魅力を語るのに、これ以上のものはない。(犬伏)

Crosby, Stills, Nash & Young
Déjà Vu
デジャ・ヴ

Atlantic／SD 7200
Release: 1970年3月11日

[Side A]
1. Carry On
2. Teach Your Children
3. Almost Cut My Hair
4. Helpless
5. Woodstock

[Side B]
1. Déjà Vu
2. Our House
3. 4+20
4. Country Girl
   a. Whiskey Boot Hill
   b. Down, Down, Down
   c. "Country Girl" (I Think You're Pretty)
5. Everybody I Love You

スティルスのマルチ・プレイヤーとしての能力、緻密なプロダクションが冴えた前作は米6位の大ヒットを記録したが、ステージでの再現が新たな課題となった。それを解消すべく加わったのがスティルスの盟友ニール・ヤングだ。彼はソロ活動中ながらリプリーズとの契約継続を確認したうえで加入を承諾、モータウンのセッション・プレイヤー、グレッグ・リーヴス（ベース）も名を連ねている。

アルバムの冒頭を飾る「キャリー・オン」はCSN＋ダラス・テイラーでの録音だ。続く「ティーチ・ユア・チルドレン」もジェリー・ガルシアのスティール・ギターを配した前作の延長線上にあるナンバー。しかしスタジオ・ライヴを望んだニールの意志が反映されたクロスビー作品「オールモスト・カット・マイ・ヘアー」では空気が一変、リーヴスも加わったフル・メンバーとなり、ニールとスティルスによるギター・ソロに緊張感が高まる。この曲に彼らの特徴的なコーラスは一切登場せず、そもそもニールは本作のコーラスに一切加わっていないが、「ヘルプレス」ではCSNによるコーラスが最高の彩りを添える場面も。ニールのギタリストとしての存在感は「ウッドストック」でも絶大だ。メンバー間の緊張感はすでにピークに達しており、スティルスは全員が帰るのを待ってスタジオ作業を行い、ニールは自身の「カントリー・ガール」のテープを持ち出してひとりで完パケを仕上げたという。私生活ではクロスビーが恋人クリスティン・ヒントンを自動車事故で失うトラブルもあった。個人作が各2曲、4人の共作が1曲、カヴァーが1曲という配分は民主的というよりバランスを保つため必要なルールだった。しかし全編に漂う〝緊張感〟と〝個の際立ち〟こそが本作の魅力であり、聴き手の心を打つアルバムとなった最大の理由なのだと思う。（犬伏）

Crosby, Stills, Nash & Young

Déjà Vu - 50th Anniversary Deluxe Edition

デジャ・ヴ〜50th アニヴァーサリー・デラックス

Atlantic / Rhino／R2 625238［CD+LP］
Release: 2021年5月14日

［Disc 1］Original Album 1. Carry On / 2. Teach Your Children / 3. Almost Cut My Hair / 4. Help-less / 5. Woodstock / 6. Déjà Vu / 7. Our House / 8. 4+20 / 9. Country Girl / a. Whiskey Boot Hill / b. Down, Down, Down / c. "Country Girl" (I Think You're Pretty) / 10. Everybody I Love You

［Disc 2］Demos 1. Our House - Graham Nash / 2. 4+20 - Stephen Stills / 3. Song With No Words (Tree With No Leaves) / 4. Birds / 5. So Begins The Task / Hold On Tight - Stephen Stills / 6. Right Between The Eyes - Graham Nash / 7. Almost Cut My Hair - David Crosby / 8. Teach Your Children - Graham Nash & David Crosby / 9. How Have You Been - Crosby, Stills & Nash / 10. Triad - David Crosby / 11. Horses Through A Rainstorm - Graham Nash / 12. Know You Got To Run - Stephen Stills / 13. Question Why - Graham Nash / 14. Laughing - David Crosby / 15. She Can't Handle It - Stephen Stills / 16. Sleep Song - Graham Nash / 17. Déjà Vu - David Crosby & Graham Nash / 18. Our House - Graham Nash & Joni Mitchell

［Disc 3］Outtakes 1. Everyday We Live / 2. The Lee Shore (1969 Vocal) / 3. I'll Be There / 4. Blue-bird Revisited / 5. Horses Through A Rain-storm / 6. 30 Dollar Fine / 7. Ivory Tower / 8. Same Old Song / 9. Hold On Tight/Change Partners / 10. Laughing / 11. Right On Rock 'N' Roll

［Disc 4］Alternates 1. Carry On (Early Alter-nate Mix) / 2. Teach Your Children (Early Version) / 3. Almost Cut My Hair (Early Version) / 4. Helpless (Harmonica Version) / 5. Woodstock (Alternate Vocals) / 6. Déjà Vu (Early Alternate Mix) / 7. Our House (Early Version) / 8. 4+20 (Alternate Take 2) / 9. Know You Got To Run

［LP］Original Album

録音後、発表されることなく50年が経過すると楽曲の権利が消滅することから、近年はそれを〝止める〟ためのリリースが相次いでいる。50周年記念盤と題された本作もその中の一つだが、しかしそれを機会にデモやアウトテイク、別テイクが開示されることを喜ばないファンはいない。これは初回出荷分が瞬く間に売り切れた傑作パッケージである。

LPサイズのカヴァーにはアルバムのアナログ盤、元ローリング・ストーン誌の記者で映画監督のキャメロン・クロウによるライナー・ノーツを含むブックレット、4枚のCDが収められており、CDにはアルバムの21年リマスター版に加え、『デモ』（17曲）、『アウトテイク』（11曲）、『オルタネイツ』（9曲）をそれぞれのディスクに収録、追加された37曲中28曲が初登場となっている。『デモ』では自宅での素描からスタジオでのラン・スルーまでソースは様々だが、制作過程が窺えるうえ、のちに各々のソロ作品となる楽曲のデモも聴くことができる。『アウトテイク』はアルバムから漏れたナンバーを集めたもので、いずれもスティルスの活躍ぶりが顕著。『オルタネイツ』はアルバム収録曲の別テイクを集めたものだが、ニールの「カントリー・ガール」のみ別テイクが見つからなかったということらしい。

（犬伏）

Crosby, Stills, Nash & Young

4 Way Street

4ウェイ・ストリート

Atlantic／SD 2-902
Release: 1971年4月7日
[Side A]
1. Suite: Judy Blue Eyes
2. On The Way Home
3. Teach Your Children
4. Triad
5. The Lee Shore
6. Chicago

[Side B]
1. Right Between The Eyes
2. Cowgirl In The Sand
3. Don't Let It Bring You Down
4. 49 Bye Byes / America's Children
5. Love The One You're With

[Side C]
1. Pre-Road Downs
2. Long Time Gone
3. Southern Man

[Side D]
1. Ohio
2. Carry On
3. Find The Cost Of Freedom

[CD]
Atlantic／7 82408-2
Release: 1992年6月15日
[Disc 1]
bonus tracks
12. King Midas In Reverse
13. Laughing
14. Black Queen
15. Medley: The Loner / Cinnamon Girl / Down By The River

CSNYにとって2度目となる70年6〜7月の北米ツアー中、6月2〜7日のニューヨーク：フィルモア・イースト公演、同月26〜28日のロス：ザ・フォーラム公演、7月5日のシカゴ・オーディトリアム公演での録音から17曲（CD化に際し4曲が追加収録）が選ばれたライヴ・アルバムだ。このツアーではリハーサル段階でダラス・テイラーとグレッグ・リーヴスが解雇され、スティルスのソロ要員だったカルヴィン〝ファジー〟サミュエルズがベース、元タートルズのジョニー・バーベイタがドラムスを務めている。AB面にアコースティック・セット、CD面にエレクトリック・セットが収められており、『デジャ・ヴ』発売後にシングルとしてリリースされたニール作の「オハイオ」「自由の値」も収録。CSNYがこのまま継続していたらスタジオでも取り上げていたであろう、のちのソロ曲の数々も本作の聴きどころとなっている。〝含み〟のあるアルバム・タイトルのせいもあり、世間ではしばしば〝分裂〟の象徴として扱われる本作だけれど、〝個〟の輝く前半と、時には火を吹くようなバトルを見せる後半とのコントラストはみごと。この時点でのCSNYの魅力を集約した傑作と言っていい。米1位というセールスがそのことを如実に物語っている。

（犬伏）

Crosby, Stills, Nash
Demos

Rhino／Atlantic／R2 519624［CD］
Release: 2009年6月2日
1. Marrakesh Express - Crosby, Stills & Nash / 2. Almost Cut My Hair - David Crosby / 3. You Don't Have To Cry - Stephen Stills / 4. Déjà Vu - David Crosby / 5. Sleep Song - Graham Nash / 6. My Love Is A Gentle Thing - Stephen Stills / 7. Be Yourself - Graham Nash / 8. Music Is Love - David Crosby, Neil Young & Graham Nash / 9. Singing Call - Stephen Stills / 10. Long Time Gone - David Crosby & Stephen Stills / 11. Chicago - Graham Nash / 12. Love The One You're With - Stephen Stills

グレアム・ナッシュとジョエル・バーンステインがコンパイルした68～71年のデモ集成。それぞれのソロ・アルバムで発表された曲も含んでいるが、クロスビーが『イフ・アイ・クッド・オンリー・リメンバー・マイ・ネーム』で発表した「ミュージック・イズ・ラヴ」のオーヴァーダブなしのヴァージョンはクロスビー・ナッシュ＆ヤング名義で収録されているし、クロスビー＆スティルス名義の「ロング・タイム・ゴーン」はスティルスがギター、ベースにドラムまでプレイしたデモだ。

CSNYが持っている独特な〝バンド感〟に別の角度からスポットを当てようという試みだったのかもしれないが、ソロ曲の寄せ集めという感じはしないし、『デジャ・ヴ』と『4ウェイ・ストリート』にあいだに置くと収まりがいいような〝離合集散のドキュメント〟になっているのが面白い。スティルスの『ジャスト・ロール・テープ』もそうだが、バーニー・グランドマン・マスタリングによる整音も秀逸である。（和久井）

Stephen Stills
Stephen Stills
スティヴン・スティルス

Atlantic／SD 7202
Release: 1970年11月16日
［**Side A**］1. Love The One You're With / 2. Do For The Others / 3. Church (Part Of Someone) / 4. Old Times Good Times / 5. Go Back Home
［**Side B**］1. Sit Yourself Down / 2. To A Flame / 3. Black Queen / 4. Cherokee / 5. We Are Not Helpless

CSNYの欧州ツアー終了後、そのままロンドンに残って制作が始められた初ソロ・アルバム。ジミ・ヘンドリクスやエリック・クラプトン、リンゴ・スターら参加メンバーの豪華さは彼の豊かな人脈をアピールしているようだ。スティルスのマルチ・プレイヤーとしての才能が随所に溢れており、CSN的なアコースティック曲はもちろんのこと、分厚いコーラスを配したゴスペル・ロック「愛の讃歌」「チャーチ」「シット・ユアセルフ・ダウン」、ハモンド・オルガンによるグルーヴ感がたまらない「オールド・タイムズ・グッド・タイムズ」、フルートとサックスがまるでトラフィックのように絡む「チェロキー」、フィル・スペクターを彷彿させるエコーが効いた「トゥ・ア・フレーム」など引き出しの多さはさすがというほかない。

その器用さゆえ、逆に彼の個性がぼやけた感がなきにしもあらず。アルバムとしては些か散漫ではあるけれど、個々の曲のクオリティは高く、それぞれは秀逸な仕上がりだ。（犬伏）

David Crosby
If I Could Only Remember My Name

Atlantic／SD 7203
Release: 1971年2月22日
[Side A] 1. Music Is Love / 2. Cowboy Movie / 3. Tamalpais High (At About 3) / 4. Laughing
[Side B] 1. What Are Their Names / 2. Traction In The Rain / 3. Song With No Words (Tree With No Leaves) / 4. Orleans / 5. I'd Swear There Was Some-body Here

当初はポール・カントナーのソロ・プロジェクトとしてスタートしたジェファーソン・スターシップの“Blows Against The Empire”と並べて語りたいアルバムだ。初ソロがこれというのは60年代末のバンドの枠を超えた〝スーパー・セッション〟を受けてのことだったはずだが、ナッシュ、ヤングに、ジェファーソン・エアプレインのカントナー、グレイス・スリック、ヨーマ・カウコネン、ジャック・キャサディ、グレイトフル・デッドのジェリー・ガルシア、フィル・レッシュら、クイックシルヴァー・メッセンジャー・サーヴィスのデイヴィッド・フライバーグ、サンタナのグレッグ・ローリーとマイケル・シュリーブ……。まるで〝サンフランシスコ・オール・スターズ〟だ。ジョニ・ミッチェルのファースト・アルバムをプロデュースしたときに彼女とつくられた独特のコード感が、クロスビーのキモになっているのがよくわかるアシッド・フォーク臭が不滅の光を放つ名作は、米英ともに12位を記録した。（和久井）

Graham Nash
Songs For Beginners
ソング・フォー・ビギナーズ

Atlantic／SD 7204
Release: 1971年5月28日
[Side A] 1. Military Madness / 2. Better Days / 3. Wounded Bird / 4. I Used To Be A King / 5. Be Yourself
[Side B] 1. Simple Man / 2. Man In The Mirror / 3. There's Only One / 4. Sleep Song / 5. Chicago / 6. We Can Change The World

腕利きが揃ったホリーズの中にあって、グレアム・ナッシュは演奏家としては決して器用な方ではなかった。そんな彼は豊富なゲストを迎えて初のソロ・アルバムとなる本作を完成させている。リタ・クーリッジやジェリー・ガルシア、デイヴ・メイスン、ディヴィッド・リンドレーら豪華な顔ぶれが大きな魅力の本作だが、スティルスの初ソロにナッシュのみが参加した一方で、本作にはスティルスを除くＣＳＮＹが顔を揃え、ダラス・テイラーやジョン・バーベイタも名を連ねている。その辺りからも常に良好な人間関係を築くナッシュの人柄が窺える。「ミリタリー・マッドネス」や「シカゴ」はナッシュを代表するプロテスト・ソングで、後者は一足早くＣＳＮＹ時代のライヴ・アルバム『4ウェイ・ストリート』にも収録、「マン・イン・ザ・ミラー」のカントリー的味付けは以降のナッシュ作品の定番スタイルとなった。なお、本作は08年にリミックスされ、以降の再発盤はすべてそれが基になっている。（犬伏）

Stephen Stills
Stills 2
スティヴン・スティルス2

Atlantic／SD 7206
Release: 1971年6月30日
[Side A] 1. Change Partners / 2. Nothin' To Do But Today / 3. Fishes And Scorpions / 4. Sugar Babe / 5. Know You Got To Run / 6. Open Secret
[Side B] 1. Relaxing Town / 2. Singin' Call / 3. Ecology Song / 4. Word Game / 5. Marianne / 6. Bluebird Revisited

マイアミのクライテリア、ロンドンのアイランド、LAのウォリー・ヘイダーという3つのスタジオで録音。ギターにエリック・クラプトン、ニルス・ロフグレン、ベースにファジー・サミュエルズ、ドラムにダラス・テイラー、キーボードにビリー・プレストン、ドクター・ジョン、ポール・ハリス、パーカッションにギャスパー・ローレンスらを配し、ホーン・セクションも加えた充実作。いま聴くと曲中のリズム・チェンジや、本人と思わしき鍵盤がヘタなのが気になるし、ビル・ヘルヴァーソンによる録音にも不満は残るのだが、曲づくりが〝70年代的〟なのが特徴としてあげられるだろう。バッファロー・スプリングフィールド時代から、スティルスがどう進化したかは、いまこそ語られるべきだ。

明確なメロディを書きながら〝ロックとしての新しさ〟をリズムやサウンドに求めたのが当時はイカしていたし、簡単にルーツに向かって泥臭くはならなかった寸止め感が独特だった。米8位、英22位。（和久井）

David Crosby And Graham Nash
Another Stoney Evening

Grateful Dead Records／GDCD 4057 [CD]
Release: 1998年1月13日
1. Anticipatory Crowd / 2. Déjà Vu / 3. Wooden Ships / 4. Man In The Mirror / 5. Orleans / 6. I Used To Be A King / 7. Traction In The Rain / 8. Lee Shore / 9. Southbound Train / 10. Laughing / 11. Triad / 12. Where Will I Be / 13. Strangers Room / 14. Immigration Man / 15. Guinevere / 16. Teach Your Children / 17. Exit Sounds

71年10月10日にLAのドロシー・チャンドラー・パラディアムで収録された実質15曲、72分のライヴを発掘したもの。ジャケ周りにそういうクレジットがないから何かと思うが、未レコード化だった貴重な音源である。『4ウェイ・ストリート』が大ヒットした直後、デュオとしては初期のステージだからか、それぞれにとっても新鮮だったのだろう。互いを尊重しつつ、ハーモニーの美しさという特性の出るところを真摯に探っている感じで、好感が持てる。「デジャ・ヴ」と「ウッドゥン・シップス」をアタマで演ってしまうので、じっくり聴かせる中盤が地味になってしまったきらいはあるが、アコギ2本のデュオなのに60年代のフォークとはまったく違うのには改めて注目すべき。バンド・サウンドを求めたスティルスとヤングが曇らせてしまった〝CSNYの核〟が見えるという意味でも、聴いておいていただきたいライヴである。最後の「ティーチ・ユア・チルドレン」にホッと胸を撫で下ろしたり。（和久井）

Graham Nash / David Crosby

Graham Nash / David Crosby

グラハム・ナッシュ＝デイヴィッド・クロスビー

Atlantic／SD 7220
Release: 1972年4月5日
[Side A] 1. Southbound Train / 2. Whole Cloth / 3. Blacknotes / 4. Strangers Room / 5. Where Will I Be? / 6. Page 43
[Side B] 1. Frozen Smiles / 2. Games / 3. Girl To Be On My Mind / 4. The Wall Song / 5. Immigration Man

デュオ初のスタジオ盤は、それぞれのファースト・ソロから漏れた、クロスビーの「ウォール・ソング」、ナッシュの「イミグレッション・マン」が収録されたためにバック陣が多彩に見えるが、このアルバムのセッションに参加したのは、ギターのダニー・クーチ、ベースのリーランド・スクラー、ドラムスのラス・カンケル、鍵盤のクレイグ・ダーギーらだ。お互いの曲をサポートしあう形で録音が進んだようで、ポップなナッシュ、幻想的な世界を構築しようとするクロスビーという個性は、ほとんど崩れることがない。

ナッシュの「サウスバウンド・トレイン」や「フローズン・スマイルズ」は当時の日本のフォークにも通じるわかりやすさだが、深みをもたらしたのはクロスビーという印象だ。ヴォーカル・ハーモニーが何よりの魅力だから当時は曲づくりの〝折衷点〟を考えずに聴いていたが、オトナになるとそれぞれの我慢も見える。オリジナルは3面開きで穴開きジャケ。米4位、英13位を記録している。（和久井）

Stephen Stills / Manassas

Manassas

スティヴン・スティルス／マナサス

Atlantic／SD 2-903
Release: 1972年8月12日
[Side A] The Raven 1. Song Of Love / 2. (a) Rock & Roll Crazies / (b) Cuban Bluegrass / 3. Jet Set (Sigh) / 4. Anyway / 5. Both Of Us (Bound To Lose)
[Side B] The Wilderness 1. Fallen Eagle / 2. Jesus Gave Love Away For Free / 3. Colorado / 4. So Begins The Task / 5. Hide It So Deep / 6. Don't Look At My Shadow
[Side C] Consider 1. It Doesn't Matter / 2. Johnny's Garden / 3. Bound To Fall / 4. How Far / 5. Move Around / 6. The Love Gangster
[Side D] Rock & Roll Is Here To Stay
1. What To Do / 2. Right Now / 3. The Treasure (Take One) / 4. Blues Man

マナサスは南北戦争で甚大な被害を受けたというヴァージニア州の小都市。クリス・ヒルマン、ダラス・テイラー、ポール・ハリス、ファジー・サミュエルズ、アル・パーキンス、ジョー・ララと組んだバンドの初アルバムは、2枚組の各面に「ザ・レイヴン」「ザ・ワイルダーネス」「コンシダー」「ロックンロール・イズ・ヒア・トゥ・ステイ」とタイトルをつけた力作で、カントリー・ロック特集のB面以外は、スワンプ・ロックを目指しているとも言える。つまり〝南部への目線〟を感じさせるのが、まさに〝時代の音〟だった。クラプトンがデレク＆ドミノスで整理しきれなかったテーマを、ポップの範疇に落とし込んだというい意味ではとても重要なアルバムだと思う。『レイラ』も本作もちゃんと聴いたのは74年になってからだった私は圧倒的にこっちで、いまもその気持ちは変わらない。違いは〝ソングライターとしての意識の高さ〟なんだと思う。南部を向いた曲が書けているからスティルスの勝ちなのだ。（和久井）

Stephen Stills/Manassas

Down The Road

ダウン・ザ・ロード

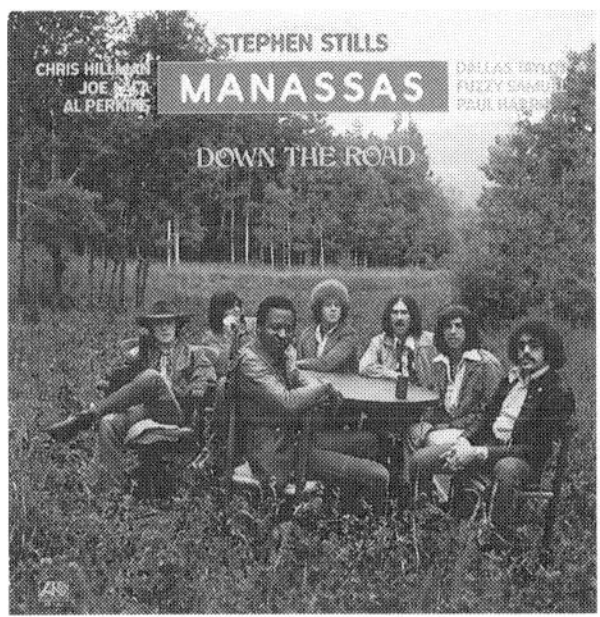

Atlantic／SD 7250
Release: 1973年4月23日
[**Side A**] 1. Isn't It About Time / 2. Lies / 3. Pensamiento / 4. So Many Times / 5. Business On The Street
[**Side B**] 1. Do You Remember The Americans / 2. Down The Road / 3. City Junkies / 4. Guaguancó De Veró / 5. Rollin' My Stone

しかし2枚目はスティルスのソングライターとしての器用さが裏目に出た。サンタナみたいなラテン・ロックの「ペンサンミエント」とか、ジェシ・エド・デイヴィスみたいな「ダウン・ザ・ロード」の〝もろ〟が先頭集団を真似たB級バンドに聴こえてしまう（アンタは先頭にいたんじゃないか！）から、どうも白けるのだ。ラストの「ローリン・マイ・ストーン」にようやくスティルスらしい〝ブレンド感〟が見えて安心させられるが、アルバムとしてはどうにも中途半端な印象だ。いま40年ぶりぐらいに聴いたが、やっぱり感心しなかった。

このあとスティルスの人気は急降下し、ソロ・アーティストとしての存在感は薄れていくのだが、沢山の引き出しからいいものをチョイスしてくれるプロデューサーがいれば、もう少しねばれたのではないだろうか。マナサス解散と再びのソロ活動のあいだにあったCSNYの74年ツアーを知らずに過ごした日本のファンは、スティルスを見放した感もあった。（和久井）

Manassas

Pieces

Eyewall Records LLC / Rhino／
R2 521089 [CD]
Release: 2009年9月9日
1. Witching Hour / 2. Sugar Babe / 3. Lies / 4. My Love Is A Gentle Thing / 5. Like A Fox / 6. Word Game / 7. Tan Sola Y Triste / 8. Fit To Be Tied / 9. Love And Satisfy / 10. High And Dry / 11. Panhandle Rag / 12. Uncle Pen / 13. Do You Remember The Americans / 14. Dim Lights, Thick Smoke (And Loud, Loud Music) / 15. I Am My Brother

マナサス時代の未発表デモ／オルタネイト・テイク15曲を収録した発掘盤。主にマイアミのクライテリア・レコーディング・スタジオでの録音だが、「ワールド・ゲーム」のベーシック・トラックはロンドン、「ライク・ア・フォックス」と「マイ・ラヴ・イズ・ア・ジェントル・シング」のベーシック・トラックはLAで録音されている。

『ダウン・ザ・ロード』でバンドとしての方向性を決められなかったのがマナサスが短命に終わった理由だろうが、のちのソロ・アルバムに入る曲も演っているこの音源を聴くと、「スティルス本人もそれほどマナサスに期待していなかったのかな？」と思えてきて、クリス・ヒルマンの存在が微妙に感じられたり…。「ファーストが素晴らしかったからリスナーが誤解したのかも」とも思える〝スティルスのバンド〟としての姿に、いまになって認識が改められたりもするのだ。おいそれとは掴みにくいが、〝この時代にスティルスが考えたロック〟の面白さが詰まっている。（和久井）

Graham Nash
Wild Tales
ワイルド・テイルズ

Atlantic／SD 7288
Release: 1974年1月2日
[Side A] 1. Wild Tales / 2. Hey You (Looking At The Moon) / 3. Prison Song / 4. You'll Never Be The Same / 5. And So It Goes
[Side B] 1. Grave Concern / 2. Oh! Camil (The Winter Soldier) / 3. I Miss You / 4. On The Line / 5. Another Sleep Song

74年初頭にリリースされたグレアム・ナッシュのセカンド・ソロ・アルバム。デイヴ・メイスンやディヴィッド・リンドレーに加え、盟友クロスビーとともに、変名でスティルス（ハリー・ハレックス）、ニール（ジョー・ヤンキー）も参加したCSNY再編を思わせるアルバムである。

牧歌的な雰囲気は薄れ、よりロック色の強いアルバムとなったが、ニール繋がりのベン・キースとティム・ドラモンドが本作の重要な役割を担ったことから、ニール作品に酷似したムードが全編に漂っている。

投獄にまつわる不条理を歌った「プリズン・ソング」は未完に終わった73年の再結成CSNYのアルバム用に用意されたもので、全員が本作に関わっているのもその繋がりからだろう。「ヘイ！ユー」や「幸せだった君と僕」でのカントリー・テイストはもはや彼の〝お約束〟で、前作の続編となる「アナザー・スリープ・ソング」ではかつての恋人、ジョニ・ミッチェルとの久々の共演も聴ける。（犬伏）

Stephen Stills
Stephen Stills Live
スティヴン・スティルス・ライヴ！

Atlantic／SD 18156
Release: 1975年12月4日
[Side A] Electric Side 1. Wooden Ships / 2. Four Days Gone / 3. (a) Jet Set (Sigh) / (b) Rocky Mountain Way / (c) Jet Set (Sigh) / 4. Special Care
[Side B] Acoustic Side 1. Change Part-ners / 2. (a) Crossroads / (b) You Can't Catch Me / 3. Everybody's Talkin' At Me / 4. 4+20 / 5. Word Game

マナサスが解散したあと、CSNYの再編ツアーが始まるまでの間の74年3月に、シカゴで録音されたソロ名義のライヴ・アルバム。

エレクトリック・サイドはアグレッシヴな演奏の連続だ。ギターのドニー・ダッカスや、（後期マナサスのライヴをサポートした）ベースのケニー・パサレリ、ジョー・ララなど、『孤高の世界』のレコーディングに参加するメンバーのほとんどがこの時点で揃っている。

アコースティック・サイドはスティルスの弾き語り。ロバート・ジョンソンの「クロスロード」とチャック・ベリーの「ユー・キャント・キャッチ・ミー」をつなげたりして、遊び心もあるリラックスした雰囲気だ。アコギの美味さと渋い歌を堪能させてくれる。

スティルスにとってはエアポケットのような時期だが、音楽的には充実していたことがわかる一枚だ。ただ、『孤高の世界』の半年後にリリースされたことで、中途半端な印象になってしまったのが残念。（森次郎）

Crosby, Stills, Nash & Young
CSNY 1974
CSNY 1974

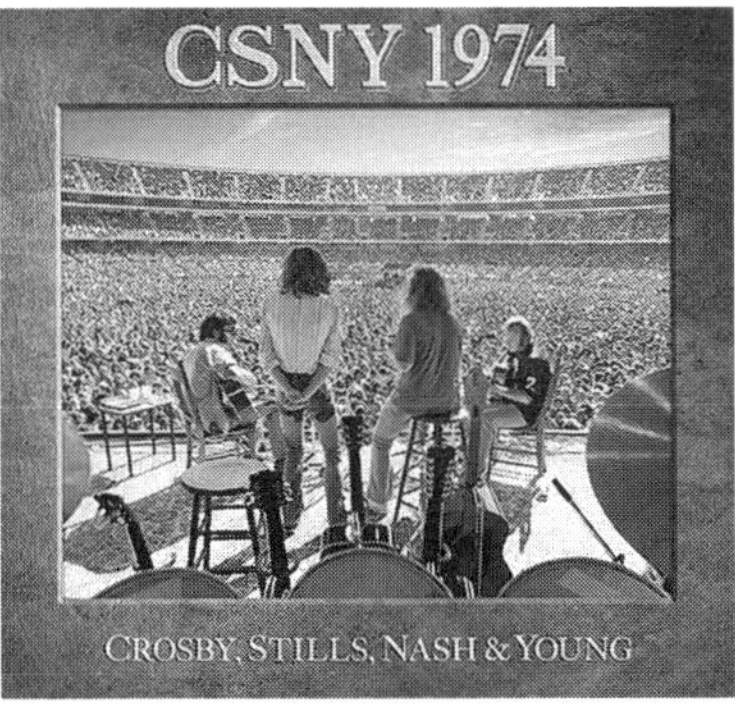

CSNY Recordings / Rhino / R2-541729 [CD+DVD]
Release: 2014年7月8日

[Disc 1]
1. Love The One You're With / 2. Wooden Ships / 3. Immigration Man / 4. Helpless / 5. Carry Me / 6. Johnny's Garden / 7. Traces / 8. Grave Concern / 9. On The Beach / 10. Black Queen / 11. Almost Cut My Hair

[Disc 2]
1. Change Partners / 2. The Lee Shore / 3. Only Love Can Break Your Heart / 4. Our House / 5. Fieldworker / 6. Guinevere / 7. Time After Time / 8. Prison Song / 9. Long May You Run / 10. Goodbye Dick / 11. Mellow My Mind / 12. Old Man / 13. Word Game / 14. Myth Of Sisyphus / 15. Blackbird / 16. Love Art Blues / 17. Hawaiian Sunrise / 18. Teach Your Children / 19. Suite: Judy Blue Eyes

[Disc 3]
1. Déjà Vu / 2. My Angel / 3. Pre-Road Downs / 4. Don't Be Denied / 5. Revolution Blues / 6. Military Madness / 7. Long Time Gone / 8. Pushed It Over The End / 9. Chicago / 10. Ohio

[DVD]
1. Only Love Can Break Your Heart / 2. Almost Cut My Hair / 3. Grave Concern / 4. Old Man / 5. Johnny's Garden / 6. Our House / 7. Déjà Vu / 8. Pushed It Over The End

73年、この頃トラブルを抱えていたニールはナッシュとクロスビーに接近、その後スティルスを加えCSNYとして久々に顔を合わせたものの、ニールのスタジオで行われた2年ぶりのレコーディングは良好な結果が得られず頓挫。しかし10月にはスティルス率いるマナサスのショウにナッシュとクロスビーがゲストで登場、そこにニールも加わりCSNYのアコースティック・セットが久々に実現したことから、マネージャーのエリオット・ロバーツはビル・グレアムとともに再結成ツアーを画策、人気絶頂のまま消滅したCSNYの復活は大きな話題となり、74年7月に開幕したスタジアム級の巨大な北米ツアー（千秋楽はロンドンだった）は大盛況となった。このツアーでは複数の公演が録音されながらも長らく一切の公式発売が叶わぬままだったが、本作はナッシュの尽力により14年に待望の公式リリースが実現したものだ。3枚のCD（当時のステージ進行通りディスク①③にエレクトリック・セット、②にはアコースティック・セットを収録）には厳選された40曲が収められ、DVDには8月20日のランドーヴァー、キャピトル・センター公演、BBCにより撮影されながら当時未放送に終わった9月14日のロンドン、ウェンブリー・アリーナ公演の映像が収録されている。（犬伏）

Crosby, Stills, Nash & Young
So Far
ソー・ファー／華麗なる栄光の道

Atlantic／SD 18100
Release: 1974年8月19日
[Side A] 1. Déjà Vu / 2. Helplessly Hoping / 3. Wooden Ships / 4. Teach Your Children / 5. Ohio / 6. Find The Cost Of Freedom
[Side B] 1. Woodstock / 2. Our House / 3. Helpless / 4. Guinnevere / 5. Suite: Judy Blue Eyes

再結成ツアーに合わせてリリースされた、CSNYのベスト・アルバム。メンバーは反対したそうだが、ツアー中に発売され、11月2日付のビルボードで1位に。のちにゴールド・ディスクにも認定されている。『クロスビー、スティルス&ナッシュ』から4曲、『デジャ・ヴ』から5曲が選ばれたほか、はじめてシングル「オハイオ／自由の値」の両面がアルバムに収録された（「オハイオ」のライヴ・ヴァージョンは「4ウェイ・ストリート」に収録されているが）。

作者別に見ると、クロスビー2曲、スティルス3曲、ナッシュ2曲、ヤング2曲に、クロスビー&スティルスとジョニ・ミッチェルが1曲ずつ。「マラケシュ・エクスプレス」以外の（この時点での）シングル5曲も網羅され、レコード会社の忖度も垣間見えるが、まあ妥当な選曲といったところ。

ジャケットには「ウッドストック」の作者でもある、ジョニ・ミッチェルのイラストが使われた。（森次郎）

Stephen Stills
Stills
スティルス／孤高の世界

Columbia／PC 33575
Release: 1975年6月23日
[Side A] 1. Turn Back The Pages / 2. My Favorite Changes / 3. My Angel / 4. In The Way / 5. Love Story / 6. To Mama From Christopher And The Old Man
[Side B] 1. First Things First / 2. New Mama / 3. As I Come Of Age / 4. Shuffle Just As Bad / 5. Cold Cold World / 6. Myth Of Sisyphus

スティルスのコロンビア移籍第1弾。裏ジャケットは、のちにテリー・キャスの後任としてシカゴに加入することになる、ギタリストのドニー・ダッカスとスティルスのツーショットだ。ふたりはアコギを抱えて椅子に腰かけ、コーラスの練習をしているように見える。この写真が象徴するように、スティルスのワンマン体制ではなく、楽曲を中心に据えた非常に落ち着いた仕上がりになっている。

アルバムはゆったりとした雰囲気の「ターン・バック・ザ・ペイジズ」から始まる（テンポアップもするが）。エリック・クラプトン・バンドのマーシー・レヴィのコーラスが印象的。CSNYでおなじみのダラス・テイラーと共作した「マイ・エンジェル」は、ジョー・ララのパーカッションが効いている。「ニュー・ママ」はニールの『今宵その夜』に収録された曲。アコギとピアノにコーラスというアコースティックな原曲を、リフをそのまま拝借してバンド・サウンドに昇華させた、みごとなカヴァーである。（森次郎）

David Crosby / Graham Nash
Wind On The Water
ウィンド・オン・ザ・ウォーター

ABC Records／ABCD-902
Release: 1975年9月15日
[**Side A**] 1. Carry Me / 2. Mama Lion / 3. Bittersweet / 4. Take The Money And Run / 5. Naked In The Rain / 6. Love Work Out
[**Side B**] 1. Low Down Payment / 2. Cowboy Of Dreams / 3. Homeward Through The Haze / 4. Fieldworker / 5. To The Last Whale... / a. Critical Mass b. Wind On The Water

CSNYの再結成ツアーのあと、クロスビーとナッシュはデュオとして活動する道を選ぶ。新たにABCと契約して、3年ぶりにリリースしたアルバムが『ウィンド・オン・ザ・ウォーター』だ。

前作と同様に、基本的にふたりが曲を持ち寄り、ダニー・クーチ、ラス・カンケル、ティム・ドラムンドらを中心としたメンバーがタイトな演奏を繰り広げている。曲によっては、ジェイムス・テイラーやキャロル・キング、デイヴィッド・リンドレーが参加した。

ナッシュの曲が以前と比べるとハードになり、クロスビーとの違いがより際立ってきている。タイトル曲も彼らしく、捕鯨に反対する内容の歌詞だ。

3か月前にリリースされたスティルスの『孤高の世界』が全米19位にとどまったのに対し、本作は6位。いかにCSN的なものがウケたのかがよくわかる。なお、08年には74年12月のFM放送用コンサートを追加した、CD2枚組のデラックス版が発売された。（森次郎）

Stepen Stills
Illegal Stills
イリーガル・スティルス

Columbia／PC 34148
Release: 1976年5月7日
[**Side A**] 1. Buyin' Time / 2. Midnight In Paris / 3. Different Tongues / 4. Soldier / 5. The Loner
[**Side B**] 1. Stateline Blues / 2. Closer To You / 3. No Me Nieges / 4. Ring Of Love / 5. Circlin'

アルバム・タイトルに合わせて、密造酒の入れ物としても使われるウィスキー・ジャーをあしらったジャケットが印象的な、コロンビアからの2作目。

本作ではドニー・ダッカスとのコラボレーションがさらに進められている。ダッカスは5曲をスティルスらと共作し、スティルスとヴォーカルを分け合う曲もある。「リング・オブ・ラヴ」ではフロー&エディを従えた、堂々たる歌いっぷりだ。また「クローザー・トゥ・ユー」は、のちにシカゴでもレコーディングされている。

とは言え、アルバム全体のテイストが大きく変わったわけではない。「サークリン」はスティルスらしいロック・ナンバーだし、「ノー・ミー・ネージュ」ではジョー・ララが活躍するラテン風の演奏が楽しめるのだ。「ザ・ローナー」はニールの曲。原曲のアレンジをベースにしながら、オーソドックスなバンド・アレンジに解体されて、聴きやすくなっている。このあたりは良くも悪くもスティルスらしいところ。（森次郎）

David Crosby / Graham Nash
Whistling Down The Wire
ホイッスリング・ダウン・ザ・ワイヤー

ABC Records／ABCD-956
Release: 1976年6月25日
[**Side A**] 1. Spotlight / 2. Broken Bird / 3. Time After Time / 4. Dancer / 5. Mutiny
[**Side B**] 1. J.B.'s Blues / 2. Marguerita / 3. Taken At All / 4. Foolish Man / 5. Out Of The Darkness

クロスビーとナッシュがスティルス、ヤングとのセッションから離脱し、あらためて75年のツアー・メンバーを招集してレコーディングしたアルバムだ。クレジットには、デイヴィッド・リンドレー、ダニー・クーチ、ラス・カンケル、ティム・ドラムンド、そしてクレイグ・ダーギーが名を連ね、インナー・スリーヴの集合写真にも全員が登場している。また、ダニーとクレイグは曲作りにも参加しているので、クロスビー、ナッシュを含めたひとつのバンドのように見えてくるのだ。

「ミューティニー」では長いギター・ソロがフィーチャーされているとは言え、全体的には洗練されたタイトな演奏と、抑制の効いたヴォーカル／コーラスに終始している。非常によくまとまっている印象を受ける反面、ハードな部分は後退しているのに、ポップな点が目立たないのが惜しいと感じてしまう。

また、「J.Bのブルース」でライトなレゲエへ接近するなど、AOR化が感じられるアルバムでもある。（森次郎）

Crosby & Nash
Live
デジャ・ヴ：クロスビー／ナッシュ・ライヴ

ABC Records／AA-1042
Release: 1977年10月31日
[**Side A**] 1. Immigration Man / 2. The Leeshore / 3. I Used To Be A King / 4. Page 43 / 5. Fieldworker
[**Side B**] 1. Simple Man / 2. Foolish Man / 3. Mama Lion / 4. Déjà Vu

75年から76年にかけて各地で収録されたライヴ盤。それぞれのソロ作、CSNY、そしてデュオ名義のアルバムから選曲されているが、前作のバンドが、どの曲もツボを押さえた演奏を聴かせてくれる。

とくに「ページ43」や「フィールドワーカー」でのデイヴィッド・リンドレーのスライド・ギターが素晴らしい。リンドレーはアコースティックの「シンプル・マン」ではヴァイオリンを弾くなど、大活躍だ。

その「シンプル・マン」に続くのが、緊張感溢れる「フーリッシュ・マン」。この流れも見事で聴き入ってしまう。ただ、クロスビーの声がやや荒れていることが気になるが。

最後はしだいに熱を帯びていく「ママ・ライオン」から、インプロヴィゼーションの応酬が繰り広げられる「デジャ・ヴ」へとなだれ込む。AOR化の前にプログレ化があったのか。

なお、00年にCD化された際、「キング・オブ・ザ・マウンテン」と「ビタースウィート」が追加された。（森次郎）

The Stills - Young Band
Long May You Run
太陽への旅路

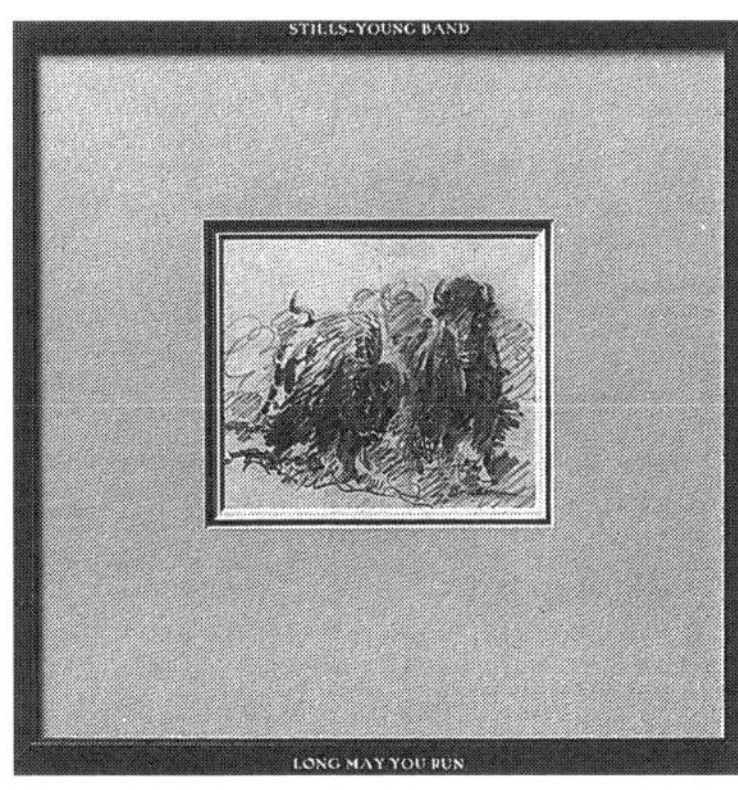

Reprise Records／MS 2253
Release: 1976年9月10日
［**Side A**］
1. Long May You Run
2. Make Love To You
3. Midnight On The Bay
4. Black Coral
5. Ocean Girl

［**Side B**］
1. Let It Shine
2. 12/8 Blues (All The Same)
3. Fontainebleau
4. Guardian Angel

74年のCSNYのツアーのあと、4人はそれぞれの活動に戻っていた。ところがスティルスのライヴにニールが飛び入りしたことがきっかけとなり、アルバム制作の話が持ち上がる。スティルスのバンドにニールが合流し、さらにクロスビーとナッシュが協力するかたちがとられ、『イリーガル・スティルス』のレコーディングが終わるやいなや、セッションに突入したのだ。しかし、クロスビーとナッシュがデュオの活動を優先して途中で離脱する。それでもレコーディングは、一度は録音したふたりのコーラスを消去して継続されることになったのだ。

その後のスティルスは、〝10年後のバッファロー〟のつもりでレコーディングを続けていたようだ。ただ、ニールが書いた5曲はいずれもフォーク／カントリー路線のもので、スティルスとの認識のズレが感じられる。

タイトル曲は車のことを歌っているようにも、友人のことを歌っているようにもとれる歌詞だ。「ミッドナイト・オン・ザ・ベイ」は、『ハーヴェスト』の雰囲気に近いが、バンドのおかげで良くも悪くもポップ。「レット・イット・シャイン」では、スティルスからニールへギター・ソロがつながれるが、丁々発止なやりとりにはなっていない。「ファウンテンブルー」でようやくニールらしいレスポールの音が聴こえ、スティルスもそれに応えるギターを弾いている。

対するスティルスの4曲は、(ドニー・ダッカス以外の)自分のバンドと録音していることもあって、ほとんど彼のソロと変わらない。「ブラック・コーラル」や「ガーディアン・エンジェル」は、スティルスならではのラテンなアプローチでうまくまとまっている。しかし、ニールの曲と交互に収録されたことで、どうしても食い合わせの悪さが目立ってしまうのだ。

（森次郎）

Crosby, Stills & Nash
CSN
CSN

Atlantic／SD 19104
Release: 1977年6月17日
[Side A] 1. Shadow Captain / 2. See The Changes / 3. Carried Away / 4. Fair Game / 5. Anything At All / 6. Cathedral
[Side B] 1. Dark Star / 2. Just A Song Before I Go / 3. Run From Tears / 4. Cold Rain / 5. In My Dreams / 6. I Give You Give Blind

CSNとしての2枚目のアルバム。76年の夏、クロスビー&ナッシュのコンサートにスティルスが飛び入りして、3人で「ティーチ・ユア・チルドレン」を歌ったことがきっかけとなったと言われている。のちにナッシュと結婚する女優、スーザン・セネットの仲介があったらしい。

レコーディングには双方のバンドからメンバーが集められた。しかし、中心にあるのはやはり3人の声であって、アコースティックな音をメインにした過不足のない演奏が繰り広げられている。CSNのイメージを損なわず、時代に合わせてアップデイトしたこのアルバムは、全米2位までチャートを駆け上ったのだ。

リリース時点では、ジャケットには真剣な表情の写真が使われていたが、3人はアウター・スリーヴの笑顔のショットを好み、差し替えられたという経緯がある。その後は現行のCDまで、〝ラフィング・カヴァー〟と呼ばれるジャケットが採用されている。（森次郎）

Stephen Stills
Throughfore Gap
サロフェア・ギャップ

Columbia／JC 35380
Release: 1978年10月31日
[Side A] 1. You Can't Dance Alone / 2. Thoroughfare Gap / 3. We Will Go On / 4. Beaucoup Yumbo / 5. What's The Game
[Side B] 1. Midnight Rider / 2. Woman Lleva / 3. Lowdown / 4. Not Fade Away / 5. Can't Get No Booty

スティルス・ヤング・バンド、CSN再結成を挟んだ、およそ2年半ぶりのソロ・アルバム。ビージーズのレコーディングに参加したことで影響を受けたのか、ディスコ・ビートを導入した「ユー・キャント・ダンス・アローン」からスタートする。メロディはスティルス節が全開なのだが、アレンジがいかにもディスコなのだから、以前からのファンには相当な違和感があったのではないだろうか。

ほかの曲はラテンあり、ブルースありと、従来の延長線上にあるが、管や弦の導入によってアレンジには変化が見られる。「ミッドナイト・ライダー」はオールマン・ブラザーズ、「ノット・フェイド・アウェイ」はバディ・ホリーのカヴァー。そして最後の「キャント・ゲット・ノー・ブーティ」で、ふたたびディスコに接近するのだ。

スティルス自身は本作について〝ディスコとスワンプ・ロック〟だと説明している。また、アルバム・タイトルは、南北戦争中に使用された脱出ルートにちなんでいるという。（森次郎）

Graham Nash
Earth & Sky
アース&スカイ

Capitol Records／SWAK-12014
Release: 1980年2月15日
[**Side A**] 1. Earth & Sky / 2. Love Has Come / 3. Out On The Island / 4. Skychild / 5. Helicopter Song
[**Side B**] 1. Barrel Of Pain (Half-Life) / 2. T.V. Guide / 3. It's All Right / 4. Magical Child / 5. In The 80's

6年ぶりにキャピトルから発売された、ナッシュ3枚目のソロ・アルバム。ジャケットには、写真の収集が趣味だというナッシュがカメラを構えたショットが使われている。

クロスビー&ナッシュのアルバムと同様、基本的にザ・セクションを中心としたメンバーでレコーディングされた。曲によっては、ジョー・ウォルシュやクロスビーの名前が見られる。

良質なウェスト・コースト・サウンドを基調としながら、「アウト・オン・アイランド」ではデイヴィッド・リンドレーがハワイアン・ギターを弾いたり、「ヘリコプター・ソング」ではスティルスのバンドがリズム主体のアプローチを試みるなど、サウンドのヴァリエーションも豊かだ。

センシティヴな面はさほど目立たないものの、社会への警鐘を鳴らしつつ、自然や家族への讃歌を織り交ぜた歌詞には、変わらぬナッシュがいる。ビルボードの100位にも入らなかったのは、やはり時代のせいだったのだろうか。（森次郎）

Crosby, Stills & Nash
Daylight Again
デイライト・アゲイン

Atlantic／SD 19360
Release: 1982年6月21日
[**Side A**] 1. Turn Your Back On Love / 2. Wasted On The Way / 3. Southern Cross / 4. Into The Darkness / 5. Delta
[**Side B**] 1. Since I Met You / 2. Too Much Love To Hide / 3. Song For Susan / 4. You Are Alive / 5. Might As Well Have A Good Time / 6. Daylight Again / a. Daylight Again / b. Find The Cost Of Freedom

『CSN』のツアーを終えると、クロスビーのドラッグ問題もあり、グループとしての活動は散発的なものになっていた。スティルスとナッシュは、契約を履行するためにデュオ・アルバムの制作を始める。しかし、アトランティックはあくまでCSNとしての作品を求めたのだ。

すでにティモシー・B・シュミットやマイケル・フィネガン、アート・ガーファンクルのヴォーカルを重ねた曲が出来上がっていた。そこに、クレイグ・ダーギとスタンレー・ジョンソンにプロデュースを委ねて、クロスビーをメインにした2曲を追加することになる。それが、ジャクソン・ブラウンがクロスビーをウォーレン・ジヴォンの家に閉じ込めてつくらせたという「デルタ」と、ジュディ・ヘンスキーとクレイグが共作した「マイト・アズ・ウェル・ハヴ・ア・グッド・タイム」である。

アトランティックの読みは当たり、全米8位という結果が残された。なお、06年に4曲のボーナス・トラックを追加したCDが発売されている。（森次郎）

Crosby, Stills & Nash
Allies
アライズ（CSNライヴ）

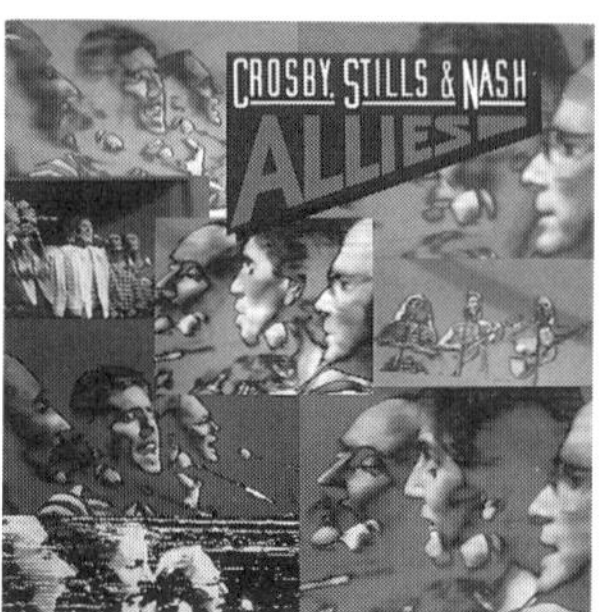

Atlantic／80075-1
Release: 1983年6月6日
[Side A] 1. War Games / 2. Raise A Voice / 3. Turn Your Back On Love / 4. Barrel Of Pain / 5. Shadow Captain
[Side B] 1. Dark Star / 2. Blackbird / 3. He Played Real Good For Free / 4. Wasted On The Way / 5. For What It's Worth

2曲（新曲）のスタジオ録音と、8曲のライヴ録音を収録した、変則的なアルバム。「ウォー・ゲームス」は同名の映画のために書かれた曲。今となってはシンセサイザーの音が時代を感じさせるが、ドラムにジェフ・ポーカロを起用したスピード感溢れるナンバーだ。

ライヴ音源は、「シャドウ・キャプテン」と「フォー・フリー」が77年のヒューストン、残りの曲が82年のカリフォルニアでの録音である。スティルスのギターのみで歌われるビートルズの「ブラックバード」は、本作に初めて収録された。ジョニ・ミッチェルの「フォー・フリー」もクロスビーのギター1本で収録されている。ナッシュが作った「ウェイステッド・オン・ザ・ウェイ」もナッシュとスティルスのアコギ2本で演奏されたものだ。

こうしたアコースティックな流れのあとで、バッファローの「フォー・ホワット」でアルバムは締めくくられる。サービスのつもりなのか、それともアンコール扱いなのか。（森次郎）

Stephen Stills
Right By You
ライト・バイ・ユー

Atlantic／7 80177-1
Release: 1984年7月30日
[Side A] 1. 50/50 / 2. Stranger / 3. Flaming Heart / 4. Love Again / 5. No Problem
[Side B] 1. Can't Let Go / 2. Grey To Green / 3. Only Love Can Break Your Heart / 4. No Hiding Place / 5. Right By You

アトランティックと再契約して制作された、6年ぶりにして80年代唯一のスティルスのソロ・アルバム。『デイライト・アゲイン』で絆が深まったのか、ナッシュが半数ほどの曲にコーラスで参加している。

ラテンな「50／50」は（デジタルな音色を除けば）スティルスの得意技だ。ただ、アウトロで唐突にジミー・ペイジのギター・ソロが登場して、そのまま曲が終わるのだが。最初にシングル・カットされた「ストレンジャー」も、スティルスらしいメロディをスピード感を増したアレンジで聴かせてくれる。「ノー・プロブレム」でスティルスのベース・ソロを引き出したのは、まぎれもなくスティルスと共同プロデュースを行ったアルバート兄弟によるものだろう。

お約束になったニールのカヴァー「オンリー・キャン・ブレイク・ユア・ハート」は、ほかの人ならともかく、わざわざスティルス（とナッシュとフィネガン）が歌わなくてもいいだろう、というメロウなアレンジになっている。（森次郎）

Graham Nash
Innocent Eyes
イノセント・アイズ

Atlantic／781 633-1
Release: 1986年3月27日
[**Side A**] 1. See You In Prague / 2. Keep Away From Me / 3. Innocent Eyes / 4. Chippin' Away / 5. Over The Wall
[**Side B**] 1. Don't Listen To The Rumors / 2. Sad Eyes / 3. Newday / 4. Glass And Steel / 5. I Got A Rock

ホリーズへの一時的な復帰をはさんで、6年ぶりにリリースされたナッシュのソロ・アルバム。大半の曲で打ち込みのドラムやシンセサイザーが導入された、80年代らしい音づくりになっている。

1曲目の「シー・ユー・イン・プラハ」は詞も曲も外部（ダビット・シガーソンとリッチー・ジト）に発注したもので、ギターはマイケル・ランドウ。ナッシュはヴォーカリストに徹している。キャッチーな曲だが、従来とは明らかに異なる路線だ。

ケニー・ロギンスとデュエットした「イノセント・アイズ」や、ジェイムス・テイラーがコーラスをつけた「サッド・アイズ」も収録され、話題性はじゅうぶんだったはずだ。それでも全米136位と成績はイマイチ。「グラス・アンド・スティール」はデジタルなバックをものともせず、歌詞も含めてナッシュの世界をつくりあげている。こうした〝成果〟はあったものの、ナッシュはしばらくソロ・アルバムの制作から離れることになったのだ。

（森次郎）

Crosby, Stills, Nash & Young
American Dream
アメリカン・ドリーム

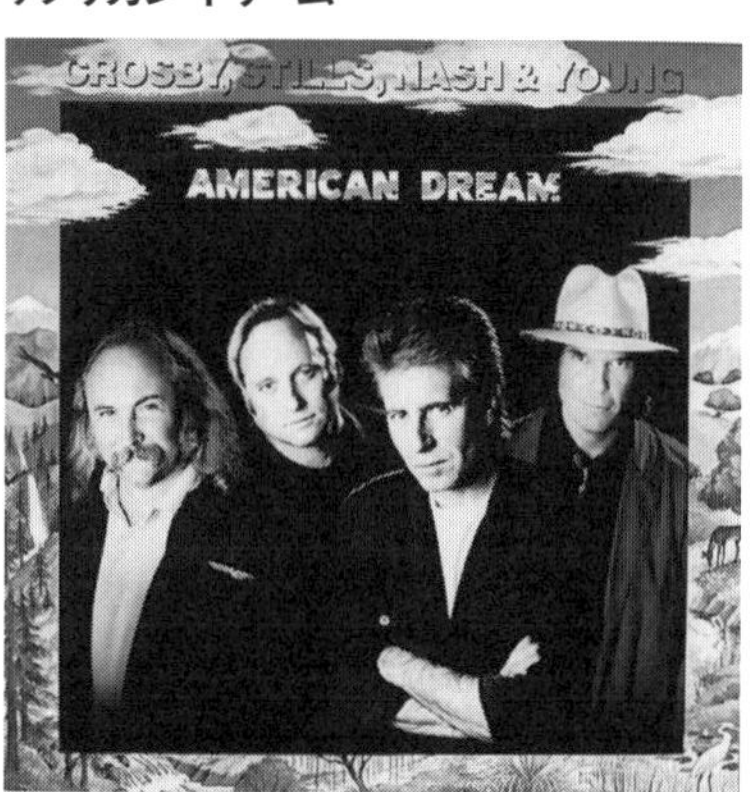

Atlantic／7 81888-2［CD］
Release: 1988年11月1日
1. American Dream
2. Got It Made
3. Name Of Love
4. Don't Say Goodbye
5. This Old House
6. Nighttime For The Generals
7. Shadowland
8. Drivin' Thunder
9. Clear Blue Skies
10. That Girl
11. Compass
12. Soldiers Of Peace
13. Feel Your Love
14. Night Song

74年ツアー以来14年ぶりの再集結アルバムは全米16位まで上がったが、当時の評判は芳しくなかった。80年代的なシャープで明るいサウンドが〝らしくなかった〟からだろう。イーグルスじゃないが、〝スピリット〟がどこかに置き忘れられたかのように感じられる〝音〟なのだ。80年代後半のロックはほとんどどんなサウンドだからCSNYの失敗とは言えないけれど、グランジ・ロック親父と化していくニールがいるのにこの音というのは、どうにも納得できなかった。デジタル・レコーディングは、音のある／なしを顕著に収録するという特性があり、アナログな空気感をいい具合に加えるのが難しかったのだけれど、〝時代〟を意識するならブライアン・イーノとダニエル・ラノワがU2に施した空気感を学ぶべきではなかったか。そこまで行かなかったから、サウンド的には80年代バンドとあまり変わらず、「昔の名前で出ています」みたいなことになってしまった。

タイトルもよくないんだよね。歌詞を読めば意味を考えさせられるが、知的なリスナーばかりじゃない。『ロッキー』かよ！って思うよ、フツーは。

しかし、いま聴くと全然悪くないのだ。逆に考えれば、このころに70年代前半のモッサリした音でやられたら「進歩してない」と思っただろうし、再び4人で新作をつくる理由をもっと問われただろう。「そこそこ時代に合わせたサウンド」だったから「現役感も感じられた」のが、30年以上も経つと〝逆説〟として見えてくるのである。

だって、曲がイイ。格の違いがそこに現れている。一流のソングライターが久しぶりに4人でつくるアルバムに曲を持ち寄ったのだから、当然のようにいい曲が並んだ。サウンドが〝らしくない〟のは聴き直しても変わらないところだが、曲の良さにはハッとさせられる。(和久井)

David Crosby

Oh Yes I Can

オー・イエス・アイ・キャン

A&M Records／CD 5232［CD］
Release: 1989年1月13日
1. Drive My Car / 2. Melody / 3. Monkey And The Underdog / 4. In The Wide Ruin / 5. Tracks In The Dust / 6. Drop Down Mama / 7. Lady Of The Harbor / 8. Distances / 9. Flying Man / 10. Oh Yes I Can / 11. My Country 'Tis Of Thee

18年ぶりのソロ・アルバムは「そうだ、この人がいた」と思わせる傑作だった。フュージョンやAORを通過したあとのロックとしては最上級の充実ぶりで、サウンドの落としどころも丁度いい。鍵盤のクレイグ・ダーギーを参謀として置き、ダニー・クーチマー、デイヴィッド・リンドレー、スティーヴ・ルカサー、リーランド・スクラー、ティム・ドラモンド、ラス・カンケル、ジョー・ヴィタール、ジム・ケルトナー、ジャクソン・ブラウン、ボニー・レイットといったメンバーを集めているのだから、悪くなりようがないけれど、ヴァラエティに富んだ曲を並べたのが勝因。もちろんナッシュもコーラス参加しているから、「クロスビー&ナッシュからの流れも踏まえつつ」という面もあって無理がないのだ。

80年代のSとNにはガッカリだったから、このアルバムがどんなに救いになったことか。クレイグ・ダーギーとジュディ・ヘンスケが共作した「イン・ザ・ワイルド・ルイン」を取り上げるセンスも好き。（和久井）

Crosby, Stills & Nash

Live It Up

リヴ・イット・アップ

Atlantic／7 82107-2［CD］
Release: 1990年6月26日
1. Live It Up / 2. If Anybody Had A Heart / 3. Tomboy / 4. Haven't We Lost Enough? / 5. Yours And Mine / 6. (Got To Keep) Open / 7. Straight Line / 8. House Of Broken Dreams / 9. Arrows / 10. After The Dolphin

『アメリカン・ドリーム』がそこそこ売れたからニール抜きでも行けると思ったのかもしれないが、タイトル曲はジョー・ヴィタール作、続く「イン・エニーボディ・ハド・ア・ハート」はJ.D.サウザーとダニー・クーチマーの共作曲、「ストレイト・ライン」はトニー・ベアードの曲というところにダメさが現れた、「小金稼ぎ?」と言いたくなるアルバムだ。そうかと思えば「ハヴント・ウィ・ロスト・イナフ?」はスティルスの弾き語りなのだから、ジェファーソン・スターシップがプロの作家の曲をうまく使って生き延びたのとは違う〝ふっきれなさ〟が匂うのである。

マネージメントからの要請で制作されたのだろうが、80年代的なドラムの音がCSNには合っていないし、ジャケのSF感にいたってはシャレにもならない酷さだ（これは笑えない）。ポップな資質のナッシュのいいところは大いに感じられるけれど、リスナーにあまり歓迎されなかったのは全米58位という成績からも明らか。（和久井）

Stephen Stills
Stills Alone

Vision/Gold Hill／VR-3323［CD］
Release: 1991年9月11日
1. Isn't It So / 2. Everybody's Talkin' / 3. Just Isn't Like You / 4. In My Life / 5. The Ballad Of Hollis Brown / 6. Singin' Call / 7. The Right Girl / 8. Blind Fiddler Medley / 9. Amazonia / 10. Treetop Flyer

　ひとりでヴォーカルとギターを多重録音した、自主制作に等しいソロ・アルバム。吹っ切れたのか、開き直ったのか、実に素晴らしいのだ。フレッド・ニールの「エヴリボディズ・トーキン」（絶品！）、ビートルズの「イン・マイ・ライフ」（コードの解釈が独特！）、ボブ・ディランの「ホリス・ブラウンのバラッド」（納得！）と、オリジナルの7曲というラインナップのバランスがとても良いし、キャリアに恥じないアコギ・プレイも見せつける。加えてヴォーカルの枯れ具合が丁度いいから、ほかの楽器が欲しいとも思わないわけだ。A‐DATで録っているのか音質がデジタルっぽいのが唯一の難点だが。

　しかし、真摯な演奏は音質をあまり気にさせない。オーヴァーダビングはあれど、スタジオ・ライヴという印象が功を奏して全10曲を〝一塊〟として聴けるから、四の五の言わずにスティルスの気持ちに寄り添おうという気になってくるのだ。「知られざる傑作」と呼ぶにふさわしいアルバム。（和久井）

CSN

Crosby, Stills & Nash

CSN

Atlantic／7 82319-2 [CD]
Release: 1991年10月15日

[**Disc 1**] 1. Suite: Judy Blue Eyes (Alternate Mix) - Crosby, Stills & Nash / 2. Helplessly Hoping (Unreleased Live Studio Version) - Crosby, Stills, Nash & Young / 3. You Don't Have To Cry - Crosby, Stills & Nash / 4. Wooden Ships - Crosby, Stills & Nash / 5. Guinnevere (Early Demo) - David Crosby / 6. Marrakesh Express - Crosby, Stills & Nash / 7. Long Time Gone - Crosby, Stills & Nash / 8. Blackbird (Unreleased Live Studio Version) - Crosby, Stills & Nash / 9. Lady Of The Island - Crosby, Stills & Nash / 10. Song With No Words (Tree With No Leaves) - Crosby & Nash / 11. Almost Cut My Hair (Unreleased Unedited Original Version) - Crosby, Stills, Nash & Young / 12. Teach Your Children - Crosby, Stills, Nash & Young / 13. Horses Through A Rainstorm - Crosby, Stills, Nash & Young / 14. Deja Vu - Crosby, Stills, Nash & Young / 15. Helpless - Crosby, Stills, Nash & Young / 16. 4+20 - Crosby, Stills, Nash & Young / 17. Laughing - David Crosby / 18. Carry On / Questions - Crosby, Stills, Nash & Young

[**Disc 2**] 1. Woodstock (Alternate Mix) - Crosby, Stills, Nash & Young / 2. Ohio - Crosby, Stills, Nash & Young / 3. Love The One You're With - Stephen Stills / 4. Our House - Crosby, Stills, Nash & Young / 5. Old Times Good Times - Stephen Stills / 6. The Lee Shore - Crosby, Stills, Nash & Young / 7. Music Is Love - David Crosby / 8. I'd Swear There Was Somebody Here - David Crosby / 9. Man In The Mirror - Crosby, Stills, Nash & Young / 10. Black Queen (Live) - Crosby, Stills, Nash & Young / 11. Military Madness - Graham Nash / 12. Urge For Going - Crosby & Nash / 13. I Used To Be A King - Graham Nash / 14. Simple Man (Alternate Mix) - Graham Nash / 15. Southbound Train - Crosby & Nash / 16. Change Partners - Stephen Stills / 17. My Love Is A Gentle Thing - Stephen Stills / 18. Word Game - Stephen Stills / 19. Johnny's Garden - Manassas / 20. So Begins The Task - Manassas / 21. Turn Back The Pages - Stephen Stills

[**Disc 3**] 1. See The Changes - Crosby, Stills, Nash & Young / 2. It Doesn't Matter - Manassas / 3. Immigration Man - Crosby & Nash / 4. Chicago / We Can Change The World - Graham Nash / 5. Homeward Through The Haze - Crosby, Stills, Nash & Young / 6. Where Will I Be? - Crosby & Nash / 7. Page 43 - Crosby & Nash / 8. Carry Me - Crosby & Nash / 9. Cowboy Of Dreams - Crosby & Nash / 10. Bittersweet - Crosby & Nash / 11. To The Last Whale... - Crosby & Nash / (a) Critical Mass / (b)Wind On The Water / 12. Prison Song - Graham Nash / 13. Another Sleep Song - Graham Nash / 14. Taken At All - Crosby, Stills, Nash & Young / 15. In My Dreams - Crosby, Stills & Nash / 16. Just A Song Before I Go - Crosby, Stills & Nash / 17. Shadow Captain - Crosby, Stills & Nash / 18. Dark Star - Crosby, Stills & Nash / 19. Cathedral - Crosby, Stills & Nash

[**Disc 4**] 1. Wasted On The Way - Crosby, Stills & Nash / 2. Barrel Of Pain (Half-Life) - Graham Nash / 3. Southern Cross - Crosby, Stills & Nash / 4. Daylight Again / Find The Cost Of Freedom - Crosby, Stills & Nash / 5. Thoroughfare Gap - Stephen Stills / 6. Wild Tales (Live) - Graham Nash / 7. Dear Mr. Fantasy - Stephen Stills & Graham Nash / 8. Cold Rain - Crosby, Stills & Nash / 9. Got It Made (Live At The U.N.) - Crosby, Stills & Nash / 10. Tracks In The Dust - David Crosby / 11. As I Come Of Age - Crosby, Stills & Nash / 12. 50/50 - Stephen Stills / 13. Drive My Car - David Crosby / 14. Delta - Crosby, Stills & Nash / 15. Soldiers Of Peace - Crosby, Stills, Nash & Young / 16. Yours And Mine - Crosby, Stills & Nash / 17. Haven't We Lost Enough? - Crosby, Stills & Nash / 18. After The Dolphin - Crosby, Stills & Nash / 19. Find The Cost Of Freedom - Crosby, Stills, Nash & Young

4枚のCDにソロ作からのナンバーを含む全77曲を収録し、ブックレットと共にLPサイズのボックスに収録したアンソロジー。うち24曲が未発表のデモやオルタネイト・ヴァージョンなのだから、箱ものとしてはトップ・クラスのセールスを記録したのも当然だった。

いきなり「青い眼のジュディ」のオルタネイト・ミックス、「ヘルプレス・ホーピング」の未発表ヴァージョン、「ユー・ドント・ハヴ・トゥ・クライ」のファースト・レコーディングと続き、「ウッドゥン・シップス」を挟んで、クロスビーが68年に録った「グウィニヴィア」のデモ。ディスク1からしびれる展開だ。

ニールが加わったものでは、「オールモスト・カット・マイ・ヘアー」の未編集ヴァージョン、69年の未発表曲「ホーシズ・スロース・ア・レインストーム」、「ウッドストック」の別ミックス、「ザ・リー・ショア」の別テイク、「ブラック・クィーン」のライヴなんてのもあるし、73年録音の「シー・ザ・チェンジズ」、74年の「ホームワード・スロー・ザ・ヘイズ」、76年の「テイキン・アット・オール」といった過渡期の録音は貴重。

いまなら中古で安く買えるので〝基本〟として押さえておきたい。ニールがソロ曲の提供を拒んだからこうなったのだろうが、CSNYの姿もくっきり。（和久井）

David Crosby
Thousand Roads
サウザンド・ローズ

Atlantic／82484-2 [CD]
Release: 1993年5月4日
1. Hero / 2. Too Young To Die / 3. Old Soldier / 4. Through Your Hands / 5. Yvette In English / 6. Thousand Roads / 7. Columbus / 8. Helpless Heart / 9. Coverage / 10. Natalie

奥方ジャンさんの監督のもと制作されたアルバムは、ドン・ウォズ、グリン・ジョンズ、フィル・ラモーンにプロデュースを任せた曲を含む、王道路線の充実作。フィル・コリンズと共作／デュエットした先行シングル「ヒーロー」は全米44位まで上がったものの、アルバムはトップ100入りを逃しているが。リーランド・スクラー、ピノ・パラディーノ、ラス・カンケル、ジェフ・ポーカロ、クレイグ・ダーギー、ディーン・ピークス、バーニー・リードン、グレアム・ナッシュといったバック陣の演奏も非の打ちどころがないし、取り上げたナンバーも、ジミー・ウェブの「トゥー・ヤング・トゥー・ダイ」、ジョン・ハイエットの「スロー・ユア・ハート」、ジョニ・ミッチェルと共作した「イヴェット・イン・イングリッシュ」など、ヴァラエティに富んでいるのだが、あまりにも〝ほころび〟がないからクロスビーの素顔が捉えにくいという難点も。良いのだが、完成度と個性のバランスを考えさせられる一枚だ。（和久井）

David Crosby
It's All Coming Back To Me Now...
カミング・バック

Atlantic／82620-2 [CD]
Release: 1995年1月24日
1. In My Dreams / 2. Rusty And Blue / 3. Hero / 4. Till It Shines On You / 5. Thousand Roads / 6. Cowboy Movie / 7. Almost Cut My Hair / 8. Déjà Vu / 9. Long Time Gone / 10. Wooden Ships

93年12月7日にハリウッドのウィスキー・ア・ゴー・ゴーで収録されたライヴ盤。ジェフ・ピーヴァー（ギター）、ジェイムズ・ハッチャーソン（ベース）、マイク・フィニガン（キーボード）、ジョディ・コルテス（ドラムス）に、ナッシュとキップ・レノンのコーラスという布陣での約70分の演奏で、「オールモスト・カット・マイ・ヘアー」はクリス・ロビンソンとのデュエットである。

10分を超える「デジャ・ヴ」と「ウッドゥン・シップス」のあいだに「ロング・タイム・ゴーン」を挟んだ後半のヤマに向けてじっくり聴かせていく構成もいいし、マイク・フィニガンがオルガンにコーラスにと大活躍しているのも嬉しい。DAT録音のため音が硬めで、ライヴらしい臨場感に欠けるのには不満が残るが、この時点でのキャリア集大成的なアルバムと捉えてもいいだろう。いま聴くと、アメリカン・ロックの大きな流れをつくってきた人が、自分の年齢や時代と折り合いをつけている感が心に沁みる。（和久井）

CSN
After The Storm
アフター・ザ・ストーム

Atlantic／82654-2［CD］
Release: 1994年8月16日
1. Only Waiting For You
2. Find A Dream
3. Camera
4. Unequal Love
5. Till It Shines
6. It Won't Go Away
7. These Empty Days
8. In My Life
9. Street To Lean On
10. Bad Boyz
11. After The Storm
12. Panama

ジャケの酷さが天下一品のため、多くのファンが素通りしたアルバムだが、クロスビーとスティルスの復調は明らか。3人が久しぶりに、個人の想いを捨ててCSNと向き合っているのが伝わってくる、ちょっと想像を超える秀作だ。個人的には、こんなにいいのはファースト以来かな、と思っている。

グリン・ジョンズにプロデュースを任せたことで、プロジェクトとしての〝背骨〟が見えたのだろうが、クロスビーの『サウザンド・ロード』からの流れは、マイク・フィニガン、ジョディ・コステロ、ジェイムズ・ハッチャーソン、イーサン・ジョンズ、クレイグ・ダーギーといったバック陣につながっているし、そこにリック・マロッタまで加わっているのだから、演奏は鉄壁だ。

クロスビーが2曲、スティルスが4曲、ナッシュが3曲、クロスビー&スティルスとクロスビー&ナッシュが1曲ずつというバランスが初期を思い出させるのもいいし、スティルスがひとりでカヴァーした「イン・マイ・ライフ」を3人で唄ったのもアクセントになって、極上のアルバムに仕上がったというわけ。

80年代以降のデジタルっぽい音に〝らしさ〟を感じられずにいた者としては、(実はそれほど好きではない)グリン・ジョンズが神様のようにも感じられるし、ニールが再び3人に合流する気持ちになったのもうなづける。

これこそライノが、アウトテイクやデモを加えた拡大版をつくるべきだろう。そのときはもちろんジャケットを変えて、アナログ盤の3枚組とかにするべきだ。おそらく未聴の人も多いだろうが、この章で取り上げたアルバムの中では真っ先に聴いていただきたい。キャリアの長いミュージシャンにはリスナーも油断するものだが、これを聴かずにCSNは語れないと言い切れる一枚である。(和久井)

CPR
CPR

Samson Music／GC0145 [CD]
Release: 1998年6月23日
1. Morrison / 2. That House / 3. One For Every Moment / 4. At The Edge / 5. Somebody Else's Town / 6. Rusty And Blue / 7. Somehow She Knew / 8. Little Blind Fish / 9. Yesterday's Child / 10. It's All Coming Back To Me Now / 11. Time Is The Final Currency

セッション・ギタリストのジェフ・ピーヴァーと、奥さんの連れ子であるジェイムズ・レイモンド（62年5月15日生まれ）とのユニットのファースト・アルバム。キーボード・プレイヤー／ソングライターとして頭角を現しつつあったジェイムズの起用には、ジャン夫人が大きく関与していたようで、エグゼクティブ・プロデューサーとして彼女の名前もある。

　このあとクロスビーのソロ作品にも関わっていくようになるジェイムズが優秀なこともあって、″若いCSN″のようなバンドが生まれたことは、クロスビーの後半生の大きな収穫とも言える。父親のいいところを客観的にプロデュースしているジェイムズは大したものだし、それに乗ってクロスビーが若返り、まさかの瑞々しさを取り戻してきたのは嬉しいかぎり。90年代に入ってのソロ作は悪くないが、ここからの切り返しはそれとは別の現役感やスリルがあるのだ。

　今世紀のクロスビーは全部オススメだが、その前に本作をどうぞ。（和久井）

CPR
Live At The Weltern

Samson Records／GC 0148 [CD]
Release: 1999年9月21日
[**Disc 1**] 1. Morrison / 2. Little Blind Fish / 3. One For Every Moment / 4. That House / 5. Homeward Through The Haze / 6. At The Edge / 7. It's All Coming Back / 8. Rusty And Blue / 9. Delta
[**Disc 2**] 1. Dream For Him / 2. Old Soldier / 3. Hero / 4. Long Time Gone / 5. Deja Vu / 6. Eight Miles High / 7. Ohio / 8. Almost Cut My Hair

ウェブサイトとライヴ会場のみでの販売だったから本書からは外したが、CPRのファースト・アルバムは97年のツアーを記録した実況盤“Live At Cuesta College”（98年3月リリース）だった。「デジャ・ヴ」や「グウィニヴィア」も取り上げたそれの評判がよかったからだろう、98年11月にLAのウィルターン・シアターで収録された2枚組のライヴをセカンド・アルバムとしてリリースしたのである。

　ゲスト・シンガーは、ナッシュ、フィル・コリンズ、マーク・コーン、リズム・セクションはアンドリュー・フォード（ベース）とスティーヴィー・ディスタニスレーオ（ドラムス）。フィル・コリンズ登場の「ヒーロー」のあとは、代表曲のオン・パレードで、「エイト・マイルズ・ハイ」や「オハイオ」まで飛び出すのだからたまらない。

　クロスビーの″バンド好き″が現れた佳作だが、マイナー・レーベルからのリリースのため手に入りにくいのが難点。すでに廃盤のようなので中古を探していただきたい。（和久井）

CSNY

Looking Forward

ルッキング・フォワード

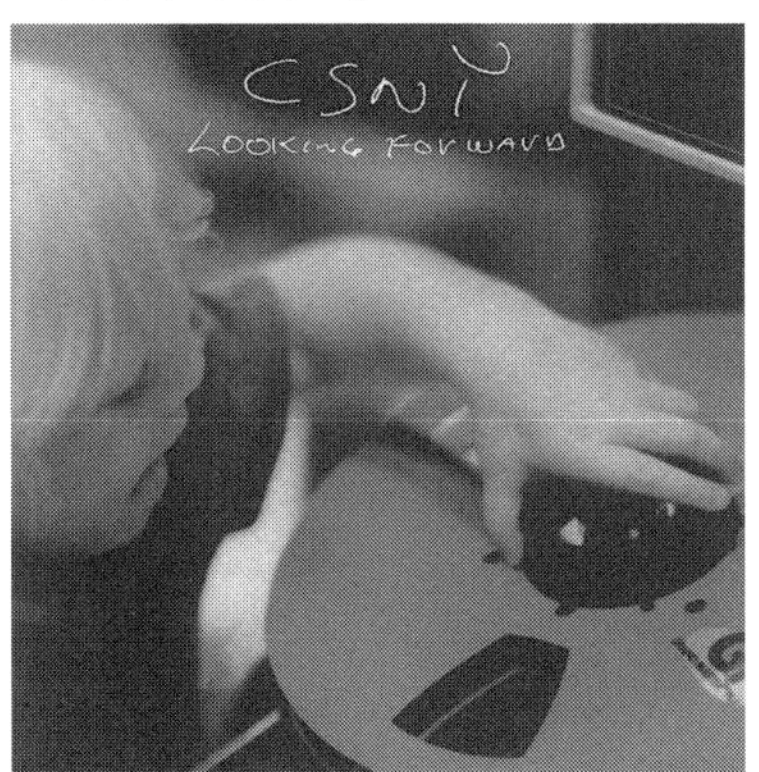

Reprise Records／9 47436-2［CD］
Release: 1999年10月26日

1. Faith In Me
2. Looking Forward
3. Stand And Be Counted
4. Heartland
5. Seen Enough
6. Slowpoke
7. Dream For Him
8. No Tears Left
9. Out Of Control
10. Someday Soon
11. Queen Of Them All
12. Sanibel

『アメリカン・ドリーム』以来11年ぶりとなるCSNYのアルバムは、米26位、英54位まで上がり、4人が揃ったときの安定を見せつけた。

いちばん最初のセッションは96年11月3日に行われた、ニール（ギター）、マイク・フィニガン（オルガン）、ジョー・ヴィタール（ドラムス）を従えたスティルスの「ノー・ティアーズ・レフト」で、これがテイク1で決まったときに、スティルス／ヤングの主導でCSNYのアルバムを、という方向性が決まったようだ。続いて97年1月23日にスティルスの「フェイス・イン・ミー」が録音されたが、クロスビーがCPRで忙しかったからか、98年3月11日にニールの「スロウポーク」と「アウト・オブ・コントロール」（ジム・ケルトナー、ドナルド〝ダック〟ダン、ベン・キース、スプーナー・オールダムらがバック）、4月10日にナッシュの「ハートランド」が録音されながら、アルバムが具体化したのは11月3日にニールが「ルッキング・フォワード」（前2曲と同じメンバー）を完成させてからだったらしい。

そして、99年1月10日にデニー・サローキンの「サニベル」を録音したときに年内のリリースが決まったのか、〝20世紀最後のCSNY〟は4年がかりで形になったわけだ。

ボブ・ディランの「サブタレニアン・ホームシック・ブルース」を下敷きにしたスティルスの「シーン・イナフ」（99年5月12日録音）がタフなナンバーになったことで、アルバムにスジが通ったように思うし、S／YとC／Nの関係の収まりがよくなった感もある。かつてよりもヴォーカル・グループとしての面が強調されたのも功を奏して、〝4人の個性の違い〟を語る必要をあまり感じなくなったのも発見だった。ジジイになればみな同じ、ということか？　（和久井）

CPR
Just Like Gravity

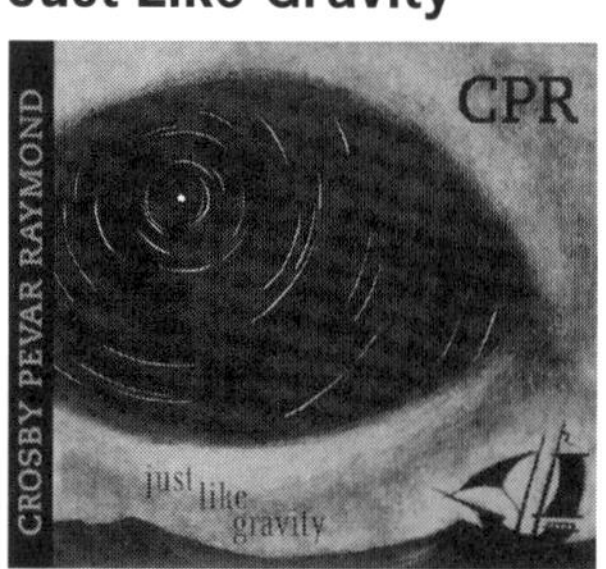

Gold Circle Records／GC 20002-2 [CD]
Release: 2001年6月19日
1. Map To Buried Treasure
2. Breathless
3. Darkness
4. Gone Forever
5. Eyes Too Blue
6. Jerusalem
7. Kings Get Broken
8. Angel Dream
9. Katie Did
10. Climber
11. Coyote King
12. Just Like Gravity

アンドリュー・フォードとスティーヴィー・ディスタニスレーオを加えた〝バンド〟としての達成点を感じさせるスタジオ第2作。ピーヴァーのギターとレイモンドのコード感のおかげで、エレクトリックなナンバーはフュージョン的な場合もあるのだけれど、レイモンドが書いた「エルサレム」（フォードはスケジュールが合わなかったのか、この曲のみベースはリーランド・スクラー）が、トム・ペティ&ハートブレイカーズみたいなのも効いて、〝ロック〟に踏みとどまっているのが好ましい。スティーヴ・タヴァグリオーネのアルト・フルートを加えた「コヨーテ・キング」にしても〝バンド力の拡大〟を告げるようなトラックになっているのがいいところだ。

アコースティックなナンバーはさすがにクロスビーらしいし、ハーモニーの美しさはさすがと言うほかない。CPRとしてのアルバムは最後になったが、以後のクロスビーのソロ作はこのプロジェクトの成果を踏まえたものと捉えられる。（和久井）

Graham Nash
Songs For Survivors

Artemis Records／751130-2 [CD]
Release: 2002年7月30日
1. Dirty Little Secret
2. Blizzard Of Lies
3. Lost Another One
4. The Chelsea Hotel
5. I'll Be There For You
6. Nothing In The World
7. Where Love Lies Tonight
8. Pavanne
9. Liar's Nightmare
10. Come With Me

『イノセント・アイズ』以来16年ぶりのソロ・アルバムは、ラス・カンケルとその息子イーサニエル・カンケル（エンジニア）との共同プロデュース。ドラムはもちろんラスで、鍵盤にマット・ローリングス、ベースにヴィクター・クラウス、ギターにダン・ダグモア、スティーヴ・ファリス、ディーン・ピークス、パーカッションにレニー・カストロ、ヴォーカルにシドニー・フォレストとクロスビーという布陣。ナッシュはソロ初のハード・ディスク録音を楽しんだらしく、イクイップメントのクレジットも載せている。

CPRやスティルスの復調ぶりが刺激になったのは間違いないし、相変わらず曲はしっかり書けているのだが、往年の高音が出なくなっていることもあって、ヴォーカルの弱さが気になってしまう。ハーモニーがつくといいのだが、一本になったときの歌がピリッとしないのだ。けれど、それを〝味〟とすれば英国人ならではメロディが好ましいし、ナッシュはこれでいいのか、とも思える。（和久井）

Crosby & Nash
Crosby & Nash
クロスビー&ナッシュ

Sanctuary Records／06076-84683-2 [CD]
Release: 2004年8月10日
[Disc 1] 1. Lay Me Down / 2. Puppeteer / 3. Through Here Quite Often / 4. Grace / 5. Jesus Of Rio / 6. I Surrender / 7. Luck Dragon / 8. On The Other Side Of Town / 9. Half Your Angels / 10. They Want It All / 11. How Does It Shine?
[Disc 2] 1. Don't Dig Here / 2. Milky Way Tonight / 3. Charlie / 4. Penguin In A Palm Tree / 5. Michael (Hedges Here) / 6. Samurai / 7. Shining On Your Dreams / 8. Live On (The Wall) / 9. My Country 'Tis Of Thee

しょっちゅう一緒にやっていると思っていたら、スタジオ録音のデュオ作としては実に28年ぶり。CD2枚に全20曲を収録したアルバムは、90年代以降のそれぞれのソロ人脈を集結したようなプロジェクトで、ラスとイーサニエルのカンケル親子とクロスビー&ナッシュの共同プロデュース。バックは、ジェフ・ピーヴァー、ジェイムズ・レイモンド、リーラド・スクラー、マット・ローリングス、ダン・ダグモアらだから、CPRにナッシュが合流したような印象だ。米148位、英78位までしか上がらなかったが、(レーベルがサンクチュアリだからか)イタリアで30位、オランダで35位という健闘を見せた。

それにしても、デュオのときのナッシュのヴォーカルはどうだ。クロスビーのコーラスのつくり方が絶妙なのだろうが、声が混ざるキイを知り尽くしているようで、2年前に『ソングス・フォー・サヴァイヴァーズ』を出した人とは思えない。これもアナログで聴きたい佳作。なんとかしてほしいね。(和久井)

Stephen Stills
Man Alive!

Titan Global Entertainment / Pyramid Records／50102-2 [CD]
Release: 2005年8月9日
1. Ain't It Always / 2. Feed The People / 3. Heart's Gate / 4. Round The Bend / 5. I Don't Get It / 6. Around Us / 7. Ole Man Trouble / 8. Different Man / 9. Piece Of Me / 10. Wounded World / 11. Drivin' Thunder / 12. Acadienne / 13. Spanish Suite

自分で描いたジャケが史上最悪とも言える酷さだが、14年ぶりのソロ作はハード・ディスク・レコーディングへの対応もみごとな秀作だ。ジョー・ヴィタール、マイク・フィニガン、ジェラルド・ジョンソン(デイヴ・メイスン・バンドつながりか?)ら少数精鋭による録音で、自らオーヴァーダビングしたギター・パートも多い。しかし、ナッシュはヴォーカル、ヤングはギターで参加。「スパニッシュ・シート」にハービー・ハンコックやウィリー・ボボが参加しているのも聴きどころだ。

ブッカー・Tの「オール・マン・トラブル」、トラディショナルの「ディファレント・マン」、ヴィタールと共作した「アラウンド・アス」、スティルス/ナッシュの「ウォウンデッド・ワールド」、スティルス/ヤングの「ドライヴィン・サンダー」以外はひとりで書いた新曲だが、どれもよくできていて、曲自体に幅がある。ヴォーカルにもギター・プレイにも張りがあって素晴らしいのに、全然話題にならないんだからねぇ。(和久井)

David Crosby
Voyage

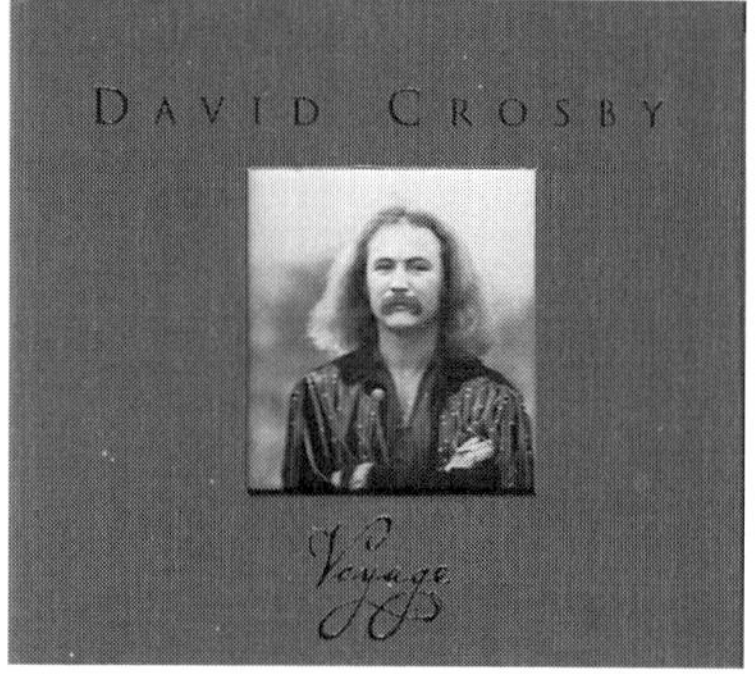

Atlantic / Rhino／R2 77628 [CD]
Release: 2006年11月21日

[Disc 1] Essential - Volume 1 1. Eight Miles High - The Byrds / 2. Renaissance Fair - The Byrds / 3. Everybody's Been Burned - The Byrds / 4. Wooden Ships - Crosby, Stills & Nash / 5. Guinnevere - Crosby, Stills & Nash / 6. Long Time Gone - Crosby, Stills & Nash / 7. Déjà Vu - Crosby, Stills, Nash & Young / 8. Almost Cut My Hair - Crosby, Stills, Nash & Young / 9. Tamalpais High (At About 3) - David Crosby / 10. Laughing - David Crosby / 11. Music Is Love - David Crosby / 12. Song With No Words (Tree With No Leaves) - David Crosby / 13. What Are Their Names? - David Crosby / 14. I'd Swear There Was Somebody Here - David Crosby / 15. Where Will I Be? - Crosby & Nash / 16. Page 43 - Crosby & Nash / 17. Critical Mass - Crosby & Nash / 18. Carry Me - Crosbvy & Nash / 19. Bittersweet - Crosby & Nash / 20. Naked In The Rain - Crosby & Nash / 21. Dancer - Crosby & Nash

[Disc 2] Essential - Volume 2 1. Shadow Captain - Crosby, Stills & Nash / 2. In My Dreams - Crosby, Stills & Nash / 3. Delta - Crosby, Stills & Nash / 4. Compass - Crosby, Stills, Nash & Young / 5. Tracks In The Dust - David Crosby / 6. Arrows - Crosby, Stills & Nash / 7. Hero - David Crosby / 8. Yvette In English - David Crosby /9. Rusty And Blue - CPR / 10. Somehow She Knew - CPR / 11. Breathless - CPR / 12. Map To Buried Treasure - CPR / 13. At The Edge - CPR / 14. Through Here Quite Often - Crosby & Nash / 15. My Country 'Tis Of Thee - David Crosby

[Disc 3] Buried Treasure (All Previously Unissued) 1. Long Time Gone (demo) - Crosby & Stills / 2. Guinnevere (alternative mix) - David Crosby / 3. Almost Cut My Hair (demo) - David Crosby / 4. Games (demo) - David Crosby / 5. Deja Vu (demo) - Crosby & Nash / 6. Triad (demo) - David Crosby / 7. Cowboy Movie (studio version) - David Crosby / 8. Kids And Dogs (unissued song) - David Crosby / 9. Have You Seen The Stars Tonite? (alternative mix) - Paul Kantner/Jefferson Starship / 10. The Lee Shore (live) - Crosby & Nash / 11. Traction In The Rain (live) - Crosby & Nash / 12. King Of The Mountain (demo) - David Crosby / 13. Homeward Through The Haze (alternative mix) - Crosby, Stills, Nash, & Young / 14. Samurai (studio version) - David Crosby / 15. Climber (studio version) - Crosby, Stills, Nash, & Young / 16. Dream For Him (live) - Crosby, Stills, Nash, & Young

06年に発売されたクロスビーのアンソロジー。CSNのボックス・セットに続いて、ナッシュがプロデューサーとして名を連ねている。3枚組のCDのうち、〝エッセンシャル〟と名づけられた2枚は、ザ・バーズからCPRに至るクロスビーのキャリアの中から、ハイライトとなる36曲が年代順に収められている。

ディスク3は〝ベリード・トレジャー〟で、全て未発表のデモや別ミックス、ライヴ・テイクなど16曲が収録されている。

やはり注目を集めるのは、『クロスビー、スティルス&ナッシュ』や『デジャ・ヴ』関連の音源だろう。「ロング・タイム・ゴーン」はクロスビーとスティルスによるデモ、「グウィニヴィア」はオルタネイト・ミックスだ。「オールモスト・カット・マイ・ヘア」はクロスビーによるギター弾き語り、「デジャ・ヴ」はクロスビーとナッシュによるデモが収録されている。

ほかにもクロスビーのファースト・ソロからは、「カウボーイ・ムーヴィー」のデモが発掘された。10分を超えるテイクで、聴き応えはじゅうぶん。同じ時期の未発表曲「キッズ・アンド・ドッグス」は、ジェリー・ガルシアがギターで参加したテイクだ。

なお、このボックスはすでに入手困難で、中古価格も高騰している。（森次郎）

CSNY
Deja Vu Live
デジャ・ヴ・ライヴ

Reprise Records／512606-2［CD］
Release: 2008年7月22日
1. What Are Their Names? / 2. Living With War-Theme / 3. After The Garden / 4. Military Madness / 5. Let's Impeach The President / 6. Déjà Vu / 7. Shock And Awe / 8. Families / 9. Wooden Ships / 10. Looking For A Leader / 11. For What It's Worth / 12. Living With War / 13. Roger And Out] / 14. Find The Cost Of Freedom / 15. Teach Your Children / 16. Living With War-Theme / 17. The Restless Consumer（配信のみのボーナストラック）

ある朝、自動販売機でコーヒーを買っていたニールはイラク戦争で負傷した米兵が治療のため独へ空輸されるというニュースの見出しを目にし、この国が置かれている状況と当時の米大統領ジョージ・ブッシュ、イラク戦争への強い怒りを覚えたという。その後彼はすぐに行動に移し、バンドと100人の聖歌隊とともにアルバム『リヴィング・ウィズ・ウォー』（06年）を録音、アルバム『フリーダム』に並ぶ強烈な政府批判が込められた作品となった。ニールはこのアルバムのツアーに際し盟友スティルス、クロスビー、ナッシュに協力を依頼、70年5月4日のケント州立大学銃撃事件を受け急遽録音されたCSNY作品、「オハイオ」を彷彿させる強い政治的メッセージをもった〈フリーダム・オブ・スピーチ〉ツアーは久々のCSNY再結成の場となった。このツアーの模様はバーナード・シェイキー（ニール・ヤング本人）によってフィルムに収められ、08年1月にドキュメンタリー映画"CSNY/DEJA VU"として完成、ユタ州のパークシティで開催されたサンダンス映画祭のトリとして上映、その後全米で公開された。

本作は映画"CSNY/DEJA VU"のサウンドトラック盤として08年9月にリリースされたアルバムだが、CSNYとして10年ぶりとなる新作でもある。全16曲（配信のみ「ザ・レストレス・コンシューマー」を追加収録）中、約半数の9曲がアルバム『リヴィング・ウィズ・ウォー』からの曲で、他もニールの政治的メッセージが強いものばかりだ。CSNY名義ながら、ざらっとした手触りはニールのライヴ以外の何物でもなく、緻密なハーモニーを聴かせるCSNYもここではかなりラフな印象をうける。スティルスの声の不調も気になるところだが、ショウの主旨からするとこういうムードも決して悪くない。（犬伏）

Graham Nash
Reflections

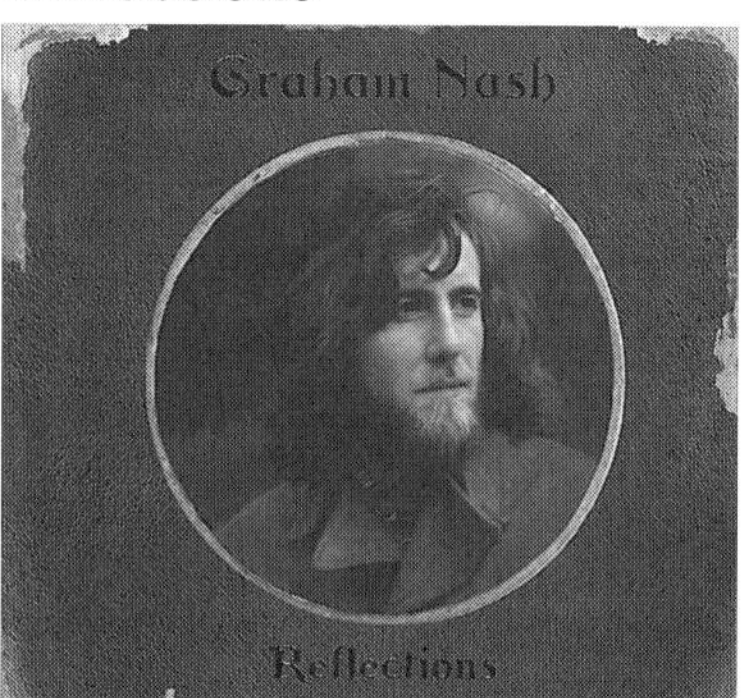

Atlantic／Rhino／R2 446076［CD］
Release: 2009年2月16日

［Disc 1］ 1. On a Carousel (mono) - The Hollies / 2. Carrie Anne (mono) - The Hollies / 3. King Midas in Reverse (mono) - The Hollies / 4. Marrakesh Express - Crosby, Stills & Nash / 5. Pre-Road Downs - Crosby, Stills & Nash / 6. Lady of the Island - Crosby, Stills & Nash / 7. Our House - Crosby, Stills, Nash & Young / 8. Teach Your Children (previously unreleased mix) - Crosby, Stills, Nash & Young / 9. Right Between the Eyes (previously unreleased version) - Graham Nash / 10. I Used to Be a King (previously unreleased mix) - Graham Nash / 11. Simple Man (previously unreleased mix) - Graham Nash / 12. Man in the Mirror (previously unreleased mix) - Graham Nash / 13. Better Days (previously unreleased mix) - Graham Nash / 14. Military Madness (previously unreleased mix) - Graham Nash / 15. Sleep Song (previously unreleased mix) - Graham Nash / 16. Chicago / We Can Change the World (previously unreleased mix) - Graham Nash / 17. Southbound Train - Crosby/Nash / 18. Immigration Man - Crosby/Nash / 19. Wild Tales (previously unreleased mix) - Graham Nash / 20. Prison Song (previously unreleased mix) - Graham Nash / 21. Oh! Camil (The Winter Soldier) (previously unreleased mix) - Graham Nash / 22. On the Line (previously unreleased mix) - Graham Nash / 23. You'll Never Be the Same (previously unreleased mix) - Graham Nash / 24. Another Sleep Song (previously unreleased mix) - Graham Nash

［Disc 2］ 1. To the Last Whale - Crosby/Nash / 2. Fieldworker - Crosby/Nash / 3. Cowboy of Dreams - Crosby/Nash / 4. Love Work Out - Crosby/Nash / 5. Marguerita - Crosby/Nash / 6. Taken at All (previously unreleased mix) - Crosby, Stills, Nash & Young / 7. Mutiny - Crosby/Nash / 8. Just a Song Before I Go - Crosby, Stills & Nash / 9. Cold Rain (previously unreleased mix) - Graham Nash / 10. Cathedral (previously unreleased mix) - Crosby, Stills & Nash / 11. Barrel of Pain (Half-Life) - Graham Nash / 12. Magical Child (previously unreleased mix) - Graham Nash / 13. Song for Susan - Crosby, Stills & Nash / 14. Wasted on the Way - Crosby, Stills & Nash / 15. Love Is the Reason (previously unreleased mix) - Graham Nash / 16. Raise a Voice - Crosby, Stills & Nash / 17. Clear Blue Skies (previously unreleased version) - Crosby, Stills & Nash / 18. Lonely Man (previously unreleased song) - Crosby, Stills & Nash / 19. Sad Eyes (previously unreleased mix) - Graham Nash / 20. Water from the Moon (previously unreleased song) - Graham Nash / 21. Soldiers of Peace - Crosby, Stills, Nash & Young

［Disc 3］ 1. If Anybody Had a Heart - Crosby, Stills & Nash / 2. Chippin' Away - Graham Nash / 3. After the Dolphin - Crosby, Stills & Nash / 4. House of Broken Dreams - Crosby, Stills & Nash / 5. Unequal Love (previously unreleased version) - Graham Nash / 6. Liar's Nightmare (previously unreleased version) - Graham Nash / 7. Heartland (previously unreleased mix) - Crosby, Stills, Nash & Young / 8. These Empty Days - Crosby, Stills & Nash / 9. Try to Find Me (previously unreleased song) - Graham Nash / 10. Two Hearts (previously unreleased version) - Carole King & Graham Nash / 11. Behind the Shades (previously unreleased song) - Graham Nash / 12. Michael (Hedges Here) (previously unreleased version) - Graham Nash / 13. I Surrender - Crosby/Nash / 14. Live On (The Wall) - Crosby/Nash / 15. Dirty Little Secret - Graham Nash / 16. We Breathe the Same Air (previously unreleased song) - Graham Nash / 17. Grace - Crosby/Nash / 18. Jesus of Rio - Crosby/Nash / 19. In Your Name (previously unreleased song) - Graham Nash

クロスビーのボックス・セットに続いてリリースされた、ナッシュのアンソロジー。67年のザ・ホリーズから07年までの、およそ40年におよぶキャリアから64曲が厳選されている。そのうちの約半数が未発表の音源だ。収録曲についてはデータを参照していただき、ここでは主なレア・トラックについて見ていこう。

CSNYの『4ウェイ・ストリート』にライヴ・ヴァージョンが収録された「ライト・ビトウィーン・ジ・アイズ」は、ナッシュによる弾き語りのデモが発掘された。CSNY『アメリカン・ドリーム』の「クリア・ブルー・スカイズ」は、CSNのヴァージョンを収録。こちらのほうがデジタルな仕上がりだ。CSNの「ロンリー・マン」はまったくの未発表曲。ソロの「ウォーター・フロム・ザ・ムーン」も未発表曲だ。

キャロル・キングと共作し、デュエットした「トゥー・ハーツ」も別ヴァージョンが選ばれた（オリジナルはキャロルのアルバム『ラヴ・メイクス・ザ・ワールド』に収録）。

ほかにもレアなライヴ音源や、この時点での未発表曲である「トライ・トゥ・ファインド・ミー」、「ビハインド・ザ・シェイズ」、「ウィ・ブレス・ザ・セイム・エア」、「イン・ユア・ネーム」が収録されている。

（森次郎）

CSN
CSN 2012

CSN Records／CSN 409-5［CD+DVD］
Release: 2012年7月2日
［**Disc 1**］1. Carry On / Questions / 2. Marrakesh Express / 3. Long Time Gone / 4. Military Madness / 5. Southern Cross / 6. Lay Me Down / 7. Almost Gone / 8. Wasted On The Way / 9. Radio / 10. Bluebird / 11. Déjà Vu / 12. Wooden Ships
［**Disc 2**］1. Helplessly Hoping / 2. In Your Name / 3. Girl From The North Country / 4. As I Come Of Age / 5. Guinevere / 6. Johnny's Garden / 7. Learn To Live (So Begins The Task) / 8. Cathedral / 9. Our House / 10. Love The One You're With / 11. For What It's Worth / 12. Teach Your Children / 13. Suite: Judy Blue Eyes
［**DVD**］1. Carry On / Questions / 2. Marrakesh Express / 3. Long Time Gone / 4. Military Madness / 5. Southern Cross / 6. Lay Me Down / 7. Almost Gone / 8. Wasted On The Way / 9. Radio / 10. Bluebird / 11. Déjà Vu / 12. Wooden Ships / 13. Helplessly Hoping / 14. In Your Name / 15. Girl From The North Country / 16. As I Come Of Age / 17. Guinevere / 18. Johnny's Garden / 19. Learn To Live (So Begins The Task) / 20. Cathedral / 21. Our House

約20年ぶりのワールド・ツアーのアタマ、12年4月22日のカリフォルニア、ザ・パフォーミング・アーツ・センターでのライヴを、CD2枚とDVDにしたセット。これを2ヶ月半で出したのは、パッケージをリリースすることでステージの様子を伝え、世界のプロモーターにツアーを組ませるという算段だったようだ。ナッシュがひとりでプロデュースしているのは、彼の経済的な事情もあったかららしい。ページの関係で入れ替わっているが、スティルス09年のライヴ盤が参考になったのは間違いなく、オーヴァーダビングなしのリアル・ライヴである。

バック陣は、ジェイムズ・レイモンド（ピアノ、シンセ）、トッド・コールドウエル（オルガン）、シェイン・フォンテイン（ギター）、ケヴィン・マコーミック（ベース）、スティーヴ・ジャスタニレオ（ドラムス）。CSNそれぞれのマネージャー、スタッフが同行する大所帯のツアーは結局3年も続き、15年3月には20年ぶりの来日公演も行われた。その初日、3月5日の東京国際フォーラムにはジャクソン・ブラウンがゲスト出演。79年の『ノー・ニュークス』を再現する「ザ・クロウ・オン・ザ・キャンドル」をナッシュとデュエットした。

こういうツアーは、さすがにもうないのではないかと思う。（和久井）

Stephen Stills
Live At Shepherd's Bush

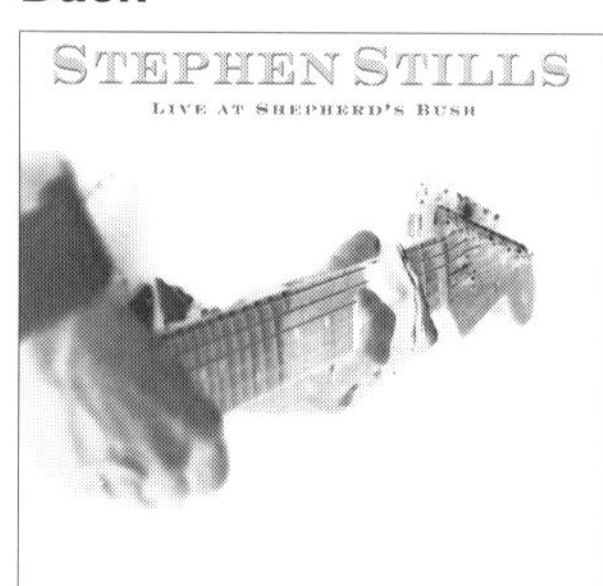

Eywall Records LLC / ATCO Records / Rhino／R2 521760 [CD+DVD]
Release: 2009年11月2日
[CD] 1.Treetop Flyer / 2. 4+20 / 3. Johnny's Garden / 4. Change Partners / 5. Girl From The North Country / 6. Blind Fiddler / 7. Suite: Judy Blue Eyes / 8. Isn't It About Time / 9. Rock & Roll Woman / 10. Wrong Thing To Do / 11. Wounded World / Rocky Mountain Way / 12. Bluebird / 13. For What It's Worth / 14. Love The One You're With
[DVD] same as CD

08年10月20日のロンドン、シェファーズ・ブッシュ公演を収録したCD、DVDの2枚組。おなじみのドラマー、ジョー・ヴィタールと、ベースのケニー・パッサレリ、鍵盤のトッド・コールドウェルという4人編成のバンドのライヴである。

前半7曲は弾き語りだが、演奏としてはアコースティック・セットの方が面白い。オープン・チューニングでつくった曲や、ギターのフィンガリングありきの曲の〝核〟が見えるという意味ではDVDをつけた効果は絶大だし、「青い眼のジュディ」の最後のコーラスのところでバンドが入るのもカッコいいから、休憩を挟んだ後半に期待が高まるのだが、シンガーがすべてのギター・パートをひとりで弾くというのが演奏の粗さの要因になったのは残念。しかし、小細工なしの〝リアル・ライヴ〟を聴いていると、会場にいたら盛り上がっちゃうよなぁ、と思うのだ。トム・ペティやジョー・ウォルシュの曲もやりつつの「フォー・ホワット・イッツ・ワース」も感慨深い。（和久井）

The Rides
Can't Get Enough

429 Records／FTN17940 [CD]
Release: 2013年8月27日
1. Roadhouse / 2. That's A Pretty Good Love / 3. Don't Want Lies / 4. Search And Destroy / 5. Can't Get Enough / 6. Honey Bee / 7. Rockin' In The Free World / 8. Talk To Me Baby / 9. Only Teardrops Fall / 10. Word Game

スティルスが、元エレクトリック・フラッグのバリー・ゴールドバーグと、新世代ブルース・ギタリストの一翼を担うケニー・ウェイン・シェパードを誘って結成したグループのファースト・アルバム。ドラムスはスティーヴィー・レイ・ヴォーンズ・ダブル・トラブルのクリス・レイトン、ベースはCSNでも弾いていたケヴィン・マコーミックで、共同プロデューサーは元トーキング・ヘッズのジェリー・ハリスンだ。思わぬ顔合わせだが、骨太のロックを聴かせる魅力的なバンドになった。

マディ・ウォーターズの「ハニー・ビー」、エルモア・ジェイムズの「トーク・トゥ・ミー・ベイビー」の〝ルーツ回帰〟はわかるが、同時にイギー・ポップ&ストゥージズの「サーチ・アンド・デストロイ」と、ニール・ヤングの「ロッキン・イン・ザ・フリー・ワールド」をカヴァーしてしまうセンスがイカしている。スティルスは〝現代のスーパー・セッション〟を目論んだらしいが、結果は大成功と言っていい。（和久井）

Stephen Stills
Carry On

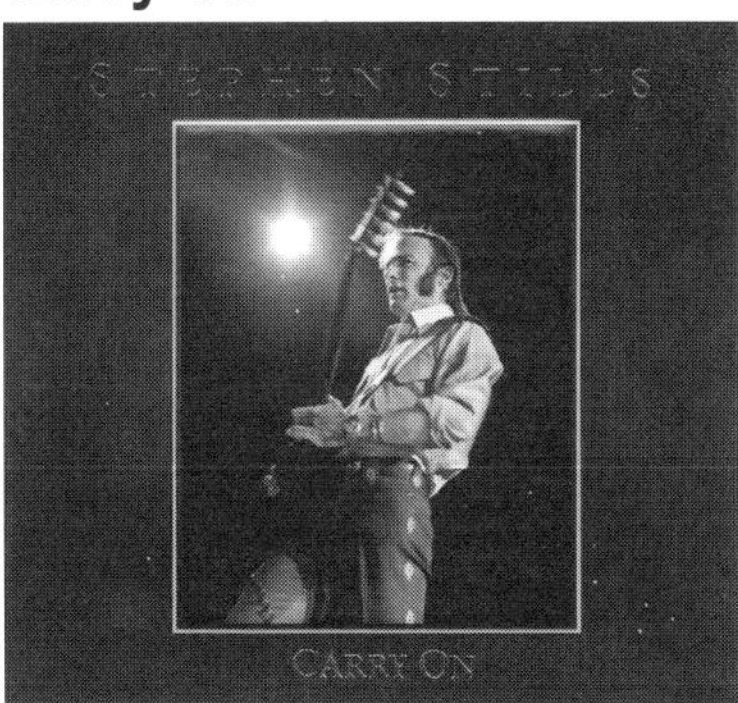

Rhino / Atlantic / Warner／R2 534539［CD］
Release: 2013年3月26日

［**Disc 1**］1. Travelin' (Mono) - Stephen Stills / 2. High Flyin' Bird - The Au Go-Go Singers / 3. Sit Down I Think I Love You (Mono) - Buffalo Springfield / 4. Go And Say Goodbye (Mono) - Buffalo Springfield / 5. For What It's Worth (Mono) - Buffalo Springfield / 6. Everydays (2013 Remix) - Buffalo Springfield / 7. Pretty Girl Why (Mono) - Buffalo Springfield / 8. Bluebird - Buffalo Springfield / 9. Rock & Roll Woman - Buffalo Springfield / 10. Special Care - Buffalo Springfield / 11. Questions - Buffalo Springfield / 12. Uno Mundo - Buffalo Springfield / 13. Four Days Gone (Demo Version) - Buffalo Springfield / 14. Who Ran Away - Stephen Stills / 15. Forty-Nine Reasons - Stephen Stills / 16. Helplessly Hoping - Crosby, Stills, Nash & Young / 17. You Don't Have To Cry - Crosby, Stills, Nash & Young / 18. Suite: Judy Blue Eyes - Crosby, Stills, Nash & Young / 19. 4+20 (2013 Remix) - Stephen Stills / 20. So Begins The Task (Remixed Demo Version) - Stephen Stills / 21. The Lee Shore - Stephen Stills / 22. Carry On / Questions (Alternate Mix) - Crosby, Stills, Nash & Young / 23. Woodstock - Crosby, Stills, Nash & Young
［**Disc 2**］1. Love The One You're With - Stephen Stills / 2. Old Time Good Times - Stephen Stills / 3. Black Queen - Stephen Stills / 4. No Name Jam - Stephen Stills / 5. Go Back Home - Stephen Stills / 6. Marianne - Stephen Stills / 7. My Love Is A Gentle Thing - Stephen Stills / 8. Fishes And Scorpions - Stephen Stills / 9. The Treasure - Stephen Stills / 10. To A Flame - Stephen Stills / 11. Cherokee - Stephen Stills / 12. Song Of Love - Stephen Stills / 13. Rock N Roll Crazies / Cuban Bluegrass - Stephen Stills / 14. Jet Set (Sigh) - Stephen Stills / 15. It Doesn't Matter - Stephen Stills / 16. Colorado - Stephen Stills / 17. Johnny's Garden - Stephen Stills / 18. Change Partners (New Mix) - Stephen Stills / 19. Do For Others - Stephen Stills, Steven Fromholz / 20. Find The Cost Of Freedom (Live at Music Hall, Boston, Oct. 3, 1971) - Crosby, Stills, Nash & Young / 21. Little Miss Bright Eyes - Stephen Stills / 22. Isn't It About Time - Stephen Stills
［**Disc 3**］1. Turn Back The Pages - Stephen Stills / 2. First Things First - Stephen Stills / 3. My Angel - Stephen Stills / 4. Love Story - Stephen Stills / 5. As I Come Of Age - Stephen Stills / 6. Know You Got To Run (Live at Paramount Theatre, Saettle Wash. Dec. 8, 1975) - Stephen Stills / 7. Black Coral - Crosby, Stills, Nash & Young / 8. I Give You Give Blind (Remix) - Crosby, Stills, Nash & Young / 9. Crossroads / You Can't Catch Me (Live at Civic Center, Lakeland, FL. Nov. 19, 1977) - Stephen Stills / 10. See The Changes (Remix) - Crosby, Stills & Nash / 11. Thoroughfare Gap - Stephen Stills / 12. Lowdown - Stephen Stills / 13. Cuba Al Fin (Edit / Live at Teatro Karl Marx, Havana, Cuba, March 3, 1979) - Stephen Stills / 14. Dear Mr. Fantasy (Edited Version) - Stephen Stills, Graham Nash / 15. Spanish Suite - Stephen Stills / 16. Feel Your Love (Remix) - Crosby, Stills & Nash / 17. Raise A Voice - Crosby, Stills & Nash / 18. Daylight Again - Crosby, Stills & Nash
［**Disc 4**］1. Southern Cross - Crosby, Stills & Nash / 2. Dark Star - Crosby, Stills & Nash / 3. Turn Your Back On Love - Crosby, Stills & Nash / 4. War Games - Crosby, Stills & Nash / 5. 50/50 - Stephen Stills / 6. Welfare Blues - Stephen Stills / 7. Church (Part Of Someone) - Stephen Stills / 8. I Don't Get It - Stephen Stills / 9. Isn't It So - Stephen Stills / 10. Haven't We Lost Enough - Crosby, Stills & Nash / 11. Ballad Of Hollis Brown - Stephen Stills / 12. Treetop Flyer - Stephen Stills / 13. Heart's Gate - Stephen Stills / 14. Girl From The North Country (Live at Beacon Theatre, NY, NY. Oct. 2012) - Crosby, Stills & Nash / 15. Feed The People - Stephen Stills / 16. Panama - Crosby, Stills & Nash / 17. No Tears Left - Crosby, Stills & Nash / 18. Ole Man Trouble - Crosby, Stills, Nash & Young / 19. Ain't It Always - Stephen Stills

クロスビー、ナッシュのボックス・セットのあとを受けてリリースされた、スティルスのアンソロジー。CD4枚組というヴォリュームで、82曲中25曲が未発表だったものだ。また、プロデューサーとしてスティルスとナッシュがクレジットされている。

コスタリカに住んでいた17歳の頃の弾き語り音源や、リッチー・フューレイも参加していたオウ・ゴー・ゴー・シンガーズの「ハイ・フライング・バード」から始まり、12年のCSNのライヴで収録された「北国の少女」まで、録音時期は半世紀にまたがるものだ。

68年7月10日のデモは、『ジャスト・ロール・テープ』のおよそ3か月あとの録音になる。「フォー・ナイン・リーズンズ」がCSNの「49・バイ・バイズ」に発展するのに対し、「フー・ラン・アウェイ」はのちにスティルスが得意とする、ラテンなアプローチになっていることが興味深い。

ファースト・ソロ・アルバムのセッションからは、ジミ・ヘンドリックスとのギターの応酬が聴ける「ノー・ネーム・ジャム」が収録された。ほかにもCSNYの『ルッキング・フォワード』に収録された「ノー・ティアーズ・レフト」は97年のCSNのライヴが選ばれるなど、興味が尽きない内容だ。（森次郎）

David Crosby
Croz

Blue Castle Records／BCR1142-1［CD］
Release: 2014年1月28日
1. What's Broken / 2. Time I Have / 3. Holding On To Nothing / 4. The Clearing / 5. Radio / 6. Slice Of Time / 7. Set That Baggage Down / 8. If She Called / 9. Dangerous Night / 10. Morning Falling / 11. Find A Heart

〝義理の息子〟という距離感が丁度いいのか、ジェイムズ・レイモンドが登場してからのクロスビー作品は傑作ばかりだ。彼は鍵盤奏者ではあるが、ソングライター／アレンジャーとしても非常に優秀。ここでも全11曲中、ひとりで2曲、クロスビーと5曲を書いているのだから、申し分のない共作者と言えるだろう。リーランド・スクラーやケヴィン・マーミックら、おなじみのプレイヤーも参加しているが、ジェイムズがドラムを打ち込んだりもしているので、核となる部分は父子がつくっているのがわかる。「ホワッツ・ブロークン」ではマーク・ノップラーのギター、「ホールディング・オン・トゥ・ナッシング」ではウィントン・マルサリスのトランペットがいい味を加えているが、定食のおしんこがバツグンだった感じで、主役は揺るぎない。

2枚組のアナログ盤のD面には「ホワッツ・ブロークン」と「ザ・クリアリング」を45回転で収録。録音が良いからそれもできたというわけ。（和久井）

Graham Nash
This Path Tonight

Blue Castle Records／BCR 1516-8［CD］
Release: 2016年4月15日
1. This Path Tonight
2. Myself At Last
3. Cracks In The City
4. Beneath The Waves
5. Fire Down Below
6. Another Broken Heart
7. Target
8. Golden Days
9. Back Home
10. Encore

ナッシュのソロとしては、14年ぶりのスタジオ・アルバム。プロデュースは、CSNのツアーのギタリストでもある、シェイン・フォンテイン（ピーター・バラカン氏の実弟）だ。ナッシュは《シェインと私は1か月で20曲を書き、8日間でレコーディングした》と語っている。

この頃、ナッシュは38年連れ添ったスーザンと離婚した。また、クロスビーとは緊張関係にあり、二度と一緒に仕事をすることはないだろう、という発言もあったくらいだ。そんなシビアな状況下でつくられたこのアルバムだが、内容はひとりCSN状態の充実ぶり。力強さも繊細さも兼ね備え、そのうえ美しいハーモニーが重ねられているのだから文句のつけようがない。

さらに、ラストが〝最後のショウが終わったらどうしますか？〟と始まる「アンコール」である。ナッシュの年齢（発売時点で74歳）から考えると切実さが伝わってくるが、希望も滲ませている。このあともう一回結婚してるからね。（森次郎）

The Rides
Pierced Arrow
ピアースド・アロー

429 Records／FTN16054［CD］
Release: 2016年5月6日
1. Kick Out Of It / 2. Riva Diva / 3. Virtual World / 4. By My Side / 5. Mr. Policeman / 6. I've Got To Use My Imagination / 7. Game On / 8. I Need Your Lovin' / 9. There Was A Place / 10. My Babe

前作発表後のツアーが好評だったこともあって、バンドとしての結束も高まったのか、セカンド・アルバムが実現した。プロデュースは、スティルス、シェパード、ゴールドバーグ、マコーミック。バリーがジェリー・ゴフィンと共作し、グラディス・ナイト&ザ・ピップスが73年に大ヒットさせた「アイヴ・ガット・トゥ・ユーズ・マイ・イマジネイション」と、ウィリー・ディクソンの「マイ・ベイブ」以外はこのグループのオリジナル曲だ。

前作の路線を踏襲しつつ、オリジナル曲で勝負しているのが現役感をいっそう高めているように思う。一応ここで終わったようだが、このバンドでライヴ盤を出してもよかったね。

日本盤には、オリジナルのヘヴィなブルース「セイム・オールド・ドッグズ」、ジミー・リードの「テイク・アウト・サム・インシュランス」、ポール・バターフィールド・ブルース・バンドの「ボーン・イン・シカゴ」が追加されているから、探してみてほしい。（和久井）

David Crosby
Lighthouse

GroundUP Music / Verve Records／B0025264-02［CD］
Release: 2016年10月21日
1. Things We Do For Love
2. The Us Below
3. Drive Out To The Desert
4. Look In Their Eyes
5. Somebody Other Than You
6. The City
7. Paint You A Picture
8. What Makes It So
9. By The Light Of Common Day

ニューヨークを拠点に活動する新世代インスト・バンド、スナーキー・パピーのマイケル・リーグ（84年4月24日生まれ）とのデュオ作と言っていいほどリーグのベースやギターで音像をつくった作品で、プロデュースも彼に任せている。注目の女性シンガー・ソングライター、ベッカ・スティーヴンス（84年6月14日生まれ）の曲にクロスビーが詞をつけた「バイ・ザ・ライト・オブ・コモン・デイ」にはベッカと、カナダ出身のミッチェル・ウィリス（86年11月6日生まれ）のコーラスと、スナーキー・パピーのビル・ローレンス（81年4月2日生まれ）のピアノが入るが、ほとんどの曲はリーグとふたりで録音されたものだ。

〝音響派のアコースティック・フュージョン〟とも言えるような路線に乗ったクロスビーの姿は、60〜70年代組のミュージシャンを驚かせ、〝新世代との共演〟の成功例となった。リーグに刺激されたのか、クロスビーの曲にかつての幻想感が蘇っているのがいい。（和久井）

Stills & Collins
Everybody Knows
エヴリバディ・ノウズ

Cleopatra / Wildflower Records／CLO 0691 [CD]
Release: 2017年9月22日
1. Handle With Care / 2. So Begins The Task / 3. River Of Gold / 4. Judy / 5. Every-body Knows / 6. Houses / 7. Reason To Believe / 8. Girl From The North Country / 9. Who Knows Where The Time Goes / 10. Questions

元恋人同士で長年の友人だった、スティルスとジュディ・コリンズによるデュエット・アルバム。ギターもすべてふたりによるものだ（スティルスはエレクトリック、コリンズは12弦）。「青い瞳のジュディ」がスティルスがコリンズを失った苦しみを歌にしたものであることは有名な話だが、そんな予備知識がなくてもじゅうぶんに楽しめる内容になっている。

1曲目はトラヴェリング・ウィルベリーズの「ハンドル・ウィズ・ケア」のカヴァー。ふたりの声とギターが重なると、本気度が伝わってくる。それにしても〝取り扱い注意〟とは、とんでもない先制攻撃である。そのうえ、コリンズが〝アイム・ソー・タイアード・オブ・ビーイング・ロンリー〟と歌うのは強烈すぎるだろう。その余韻はアルバム・タイトルになったレナード・コーエンの「エヴリバディ・ノウズ」で、ふたたび増幅されるのである。

マナサスの「ソー・ビギンズ・ザ・タスク」は、コリンズが『真実と夢』でもカヴァーしていたもの。そこから45年後にふたりのデュエットが実現するのは感慨深い。さらにマナサス版のカントリーでも、コリンズ版のフォークでもない、フォーク・ロックなアレンジで再構築しているところが素晴らしいのだ。

ほかに、ティム・ハーディンの「リーズン・トゥ・ビリーヴ」、ボブ・ディランの「北国の少女」、サンディー・デニーの「フー・ノウズ・ホエア・ザ・タイム・ゴーズ」のカヴァーや、コリンズが書き下ろした「リヴァー・オブ・ゴールド」が収録されている。

スティルスが未発表曲の「ジュディ」を入れたのは御愛嬌としても、最後のバッファローの「クエスチョンズ」では、一人二役のツイン・リード・ギターで締めくくっているのだ。しみじみとはさせてくれないふたりである。

（森次郎）

David Crosby
Sky Trails

BMG／538286452［CD］
Release: 2017年9月29日
1. She's Got To Be Somewhere
2. Sky Trails
3. Sell Me A Diamond
4. Before Tomorrow Falls On Love
5. Here It's Almost Sunset
6. Capitol
7. Amelia
8. Somebody Home
9. Curved Air
10. Home Free

今度はまたジェイムズ・レイモンドにプロデュースを任せた作品。マイケル・リーグの音像があまりにも新鮮だったから、ジェイムズの仕事はオーソドックスに聴こえるが、彼の曲がもはや〝今世紀のクロスビーらしさ〟になっているから、スティーリー・ダンみたいなフュージョン感もありなのだ。

ホーンが入る「シーズ・ガット・トゥ・ビー・サムホェア」なんてクロスビーは書かないタイプの曲だが、次にベッカ・スティーヴンスとデュエットした「スカイ・トレイルズ」を置いてクロスビーならではの桃源郷を見せつける。久々にジェフ・ピーヴァーのギターが聴ける「セル・ミー・ア・ダイアモンド」、グレッグ・リーズのペダル・スティールがいいジョニ・ミッチェルの「アメリア」、スナーキー・パピーの面々参加の「サムバディ・ホーム」も聴きどころ。

LPのD面には45回転で「シーズ・ガット・トゥ・ビー・サムホェア」と「ヒア・イッツ・オールモスト・サンセット」を収録している。（和久井）

Graham Nash
Over The Years...
オーヴァー・ザ・イヤーズ

EU・Atlantic / Rhino／603497858026［CD］
Release: 2018年6月29日
［Disc 1］The Songs 1. Marrakesh Express / 2. Military Madness / 3. Immigration Man / 4. Just A Song Before I Go / 5. I Used To Be A King / 6. Better Days / 7. Simple Man / 8. Teach Your Children / 9. Lady Of The Island / 10. Wind On The Water / 11. Our House / 12. Cathedral / 13. Wasted On The Way / 14. Chicago/ We Can Change The World / 15. Myself At Last
［Disc 2］The Demos 1. Marrakesh Express / 2. Horses Through a Rainstorm / 3. Teach Your Children / 4. Pre-Road Downs / 5. Our House / 6. Right Between the Eyes / 7. Sleep Song / 8. Chicago / 9. Man in the Mirror / 10. Simple Man / 11. I Miss You / 12. You'll Never Be the Same / 13. Wind on the Water / 14. Just a Song Before I Go / 15. Wasted on the Way

ナッシュのCD2枚組のベスト盤。ディスク1はCSNから最新ソロ『ディス・パス・トゥナイト』までの代表曲を集めたもの。「アイ・ユーズド・トゥ・ビー・ア・キング」と「ベター・デイズ」が別ミックスだ。

ディスク2には未発表（3曲を除く）のデモ・ヴァージョンが収録されている。68年ロンドン録音の「マラケシュ急行」と「ホーセズ・スルー・ア・レインストーム」は、ホリーズのためのデモだろう。前者はホリーズでレコーディングしたものの、ナッシュいわく〝完成とはほど遠かった〟らしい。

ほかのデモも、ほとんどはナッシュのギター、もしくはピアノの弾き語りだが、曲の骨格はしっかりとでき上がっている。『デイライト・アゲイン』収録の「ウェイステッド・オン・ザ・ウェイ」は、ナッシュのギター1本だけで、スティルスにティモシー・B・シュミットを加えた3人が歌っている。レコーディング前にハーモニーの確認をしているような、とても興味深いテイクだ。（森次郎）

David Crosby / Becca Stevens / Michelle Willis / Michael League
Here If You Listen

BMG／538429532 [CD]
Release: 2018年10月26日
1. Glory / 2. Vagrants Of Venice / 3. 1974 / 4. Your Own Ride / 5. Buddha On A Hill / 6. I Am No Artist / 7. 1967 / 8. Balanced On A Pin / 9. Other Half Rule / 10. Janet / 11. Woodstock

『ライトハウス』の流れから生まれたマイケル・リーグのプロデュース作。もはやクロスビー、スティーヴンス、ウィリス&リーグという〝バンド〟と言ってよく、クロスビーとベッカ・スティーヴンスのギター、ミッチェル・ウィリスのキーボード、リーグのベースと、4人のヴォーカル・ハーモニーで鉄壁のアンサンブルを構築している。

　ウィリス作の「ジャネット」とジョニ・ミッチェルの「ウッドストック」以外は曲もほとんど2人〜4人で書いているから、イニシアチヴをとる個人の顔が見えない。そうやって〝記名性〟を消したことで、このメンバーでしかありえない〝音像〟を浮かび上がらせ、それ自体を圧倒的な〝個性〟としたのだから、リーグの手法は「逆説的」とも言えるわけだ。

　音楽をどうつくっても「新しい」とは思われなくなった時代に、体温を消しながら生の〝音像〟にこだわったことがこれほどの収穫になろうとは、という傑作なのだが、ジャケは音に合わせるべきだったね。（和久井）

David Crosby
For Free

BMG／538689942 [CD]
Release: 2021年7月23日
1. River Rise (feat. Michael McDonald)
2. I Think I
3. The Other Side Of Midnight
4. Rodriguez For A Night
5. Secret Dancer
6. Ships In The Night
7. For Free (feat. Sarah Jarosz)
8. Boxes
9. Shot At Me
10. I Won't Stay For Long

世界が新型コロナに襲われた2020年にはミュージシャンを代表して窮状を訴え、存在感を示したりもしていたが、ローテーション通りジェイムズのプロデュースとなったアルバムは、10曲で38分に満たない簡潔な作になった。「このままツアーに出られなかったら家を売るしかない」なんて言っていたが、そういう深刻さは感じられないし、音楽に向かうまっすぐな気持ちだけでつくりましたと言わんばかりの清々しさが全編を貫いている。80歳になる直前に、こんなに清涼感に溢れたアルバムをつくったロック爺さんは、ほかにいないはずだ。

　マイケル・マクドナルドと共作/共演した「リヴァー・ライズ」、サラ・ジャローズとデュエットしたジョニ・ミッチェルの「フォー・フリー」、ドナルド・フェイゲンが書き下ろした「ロドリゲス・フォー・ア・ナイト」以外は、クロスビー4曲、レイモンド3曲。本人登場で音はスティーリー・ダンに近くなっているが、この人だと許せるのは詩魂の深さか。（和久井）

Chapter 4

Original Release Of Neil Young

梅村昇史

Neil Young
After the Gold Rush
1970/9/19

Crosby, Stills, Nash & Young
4 Way Street
1971/4/7

Neil Young
Harvest
1972/2/1

Neil Young
Journey Through the Past (soundtrack)
1972/11/7

Neil Young
Time Fades Away
1973/10/15

Buffalo Springfield
Buffalo Springfield (compilation album)
1973/11/12

Neil Young
On the Beach
1974/7/1

Buffalo Springfield
Buffalo Springfield
1966/12/5

Buffalo Springfield
Buffalo Springfield Again
1967/10/30

Buffalo Springfield
Last Time Around
1968/7/30

Neil Young
Neil Young
1968/11/12

Buffalo Springfield
Retrospective: The Best of Buffalo Springfield
1969/2/10

Neil Young with Crazy Horse
Everybody Knows This Is Nowhere
1969/5/14

Crosby, Stills, Nash & Young
Déjà Vu
1970/3/11

Neil Young & Crazy Horse
Rust Never Sleeps
1979/6/22

Neil Young & Crazy Horse
Live Rust
1979/11/14

Neil Young
Hawks & Doves
1980/10/29

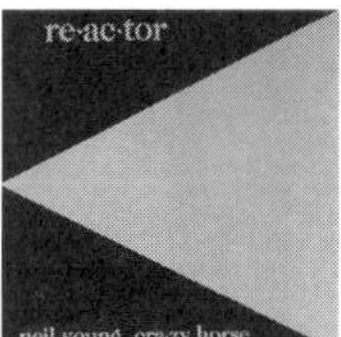

Neil Young & Crazy Horse
Re·ac·tor
1981/10/28

Neil Young
Trans
1982/12/29

Neil Young with
The Shocking Pinks
Everybody's Rockin'
1983/7/27

Neil Young
Old Ways
1985/8/12

Crosby, Stills, Nash & Young
So Far
1974/8/19

Neil Young
Tonight's The Night
1975/6/20

Neil Young with
Crazy Horse
Zuma
1975/11/10

The Stills-Young Band
Long May You Run
1976/9/10

Neil Young
American Stars 'N Bars
1977/5/27

Neil Young
Decade
1977/10/28

Neil Young
Comes A Time
1978/10/21

Crosby, Stills & Nash
Crosby, Stills & Nash (BOX)
1991/10/15

Neil Young & Crazy Horse
Weld
1991/10/23

Neil Young & Crazy Horse
Arc
1991/11/23

Neil Young
Harvest Moon
1992/11/2

Neil Young
Lucky Thirteen
1993/1/6

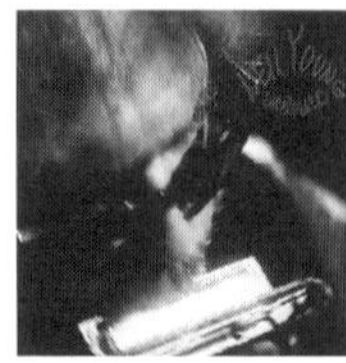
Neil Young
Unplugged
1993/6/8

Neil Young & Crazy Horse
Sleeps With Angels
1994/8/6

Neil Young
Landing On Water
1986/7/21

Neil Young & Crazy Horse
Life
1987/6/30

Neil Young &
The Bluenotes
This Note's For You
1988/4/12

Crosby, Stills, Nash &
Young
American Dream
1988/11/22

Neil Young
Eldorado (EP)
1989/4/17

Neil Young
Freedom
1989/10/2

Neil Young & Crazy Horse
Ragged Glory
1990/9/9

Original Release Of Neil Young

Buffalo Springfield
Buffalo Springfield Box Set
2001/7/17

Neil Young
Are You Passionate?
2002/4/9

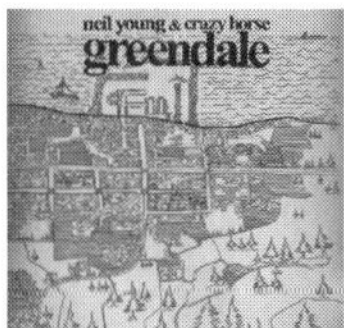

Neil Young & Crazy Horse
Greendale
2003/8/19

Neil Young
Greatest Hits
2004/11/16

Neil Young
Prairie Wind
2005/9/27

Neil Young
Living With War
2006/5/8

Neil Young & Crazy Horse
Live At The Fillmore East
2006/11/14

Neil Young
Mirror Ball
1995/8/07

Neil Young
Dead Man
(soundtrack)
1996/2/27

Neil Young & Crazy Horse
Broken Arrow
1996/7/2

Neil Young & Crazy Horse
Year Of The Horse
1997/6/17

Crosby, Stills, Nash & Young
Looking Forward
1999/10/26

Neil Young
Silver & Gold
2000/4/25

Neil Young
Road Rock Vol.1: Friends & Relatives
2000/12/5

Neil Young
The Archives Vol.1
Early Years (1963-1965)
Early Years (1966-1968)
Topanga 1
Live At The Riverboat: Toronto 1969
Topanga 2
Live At The Fillmore East 1970
Topanga 3
Live At Massey Hall
North Country
Journey Through The Past
2009/6/2

Crosby, Stills & Nash
Demos
2009/6/2

Neil Young
Dreamin' Man Live '92
2009/12/8

Neil Young
Le Noise
2010/9/28

Neil Young &
The International
Harvesters
A Treasure
2011/6/14

Neil Young & Crazy Horse
Americana
2012/6/5

Neil Young
Living With War: In The Beginning
2006/12/19

Neil Young
Live At Massey Hall 1971
2007/3/13

Neil Young
Chrome Dreams II
2007/10/23

Crosby, Stills, Nash & Young
Déjà Vu Live
2008/7/22

Neil Young
Sugar Mountain - Live At Canterbury House 1968
2008/12/2

Neil Young
Fork In The Road
2009/4/7

Neil Young +
Promise of the Real
Earth
2016/6/24

Neil Young
Peace Trail
2016/12/9

Neil Young
Hitchhiker
2017/9/8

Neil Young +
Promise of the Real
The Visitor
2017/12/1

Neil Young +
Promise of the Real
Paradox (soundtrack)
2018/3/23

Neil Young with The
Santa Monica Flyers
Roxy: Tonight's The Night Live
2018/4/24

Buffalo Springfield
What's That Sound? Complete Albums Collection
2018/6/29

Neil Young & Crazy Horse
Psychedelic Pill
2012/10/30

Neil Young
Live At The Cellar Door
2013/12/10

Neil Young
A Letter Home
2014/5/23

Crosby, Stills, Nash &
Young
CSNY 1974
2014/7/7

Neil Young
Storytone
2014/11/4

Neil Young +
Promise of the Real
The Monsanto Years
2015/6/29

Neil Young and
Bluenote Café
Bluenote Café
2015/11/13

Neil Young
The Archives Vol. 2
Everybody's Alone
Tuscaloosa
Tonight's The Night
Roxy: Tonight's The Night Live
Walk On
The Old Homestead
Homegrown
Dume
Look Out For My Love
Odeon Budokan
2020/11/20

Neil Young
After the Gold Rush - 50th Anniversary Deluxe Edition
2020/12/11

Neil Young with Crazy Horse
Way Down In The Rust Bucket
2021/2/26

Neil Young
Young Shakespeare
2021/3/26

Crosby, Stills, Nash & Young
Déjà Vu - 50th Anniversary Deluxe Edition
2021/5/14

Neil Young
Carnegie Hall 1970
2021/10/1

Neil Young
Songs For Judy
2018/11/30

Neil Young with The Stray Gators
Tuscaloosa
2019/6/7

Neil Young with Crazy Horse
Colorado
2019/10/25

Neil Young
Homegrown
2020/6/19

Neil Young
The Times (EP)
2020/9/18

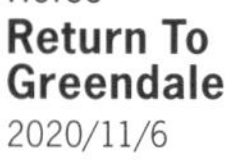

Neil Young with Crazy Horse
Return To Greendale
2020/11/6

Chapter 5

Neil's Recordings 1963–1978

梅村昇史、真下部緑朗、和久井光司

〝祭りのあと〟から掴んだ成功への道

和久井光司

『アフター・ザ・ゴールド・ラッシュ』の日本盤がリリースされたのは、71年1月のことだった。

少し前まで東芝音楽工業が配給していたワーナー・ブラザーズと、前年まで日本グラモフォン(現ユニバーサル・ミュージック)の中にあったアトランティック、そして日本ビクターが配給していたリプリーズが、新会社ワーナー・パイオニアに移り、本家アメリカの「ワーナー・ブラザーズ」に統合された旧ワーナー・セヴン・アーツのレーベルが、ワーナー・パイオニアにまとめられたのだ。ビクターが配給していたエレクトラは、なぜか72年までそのまま同社に残ることになるのだが、ワーナー・グループの主たるレコードが、アメリカに近い形でリリースされるようになったことで、日本の洋楽市場は大きく変わろうとしていた。

71年1月、ワーナー・パイオニアの第1回新譜として、ジェイムズ・テイラーの『スウィート・ベイビー・ジェイムズ』(P-8001W)、マザーズ・オブ・インヴェンションの『いたち野郎』(P-8003R)、レッド・ツェッペリン『III』(P-8005A)などとともにリリースされたのが、『アフター・ザ・ゴールド・ラッシュ』(P-8002R)だった。新生ワーナーの2番である。ちなみにレコード番号末尾のアルファベットはレーベル名の頭文字だ。

ツェッペリンは『III』まで、そして『クロスビー、スティルス&ナッシュ』と『デジャ・ヴ』も、いったんグラモフォンから出ていたし、ワーナー・パイオニアは親会社がオーディオ・メイカーのパイオニアだったから、音質へのこだわりを見せつけるレコード会社になった。

とくに75年まで続く8000番台は日本の洋楽史上届

指の安定度で、その音質には定評がある。アメリカ経由で獲得していた英国バンド、ディープ・パープル、キング・クリムゾン、のちのクイーンなどはあまり良くなかったが、米アトランティックとの直接契約だったツェッペリンやイエスのワーナー８０００番台盤は及第点と言えるだろう。

そして71年は、シンガー・ソングライターの人気が爆発した年だった。ジェイムズ・テイラー、キャロル・キング、エルトン・ジョン、キャット・スティーヴンスらが相次いでシングル・ヒットを放ったこともあって、いわゆるフォークやロックとは一線を画した、自作自演歌手によるアコースティックなポップ・ミュージックが注目されていたのだ。

日本ではようやく〝フォーク〟が市民権を獲得したところだった。高石友也の事務所を仕切っていた泰政明が会員配布制のインディー・レーベル「ＵＲＣ（アンダーグラウンド・レコード・クラブ）」を興し、リリースを開始したのは69年2月のことだが、岡林信康の人気が爆発し、五つの赤い風船や高田渡、中川五郎らがそれに続いたことから、5回の配布のあと店頭販売に切り替えた同年8月に「ＵＲＣレコード」が誕生。最初の一年はメッセージ性の強い、いわゆる〝関西フォーク〟の牙城だったが、70年8月に発売されたはっぴいえんどのファースト・アルバム（通称『ゆでめん』）を機にロックにも門戸が開かれ、彼らをバックにした岡林や遠藤賢司のアルバムによって、フォーク・ロック以降のアメリカン・ロックに迫るサウンドが具現化されていく。

ギター教則レコードなどを出していたインディー・レーベル「エレック・レコード」がフォーク系のシングルのリリースを開始したのも70年。そこからは吉田拓郎という新しいスターが生まれ、泉谷しげる、古井戸、生田敬太郎、佐藤公彦（ケメ）と役者が揃った71年末に、フォーク・ブームは中学生にまで及ぶようになり、72年初頭、拓郎の「結婚しようよ」が大ヒットするのだ。

ＵＲＣが社会派フォークから離れたのは、69年1月18～19日の東大安田講堂事件のあと、学生運動の矛先が70年の安保闘争に向かい、内ゲバ化していったという経緯も少なからず影響していた。70年3月31日には赤軍派によるよど号ハイジャック事件が起こり、犯人グループは北朝鮮に亡命。6月23日に日米安保条約が自動継続されたことから左翼運動は停滞し、テロ行為も辞さない過激派は地下に潜ることになる。連合赤軍によるあさま山荘事件が起こるのは72年2月のことだが、70年後半にはもう、音楽人が運動に直接関わるのはやめよう、という動きになっていたんだと思う。

そういった時代背景は若者たちから活力を奪い、〝シラケ〟が蔓延した。71年に中学生になった私は、入学式のスピーチで校長先生が「シラケていては何も始まらない」と言ったのを、「そういうことじゃないんだよな」と鼻で笑ったものだし、先輩たちがひっかきまわしたことによってやってきた〝祭りのあと〟的な状況から中学校生活のスタートを切らなければならないこっちの気持ちもわかってくれよ、と思っていた。

そんな気分にぴったりだったのが、キャロル・キングが書いてジェイムズ・テイラーがヒットさせた「ユーヴ・ガット・ア・フレンド」であり、エルトン・ジョンの「ユア・ソング」だった。社会の大きなうねりに身を投じるよりも、すでにある〝スモール・サークル・オブ・フレンズ〟をだいじにしようと歌っているようなそれらにはある種の〝敗北感〟さえ漂っていたが、〝負け〟から始まる青春に、我々の世代はヒロイックなものを感じていたんじゃないかと思う。いま考えると、『巨人の星』や『あしたのジョー』には、まさに〝時代の気分〟が表れていたのだ。

アメリカでも、ウッドストックに集まった40万人の若者が、集団として何も成さないまま個人の生活に戻っていったことを「飼い慣らされた」と評したメディアもあったが、ニールの『アフター・ザ・ゴールド・ラッシュ』に垣間見られる〝敗北感〟が、ウッドストックには間に合わなかった世代の〝希望〟となったことは、もう少し語られてもいいんじゃないかと思う。

そこから〝金色の心〟を見つけ、〝収穫〟にまとめていった彼の強さを多くのファンは感じているはずだが、その後の作品に記録された複雑な感情は、70〜72年ごろほどわかりやすくはないのである。リリースが録音順ではなく、『時は消え去りて』『渚にて』『今宵その夜』『ズマ』と続いたこともネックになり、行きつ戻りつしている感は否めなかった。『ズマ』でようやく〝ニールのいま〟が見えたとき、紆余曲折にあった意味を初めて探りたくなった人も少なくないはずだ。

Neil Young

The Archives Vol.1: Disc 0 - Early Years

NYA1: Disc 0 アーリー・イヤーズ

Reprise／175292-2 [CD], 511912-2 [DVD], 524165-2 [Blu-ray]
Recording: 1963年7月〜1965年12月
Release: 2009年6月2日
1. Aurora / 2. The Sultan / 3. I Wonder / 4. Mustang / 5. I'll Love You Forever / 6. (I'm A Man And) I Can't Cry / 7. Hello Lonely Woman / 8. Casting Me Away From You / 9. There Goes My Babe / 10. Sugar Mountain (Previously Unreleased Demo Version) / 11. Nowadays Clancy Can't Even Sing (Previously Unreleased Demo Version) / 12. Runaround Babe / 13. The Ballad Of Peggy Grover / 14. The Rent Is Always Due / 15. Extra, Extra

　00年にはオフィシャルにリリースが告知されるも、度重なる延期で、ようやく09年にリリースされた『アーカイヴス1』。これだけ時間が費やされたのは、何を収録すべきかという考古学的問題よりも、どんなインターフェイスが適切かという技術的検討によるものだった。そして結果的にボックスはCD、DVD、ブルーレイの3形態でリリース。更に時間が経った今となれば、単なる未発表曲集とは意味が違う本シリーズが形になるには、ニール自身が年齢を重ねることも必要だったということがわかる。

　そして本作は、ディスク0とカウントされた、ニールのヤンゲストな時代の音源集だ。十代の時のバンド、ザ・スクワイアーズに関連する録音と、65年のエレクトラ・レコードのためのデモを中心に構成されている。ザ・スクワイアーズは基本的にザ・シャドウズの影響下にあるスタイルで、ニールの初レコードとなる「オーロラ」「ザ・サルタン」のシングルはエレキ・インスト。デモ録音の「アイ・ワンダー」はニール最古のヴォーカル・ナンバーで、『ズマ』で発表される「ドント・クライ・ノー・ティアーズ」の原曲だ。このメロディーは度々アーカイヴ・シリーズに登場してくるが「ザ・バラッド・オブ・ペギー・グローヴァー」もそのヴァリエーション。ブルース調の「ハロー・ロンリー・ウーマン」は88年のブルー・ノーツのツアーでレパートリーになる曲で、早くも未来への大遠投が始まっている感がある。後半、最初期のバージョンの「シュガー・マウンテン」以降が65年のエレクトラ・デモ。ソング・ライターとしての萌芽を見ることができるが、このディスク全体を通して、歌い手としての意識はまだ全開には至らずの感が強い。成功するには新しい仲間が必要だ。そしてヤングなニールは中古の霊柩車に乗ってアメリカを目指す。（梅村）

Neil Young
The Archives Vol.1: Disc 1 - Early Years
NYA1: Disc 1 アーリー・イヤーズ

Reprise／175292-2［CD］, 511912-2［DVD］, 524165-2［Blu-ray］
Recording: 1966年7月〜1968年2月
Release: 2009年6月2日
1. Flying On The Ground Is Wrong
2. Burned
3. Out Of My Mind
4. Down, Down, Down (Previously Unreleased Version)
5. Kahuna Sunset
6. Mr. Soul
7. Sell Out
8. Down To The Wire
9. Expecting To Fly
10. Slowly Burning
11. One More Sign
12. Broken Arrow
13. I Am A Child

約10年前に書かれた初の自伝で、ニールは意外なくらい情熱的にスティヴン・スティルスとの友情について記している。とにかくスティルスは天才で、その才能を一番理解しているのは自分で、クロスビーとナッシュはその本質を理解しきれていないとすら書いている。とは言え、最もスティルスと対立したのもニールだろう。ジョンとポール、ミックとキース、何ならザッパとビーフハートのように、ただの友達とは違う、ケミストリーの磁場としてのコンビの代表例だ。

そんなスティルスとのバッファロー・スプリングフィールド期の音源をまとめたのが本ディスクだ。ちなみにDVDとブルーレイ版は、映像コンテンツを収録する関係で65年までと68年までで時期を分けて2枚のディスクに振り分けており、CD版はここまでを1枚にまとめて収録している。基本的にバッファロー作品集だが、ニール単独によるデモ音源も収録されており、68年までのニールの動きを俯瞰することができる。バッファローは01年にニール主導でボックス・セットが制作されているが、本作の「セル・アウト」「スローリー・バーニング」は完全な未発表曲で、『アーカイヴス』のためにこれを温存していたのではないか。後者は87年の『ライフ』に収録の「ロング・ウォーク・ホーム」の原曲で、また、次曲の「ワン・モア・サイン」ともメロディーを共有している。思いついた曲を書いては寝かせ、しかるべき時が来たらまた書き加えるという、ソング・ライティングにおける、ニール独特の計画性と作法の一例だ。一連のバッファロー作品では、初期と後期のビートルズ、中期のブライアン・ウィルソン等のイメージを導入して、自身の作家性を実験的に拡大していくニールの姿を見ることができる。この原動力となっているのは間違いなくスティルスの存在だろう。

（梅村）

Neil Young

Neil Young

ニール・ヤング

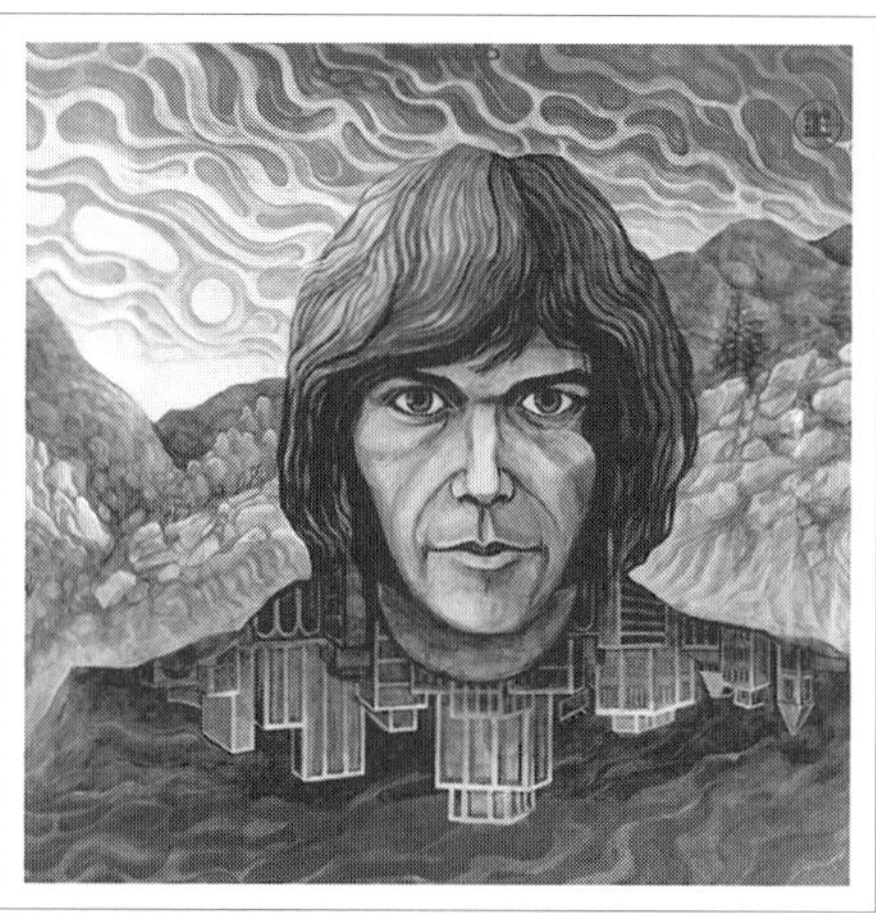

Reprise／RS 6317
Recording: 1968年8〜10月
Release: 1969年1月22日

［Side A］

1. The Emperor of Wyoming
2. The Loner
3. If I Could Have Her Tonight
4. I've Been Waiting for You
5. The Old Laughing Lady

［Side B］

1. String Quartet from Whiskey Boot Hill
2. Here We Are in the Years
3. What Did You Do to My Life?
4. I've Loved Her So Long
5. The Last Trip to Tulsa

68年5月にバッファロー・スプリングフィールドが解散したあと、ソロ活動をスタートさせたニールは、ジョニ・ミッチェルのマネージャーだったエリオット・ロバーツの尽力でリプリーズとソロ契約を結ぶことになった。

リプリーズはフランク・シナトラがワーナー・ブラザースと共同出資する形で1960年に誕生したレーベルだが、ワーナーの単独経営となった63年からは若者向けのポップ・レーベルになっていた。ディーン・マーティンの息子ディノと、テレビ・タレントのデジ・アーネイズとルシール・ボールの息子デジがいたディノ・デジ&ビリーや、ナンシー・シナトラなど、いわゆる〝シナトラ一家〟が活躍した時代が終わろうとしていた時期で、ワーナー・ブラザーズのレコード部門ワーナー・セヴン・アーツを持っていたアーメット・アーティガンが、親会社に経営権を譲渡して潤沢な制作費を得た時代である。アトコのポップ・レーベル化に続いて、リプリーズをシンガー・ソングライターの牙城にしていこうとしているのが窺える。

共同プロデューサーは、ジャック・ニッチェ（82年に映画『愛と青春の旅立ち』でアカデミー歌曲賞受賞）と、デイヴィッド・ブリッグス（第1期ディープ・パープルが所属していたレーベル「テトラグラマトン」の契約プロデューサー）。録音メンバーは、ジム・メッシーナ（ベース）、メッシーナと共にポコの結成に参加するジョージ・グランサム（ドラムス）など。ニッチェが連れてきたライ・クーダーが「オールド・ラフティング・レディ」と「アイヴ・ラヴド・ハー・ソー・ロング」でプロデュースとギターを担当し、「ウィスキー・ブーツ・ヒルのストリング・カルテット」でもニール、ニッチェと共にプロデューサーとしてクレジットされている。

「ザ・エンペラー・オブ・ワイオミング」はフィドルやギターをフィーチャーしたカントリー調のインストで、オープニングを飾るにふさわしい楽曲。次はこのアルバムの核となり、その後もステージで演奏される「ザ・ローナー」だ。この曲はスチュアート・ハグマン監督の映画『いちご白書』の挿入歌にもなった。「イフ・アイ・クッド・ハヴ・ハー・トゥナイト」と「アイヴ・ウェイティング・フォー・ユー」はバッファローと地続きのフォーク・ロック、「オールド・ラフティング・レディ」は重厚なストリングスにゴスペル調の女声コーラス（メリー・クレイトンやブレンダ・ハロウェイら）を加えて作り込まれた曲だ。

B面は、ヴァイオリンの音色がせつないニッチェ作のインスト「ストリング・クァルテット・フロム・ウィスキー・ブーツ」に続いて、ピアノのイントロも美しい「ヒア・ウィー・アー」（元ネタはバッファロー・スプリングフィールド「ファルコン・レイク」）。印象的なギターで始まる「ホワット・ディド・ユー・トゥ・マイ・ライフ」ではニールのヴォーカルもいい。女声コーラスを絡めた「アイヴ・ラヴド・ハー・ソー・ロング」は独特の哀感を漂わせる佳曲。「ザ・ラスト・トリップ・トゥ・トゥ・トリップ」はこのアルバムのハイライトと言ってもいいだろう。弾き語りと言うよりは、心の叫び。その勢いに圧倒される。

初期版のジャケットにはアーティスト名が入っておらず、69年1月に部分的にリミックスし、「ニール・ヤング」の文字が入ったセカンド・ヴァージョンが発売された。ジャケットのイラストはトパンガの画家ローランド・ディールが描いたものだ。

（真下部）

Neil Young
The Archives Vol.1: Disc 2 - Topanga 1
NYA1: Disc 2 トパンガ 1

Reprise／175292-2［CD］, 511912-2［DVD］, 524165-2［Blu-ray］
Recording: 1968年8月〜1969年1月
Release: 2009年6月2日
1. Everybody Knows This Is Nowhere (promotional 45 RPM single) / 2. The Loner / 3. Birds (Previous Unreleased Version) / 4. What Did You Do To My Life? (Previous Unreleased Mix) / 5. The Last Trip To Tulsa / 6. Here We Are In The Years / 7. I've Been Waiting For You (Previous Unreleased Mix) / 8. The Old Laughing Lady / 9. I've Loved Her So Long / 10. Sugar Mountain / 11. Nowadays Clancy Can't Even Sing (Previously Unreleased Live Version) / 12. Down By The River / 13. Cowgirl In The Sand / 14. Everybody Knows This Is Nowhere

　ニールにとって、バッファロー・スプリングフィールドへの参加は、音楽家として成長する絶好のチャンスだった。だが、カナダ育ちの幾分謙虚なソングライターだった彼は、予想外の成功と称賛から時おり身を引き、L.A.郊外のトパンガというヒッピーの巣窟に籠り始めていた。そしてそこではニールにとって最も重要なプロデューサーとなる、デイヴィッド・ブリッグスとの出会いがあったのだ。

　ディスク前半はファースト・ソロ・アルバムからの音源で、何曲かの別ヴァージョン、別ミックスが収録されている。この時期のニールはまだシンガーとしての自分に確信が持てず、それをカヴァーするかのように、オーヴァーダビングに固執した音像になっている。ストリングスやコーラスでコーティングした、ソフトロック的な音の厚いアレンジは、それはそれで他の作品にはない魅力だとは思う。レーベルの意向で新しいミックス・システムを採用したため、音がやせ細ってしまったと後年に語っているが、当時のニールの内省的なマインドの表れでもあっただろう。本作では大幅に音質がブラッシュ・アップされている。

　唯一「ラスト・トリップ・トゥ・タルサ」は、ダビングなしの剝き出しのスタイルを引き出している。これはブリッグスの助言の賜物だろう。のちに『アフター・ザ・ゴールド・ラッシュ』で発表される「バーズ」は全くアレンジの違う素晴らしい別バージョン。冒頭の「エヴリバディ・ノウズ・ディス・イズ・ノウウエア」はクレイジー・ホースとの初アルバムのタイトル曲で、これはブリッグスとの初仕事となる別バージョン。そして本ディスク後半で、クレイジー・ホースが登場する。「エヴリバディ・ノウズ〜」のホース・ヴァージョンで本ディスクは締めくくられ、69年のニールの新しいグループ時代が幕を開けるのだ。（梅村）

Neil Young
Sugar Mountain - Live At Canterbury House 1968
シュガー・マウンテン・ライブ・アット・カンタベリー・ハウス1968

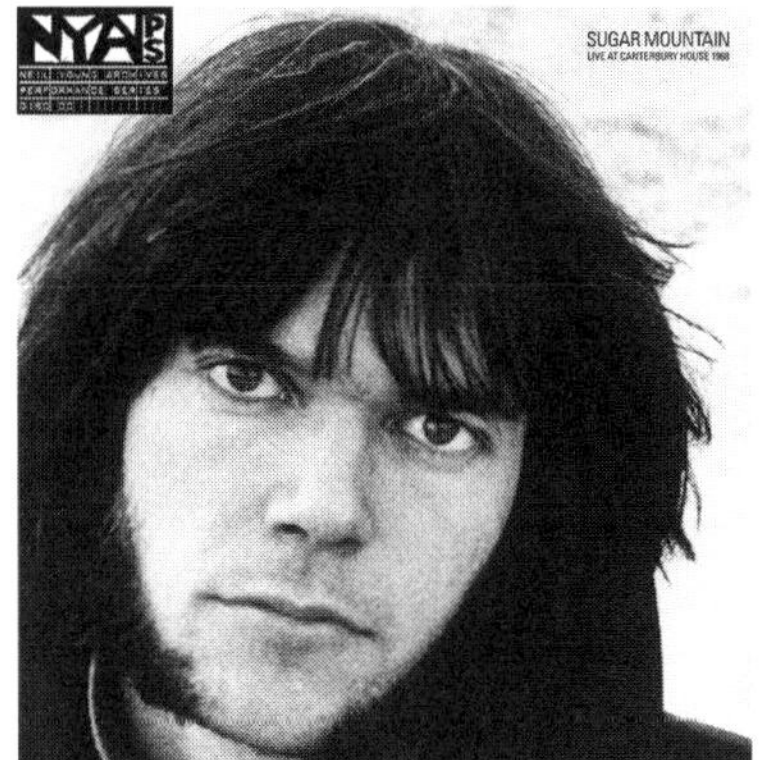

Reprise／516758-2［CD］
Recording: 1968年11月9,10日
Release: 2008年11月25日
1. Emcee intro / 2. On the Way Home / 3. Songwriting Rap / 4. Mr. Soul / 5. Recording Rap / 6. Expecting to Fly / 7. The Last Trip to Tulsa / 8. Bookstore Rap / 9. The Loner / 10. "I Used to..." Rap / 11. Birds / 12. Winterlong (excerpt) and Out of My Mind - Intro / 13. Out of My Mind / 14. If I Could Have Her Tonight / 15. lassical Gas Rap / 16. Sugar Mountain - Intro / 17. Sugar Mountain / 18. I've Been Waiting for You / 19. Songs Rap / 20. Nowadays Clancy Can't Even Sing / 21. Tuning Rap and The Old Laughing Lady - Intro / 22. The Old Laughing Lady / 23. Broken Arrow

バッファロー・スプリングフィールドではマネージャーになり損ねたエリオット・ロバーツ。その後、バッファローを脱退したニールからの直感的なオファーで、マネージメントを引き受けることになったのは68年前半の出来事だ。その後50年近くに渡ってニールをバック・アップすることになる彼の最初の仕事は、好条件でリプリーズ・レコードとソロ契約を取り付けること。そして10月にはファースト・アルバムの録音を終え、次のステップはソロ・コンサートをどうするかだった。エリオットがブッキングしたのは、同じく彼がマネージメントしていた、ジョニ・ミッチェルがやっていたようなコーヒー・ハウス・ツアーで、まだ内省的なモードにあったニールにとってはうってつけだったろう。

本作は68年11月9、10日、ミシガン州アナーバーのカンタベリー・ハウスでのライヴ録音。ニールのソロ・ライヴをまとめたアルバムとしては最も古いものになる。当然ながら、まだ発売されていないファースト・アルバムとバッファロー時代の曲が主要レパートリーで、後年にリリースされるライヴ盤にはない素朴なムードがある。「シュガー・マウンテン」は、この68年のテイクが定番として77年の『輝ける10年』や各種シングルに収録されている。後に様々なヴァージョンが公開されるが、本作のナイーヴなヴァージョンが最も曲の世界観には合っているのではないか。「イフ・アイ・クッド・ハヴ・ハー・トゥナイト」は、本作でのみ聴くことができる穏やかな弾き語りテイク。なお、本作は『アーカイヴス1』の前年にリリースされ、ボックス内の10作のラインナップには含まれてはいないが、ボーナス・ディスクとして箱の中に収納されていた。こうした特別な扱いから、この音源に対するニールの思いが伝わってくるようだ。（梅村）

Neil Young with Crazy Horse
Everybody Knows This Is Nowhere
ニール・ヤング・ウィズ・クレイジー・ホース

Reprise／RS 6349
Recording: 1969年1～3月
Release: 1969年5月14日
［Side A］
1. Cinnamon Girl
2. Everybody Knows This Is Nowhere
3. Round & Round (It Won't Be Long)
4. Down by the River
［Side B］
1. The Losing End (When You're On)
2. Running Dry (Requiem for the Rockets)
3. Cowgirl in the Sand

ソロ・デビューしたときには、「二度とグループでは活動しない」という決意もあったようだが、『ニール・ヤング』発表後にその後のキャリアに大きな影響を与えるグループと巡り会う。クレイジー・ホースだ。

ダニー・ウィッテン率いるダニー&ザ・メモリーズに遡るこの一派の歴史は、ロサンゼルスのローカル・シーンを物語るもので、ビリー・タルボットとラルフ・モリーナらが加入したザ・ロケッツは、タートルズのホワイト・ホール・レーベルからバリー・ゴールドバーグにプロデュースを任せたアルバム『ザ・ロケッツ』（68年）を出していた。

オーヴァーダブを重ねた結果、軸足がどこにあるのか不明瞭になってしまった前作の反省から、ライヴ感を重視したバンド・サウンドを求めてみようと思っていたニールとデイヴィッド・ブリッグスは、69年3月、ロケッツとスタジオ入りした。「俺たちはお互いに探り合っていた。みんな相手のことは知らなかったが、そこで起こっていることにはぞくぞくしたよ。それを音として残しだいと思った。そういうのはそれまで一度も録音してなかったからさ」とは1年後のニールの発言である（ピーター・ドゲット・著、川村まゆみ・訳『クロスビー、スティルス、ナッシュ&ヤングの真実』より）。

こうして完成した『ニール・ヤング・ウィズ・クレイジー・ホース』は前作からわずか4ヶ月後の69年5月にリリースされた。〝アンド〟ではなく〝ウィズ〟という表現を採ったことからも、クレイジー・ホースは〝同志〟であるという意思表示だったのだろう。

オープニングを飾るのはライヴでも重要なレパートリーになる「シナモン・ガール」。ニールにとってはソロ初のシングル曲だったが、最初にヒットしたのはザ・ジェントリーズによるカヴァー・ヴァージョンだった。これがきっかけとなって、アルバムは70年に再リリース（ファースト・プレスは3色レーベルだったが、セカンド・プレスでは新デザインの1色レーベルになった）となる。

クレイジー・ホースのコーラスも印象的なアルバム・タイトル曲「エヴリバディ・ノウズ・ディス・イズ・ノーウェア」と、ロビン・レインがバック・ヴォーカルを務めた「ラウンド・アンド・ラウンド」も悪くないが、「シナモン・ガール」と並ぶA面のハイライトは「ダウン・バイ・ザ・リヴァー」だ。ニールはクレイジー・ホースとのジャム・セッションを楽しんでいるかのようにギターをかき鳴らし、熱唱する。CSNYの『4ウェイ・ストリート』で聴けるアコースティック・ヴァージョンもいいけれど、この熱量と比較してこそという気もする。

「ランニング・ドライ」はロケッツのボビー・ノトコフによる切ないヴァイオリンがキモ。10分を超える「カウガール・イン・ザ・サンド」ではニールのギター・ソロが延々と続き、ヴォーカルも鬼気迫るものとなった。この曲と「シナモン・ガール」は、インフルエンザにかかり高熱にうなされながら作られたという。自宅のベッドの上には、歌詞が書き殴られた紙が散乱していたとか。

発売直後はカナダでチャート・インしたぐらいで話題に乏しかったため、リプリーズは通信販売で買った人に「もれなくトパンガ・キャニオンの土を付ける」と宣伝したが、そんな特典に釣られる物好きはいなかったという。なお、ジャケットに写っている犬はニールの愛犬、ジャーマン・シェパードのウィニペグである。

（真下部）

Neil Young

The Archives Vol.1: Disc 3 - Live At The Riverboat

NYA1: Disc 3

ライヴ・アット・リバーボート

Reprise／175292-2 [CD], 511912-2 [DVD], 524165-2 [Blu-ray]
Recording: 1969年2月7～9日
Release: 2009年6月2日
1. Emcee Intro. / "Sugar Mountain" Intro / 2. Sugar Mountain / 3. Incredible Doctor Rap / 4. The Old Laughing Lady / 5. Audience Observation / Dope Song / Band Names Rap / 6. Flying on the Ground is Wrong / 7. "On the Way Home" Intro / 8. On the Way Home / 9. Set Break / Emcee Intro / 10. I've Loved Her So Long / 11. Allen A-Dale Rap / 12. I Am a Child / 13. 1956 Bubblegum Disaster / 14. The Last Trip to Tulsa / 15. Words Rap / 16. Broken Arrow / 17. Turn Down the Lights Rap / 18. Whiskey Boot Hill / 19. "Expecting to Fly" Intro / 20. Expecting to Fly

カンタベリー・ハウスのライヴから3ヶ月。ニールの地元、トロントのリヴァーボートというフォーク・クラブでのライヴ。本作がレコーディングされた69年2月9日は3セットのライヴが行われ、その複数回の公演から編集がなされており、ひとつのショーとしての臨場感は若干薄い。しかし68~69年のソロ・アコースティック・ライヴがこうしてまとまった形で聴くことができる意義は大きい。

実際にこの3ヶ月間の間にコーヒー・ハウス・ツアーを重ね、パフォーマンスに自信を得たニールの、歌い手としての意識の変化を本作から感じ取ることができる。本作収録曲のうち7曲はカンタベリー・ハウスのライヴと重複しているが、明らかに情感が豊かになっている。

本作は地元ということもあってリラックスしたムードがあり、曲間の語りも長い。「1958バブルガム・ディザスター」は未発表曲と思いきや、その場の勢いでアドリブ的に歌ったMC中のお遊び。カンタベリー・ハウスもそうだが、本作もたっぷりと観客とのおしゃべりが収録されている。これには多少賛否があるかもしれないが、『アーカイヴス』シリーズのブックレットや映像コンテンツで閲覧できる、メモやスクラップのようなメモラビア的なアイテムのオーディオ版として、こういった会話を収録するという意図があるのかもしれない。

会場に同郷のブルース・パーマーも観客として来ており、「ラスト・トリップ・トゥ・タルサ」の曲前のMCで紹介されている。その「ラスト～」はキーを変えて歌われており、カンタベリー・ハウスのバージョンとはかなりムードが違う。「ウィスキー・ブート・ヒル」は『デジャ・ヴ』収録の「カントリー・ガール」の前半部分にあたる曲で、当時未発表のこの曲のライヴ・ヴァージョンはとても珍しく、本作の最注目ポイントである。(梅村)

Neil Young
The Archives Vol.1: Disc 4 - Topanga 2
NYA1: Disc 4 トパンガ2

Reprise／175292-2 [CD], 511912-2 [DVD], 524165-2 [Blu-ray]
Recording: 1969年3月〜1970年2月
Release: 2009年6月2日
1. Cinnamon Girl / 2. Running Dry (Requiem For The Rockets) / 3. Round And Round (It Won't Be Long) / 4. Oh Lonesome Me (Previously Unreleased Stereo Mix) / 5. Birds (45 RPM single) / 6. Everybody's Alone / 7. I Believe In You / 8. Sea Of Madness / 9. Dance Dance Dance (Previously Unreleased Version) / 10. Country Girl / a. Whiskey Boot Hill / b. Down, Down, Down / c. Country Girl (I Think You're Pretty) / 11. Helpless (Previously Unreleased Mix) / 12. It Might Have Been

ファースト・アルバム録音後のコーヒー・ハウス・ツアーは69年初頭まで。トパンガに戻ると、まず途中まで進んでいた『エヴリバディ・ノウズ・ディス・イズ・ノウウェア』となるアルバムのレコーディングをクレイジー・ホースと続行し、5月に発売した。そこから本格的にクレイジー・ホースを乗りこなすと思いきや、何とニールはCSNに加入。グループ名はCSNYに。CSNYとのリハーサルの一方、クレイジー・ホースとカントリー・アルバムをレコーディングするも棚上げに。CSNYはウッド・ストック・フェスに出演、そして秋には『デジャヴ』のレコーディング。この辺りでニールはいよいよスター・ダムへ、といった69年の流れが本作に収録されている。

4〜7曲目が棚上げとなったカントリー・アルバムからの音源で、本作の目玉。「オー・ロンサム・ミー」は『アフター・ザ・ゴールド・ラッシュ』ではモノラルだったが、分離のはっきりしたステレオ・ミックスになっている。「バーズ」は『アフター〜』とは異なるホースとのヴァージョン。「エヴリバディ・アローン」は、ニールが関わった様々なバンドでレコーディングされている有名な未発表曲で、このヴァージョンが最も古いものだろう。曲もホースの無骨な演奏も素晴らしい。これだけ聴くと、このレコーディングはそれなりの成果があったと思われるが、棚上げとなったのは、カントリー・ミュージックと当時のホースの相性の悪さゆえだろう。もうひとつの有名な未発表曲「ダンス・ダンス・ダンス」はフォーク・ソング調のアメリカン・ロックという佇まいで、ホースの良さが伝わってくる。3曲収録のCSNYの曲は「ヘルプレス」が別ミックス。最後の「イット・マイト・ハヴ・ビーン」はカバー曲でホースの70年2月の未発表ライヴ・テイク。いよいよ70年代に突入だ。

（梅村）

Neil Young with Crazy Horse

Live At The Fillmore East

ライヴ・アット・フィルモア・イースト

Reprise／444992-2［CD］
Recording: 1970年3月6日, 7日
Release: 2006年11月14日
1. Everybody Knows This Is Nowhere
2. Winterlong
3. Down by the River
4. Wonderin'
5. Come on Baby Let's Go Downtown
6. Cowgirl in the Sand

00年頃から公式情報のあった『アーカイヴス』ボックスだが、何度もリリースが延期され、次第にプロジェクトの存在を忘れかけてきた06年11月、あたかもフライングのように『アーカイヴス』シリーズから単独リリースされたのが本作だ。この70年3月のフィルモア公演は古くからのファンには知られた定番で、こうした音源が先陣を切って正式な形で発売されることによって、今後のアーカイヴ・シリーズ全体の質と量をリアルに想像することができた。

〝パフォーマンス・シリーズ02〟と銘打たれた、ビリー・タルボット（ベース）、ラルフ・モリーナ（ドラム）、ダニー・ウィッテン（ギター）からなるクレイジー・ホースを従えたライヴ・レコーディング。これは、約1ヶ月に及ぶクレイジー・ホース初のツアーで、フィルモアはその中間地点だ。ジャック・ニッチェがエレキ・ピアノでサポート参加しているが、フィル・スペクターのアレンジャーだった男が、無骨を絵に描いたようなホースのライヴに加わっているのが意外。公演は6日と7日に各2回行われており、計4回のショーから編集されている。本来は前半にニール単独のアコースティック・セットがあるのだが、本作は後半のホースとのエレクトリック・セットのみの収録。余談だが、この公演はマイルス・デイヴィスとの共演で、マイルスにとってはフィルモア初出演。マイルスの自伝によると、記憶の中では共演者はクレイジー・ホースではなくCSNYだったことになっているらしい。

69年にニールはCSNYに参加するため、同年のホースとのライヴはごくわずか。結果的にこのツアーが、ダニーが参加したオリジナル・クレイジー・ホースの最初にして最後のツアーになってしまった。その点でも本作の価値は高い。後年の、重心の低いグルーヴと、気化寸前までに歪んだギター・ノイズを武器にしたホースとは印象が異なる、タイトなノリが特長だ。『エヴリバディ・ノウズ・ディス・イズ・ノウェア』からの3曲は、もともとスタジオ・ライヴのような同作のヴァージョンをはるかに上回る素晴らしさ。「ダウン・バイ・ザ・リヴァー」と「カウガール・イン・ザ・サンド」では、すでにこの時期から長尺のジャムが展開されており、ジャムの後からメランコリックなメロディーが再現する瞬間が最高だ。ホースが牧場の納屋から未知の宇宙に飛んでいくには、こういった曲が絶対に必要だろう。「ウィンターロング」は後に別録音が『輝ける10年』に収録される当時の未発表曲。「ワンダリン」ももともと知られた未発表曲で、83年の『エヴリバディズ・ロッキン』にロカビリー・テイストで収録されたが、69年のホースによるオリジナル・スタジオ・ヴァージョンは『アフター・ザ・ゴールド・ラッシュ』の50周年記念盤に収録された。「カモン・ベイビー、レッツ・ゴー・ダウンタウン」はダニーとニールの共作でホースのファースト・アルバムに収録されている曲。このライヴ・テイクは『今宵その夜』にダニーへの追悼の意を込めて収録されている。ただし本作のヴァージョンはその別ミックスで、ダニーのヴォーカルを目立たせる処理が施されている。

ニールは自伝の中で、クレイジー・ホースの初期音源を集大成したアルバムを制作中であると記している。ダニーの才能に光を当てることが、自分の残された仕事の一つとも考えており、それはぜひとも発表してもらいたい。『アーカイヴス』シリーズがこのライヴ盤でスタートしたということでも、筋が通っていると思う。

（梅村）

Neil Young

After The Gold Rush

アフター・ザ・ゴールド・ラッシュ

Reprise／RS6383
Recording: 1970年3月〜6月
Release: 1970年9月19日

[Side A]
1. Tell Me Why
2. After the Gold Rush
3. Only Love Can Break Your Heart
4. Southern Man
5. Till the Morning Comes

[Side B]
1. Oh, Lonesome Me
2. Don't Let It Bring You Down
3. Birds
4. When You Dance I Can Really Love
5. I Believe in You
6. Cripple Creek Ferry

69年夏にクロスビー、スティルス、ナッシュと合流したニールは、ウッドストックでの名演からヒットは約束されていた『デジャ・ヴ』に参加したあと、本作のレコーディングを開始。70年6月には録音は完了していたというから、創作意欲に燃え、絶好調だったことは間違いないないだろう。プロデュースはニール、デイヴィッド・ブリッグスと、エンジニアのケンドール・パシオス（ボニー・レイットのデビュー・アルバムでリミックスを担当することになる）。録音メンバーは、クレイジー・ホースの面々、スティヴン・スティルス（ヴォーカル）、グレッグ・リーヴス（ベース）、ジャック・ニッチェ（ピアノ）など。そして、当時19歳だったニルス・ロフグレンがピアノとギターで参加している（ニルスとのつきあいはその2年前、ニールの楽屋に自作を聞いてくれと押しかけてきたことから始まった。その後ニルスは自身のバンドであるグリン、クレイジー・ホースを経て、ブルース・スプリングスティーンのE・ストリート・バンドに参加)。当初はクレイジー・ホースを中心に録音が始まった本作だが、ドラッグに溺れていたダニー・ウィッテンが使い物にならず、急遽ニルスが呼び寄せられたという。

「テル・ミー・ホワイ」はニールとニルスのアコースティック・ギターだけで歌われる(2010年のニール・トリビュート・コンサートではノラ・ジョーンズが歌った)。「アフター・ザ・ゴールド・ラッシュ」はニールの友人である俳優ディーン・ストックウェル(ヴィム・ヴェンダース監督『パリ、テキサス』などに出演)とハーブ・バーマンが書いた脚本を元にした曲で、ピアノの弾き語りにビル・ピーターソンのフリューゲルホルンが加わる。シングル・カットされた「オンリー・ラヴ・キャン・ブレイク・ユア・ハート」はジョニ・ミッチェルと破局したグレアム・ナッシュのために書かれたという説もあるが、ニールは明言を避けている。「サザン・マン」はアメリカ南部の封建的な体質を批判した曲(歌詞には複雑な意味がこめられているが、それを理解しない人たちから批判されることに)。UK初版には4小節長い別編集ヴァージョンが入ったこの曲は、「オハイオ」に続いてニールの社会的な視線が窺える名曲となった。

B面の最初は唯一のカヴァーであるドン・ギブソン作のカントリー・チューン「オー・ロンサム・ミー」。イントロのハーモニカがいい雰囲気だ。そしてシンプルなアレンジのフォーク・ロック「ドント・レット・イット・ブリング・ユー・ダウン」から、ピアノの弾き語りの「バーズ」へ。シングル「オンリー・ラヴ・キャン・ブレイク・ユア・ハート」のB面には、クレイジー・ホースをバックに歌われるヴァージョンが収録された。「ホエン・ユー・ダンス・アイ・キャン・リアリー・ラヴ」はバーズを思い出させるフォーク・ロック・ナンバー。バラード調の「アイ・ビリーヴ・イン・ユー」はリンダ・ロンシュタットやリタ・クーリッジによってカヴァーされている。最後はCSNYで歌われてもおかしくない小品「クリップルド・クリーク・フェリー」で締められる。

全米チャート8位を記録してニールの出世作となったこのアルバム、20年の拡大版でもボーナス・トラックがほとんどなかったことからも、無駄なくレコーディングされたことが窺える。印象的なジャケットはジョエル・バーンスタインが撮影したものだ。

(真下部)

Neil Young

The Archives Vol.1: Disc 6 - Topanga 3

NYA1: Disc 6 トパンガ3

Reprise／175292-2 [CD], 511912-2 [DVD], 524165-2 [Blu-ray]
Recording: 1970年3月～12月
Release: 2009年6月2日
1. Tell Me Why / 2. After The Gold Rush / 3. Only Love Can Break Your Heart / 4. Wonderin' (Previously Unreleased Version) / 5. Don't Let It Bring You Down (First Mix) / 6. Cripple Creek Ferry / 7. Southern Man / 8. Till The Morning Comes / 9. When You Dance, I Can Really Love (First Mix) / 10. Ohio / 11. Only Love Can Break Your Heart (Previously Unreleased Live Version) / 12. Tell Me Why (Previously Unreleased Live Version) / 13. Music Is Love / 14. See The Sky About To Rain (Previously Unreleased Live Version)

クレイジー・ホースとのツアー中の70年3月、『デジャ・ヴ』がリリース。ツアー後『アフター・ザ・ゴールド・ラッシュ』のレコーディング。リリースは9月。そして初夏にはCSNYのツアーが始まる。すでにCSNYはアメリカで最も人気のあるバンドと言ってもよい存在になり、『アフター・ザ～』はニール作品としては初のミリオン・セラーを記録する。CSNYの4人は60年代からのキャリアの持ち主だが、70年代のアメリカン・ロックのキー・パーソンとしてまさにこの時期に花咲いたと言えるだろう。

冒頭から9曲が『アフター・ザ～』のためのレコーディングで、同作は69年8月録音のホースとの数曲も含めて構成されている。70年の録音メンバーは、CSNYでもプレイしているグレッグ・リーヴスが主にベースを担当。薬物で体調不良のダニー・ウィッテンをカバーする役割でニルス・ロフグレンが参加している。ホースのフィルモア・ライヴでも演奏されている未発表曲「ワンダリン」もこのメンバーによるもので、ホース・ヴァージョンよりもカントリー色の強い仕上がり。「ドント・レット・イット・ブリング・ダウン」と「ウェン・ユー・ダンス、アイ・キャン・リアリー・ラヴ」は『アフター・ザ～』の初回盤のみ収録のミックス。「ウェン・ユー・ダンス～」はジャック・ニッチェも加わったホース・ヴァージョンで、事実上オリジナル・ホースによる最後のレコーディングだ。「サザン・マン」や「オハイオ」のように〝正義〟と〝政治〟を注視する社会性の高い曲が書かれ始めるのも70年という時代性の現れか。後半は『アフター・ザ～』ナンバーのCSNYヴァージョンが2曲。さすがにコーラスのアレンジが〝ならでは〟だ。こうして社会性を湛えつつ、商業的、創造的にも実りのある季節がニールに訪れた。

（梅村）

Neil Young
Live At The Cellar Door
ライヴ・アット・セラー・ドアー

Reprise／535854-2［CD］
Recording: 1970年11月30日～12月2日
Release: 2013年12月10日

1. Tell Me Why
2. Only Love Can Break Your Heart
3. After the Gold Rush
4. Expecting to Fly
5. Bad Fog of Loneliness
6. Old Man
7. Birds
8. Don't Let It Bring You Down
9. See the Sky About to Rain
10. Cinnamon Girl
11. I Am A Child
12. Down by the River
13. Flying on the Ground Is Wrong

『アーカイヴス』のボックスは、全ての音源を日付順に並べ替えるという原則で編集されているので、曲順を眺めるだけでも、ニールの行動と意識の流れをイメージすることができる。『トパンガ3』に収録の、ニールが参加したデイヴィッド・クロスビーのソロ曲「ミュージック・イズ・ラヴ」が70年8月、次曲の「シー・ザ・スカイ・アバウト・トゥ・レイン」は12月のテイクで、当時のニールとしては長いレコーディング空白の時期があることがわかる。その間『アフター・ザ・ゴールド・ラッシュ』のヒット、牧場の購入、新居のために巨大な厚板を手に入れ、それを持ち上げて椎間板ヘルニアを患う、といった出来事がニールの身に起っていた。ヒットを受けて、秋にはライヴ活動が期待されていたが、立ってギター演奏ができないため、11月末まで待って、ソロ・アコースティック・ツアーがブッキングされることになった。

　本作はツアー初頭のワシントンのクラブ、セラー・ドアーでのライブ盤。前述の「シー・ザ・スカイ～」はこの時の録音だ。『アーカイヴス』リリース時にはこの曲以外の音源が未確認だったが、13年に晴れて本作がリリースされた。この公演は、このツアーの本丸と言える12月4、5日のカーネギー・ホール公演のウォーム・アップ的な意味合いがあり、リラックスしたムードの演奏を聴くことができる。ソロの定番に『アフター・ザ～』からの5曲と3曲の新曲が加わったセットリスト。これまでのソロ・ツアーとの大きな違いはピアノの導入だ。何曲かでキーが変更され、一聴して曲調の微妙な変化を感じることができる。「シナモン・ガール」もピアノの弾き語りで、本作だけで聴くことができるヴァージョンだ。小会場での臨場感のある録音で、ピアノの演奏がまだこなれていないが、それもニールの持ち味ではある。（梅村）

Neil Young
Live At Massey Hall
ライヴ・アット・マッセイ・ホール

Reprise／43327-2［CD］
Recording: 1971年1月19日
Release: 2007年3月13日
1. On the Way Home
2. Tell Me Why
3. Old Man
4. Journey Through the Past
5. Helpless
6. Love in Mind
7. A Man Needs a Maid / Heart of Gold Suite
8. Cowgirl in the Sand
9. Don't Let It Bring You Down
10. There's a World
11. Bad Fog of Loneliness
12. The Needle and the Damage Done
13. Ohio
14. See the Sky About to Rain
15. Down by the River
16. Dance Dance Dance
17. I Am a Child

70年11月30日からスタートしたソロ・アコースティック・ツアーは、セラー・ドアーでのウォーム・アップ・ギグの後、12月4、5日の、カーネギー・ホール連続公演をハイライトとしていた。CSNYのコンサートでは大会場を経験済みのニールだが、ソロでのカーネギー・ホール出演は、まさに70年の成功ぶりを象徴していたと言えるだろう。この公演は古くからブートレグで知られているが、ニールがかなりナーバスになっている様子がうかがえる。特にピアノの演奏が不安定で、後半になって何とか調子を取り戻すというショーだった（この公演はオフィシャル・ブートレグとして21年10月に発売される）。

ソロ・ツアーは71年の2月1日まで続き、2月27日のロンドンのロイヤル・フェスティバル・ホールで終了する。本作がレコーディングされたトロント公演はツアー中盤の

1月19日で、いくつもの公演を経たことで、ニールのパフォーマンスは安定して質の高いものになってきている。そして地元での凱旋公演でもあり、観客の反応も熱い。会場に訪れた父親との再会もあり、良いショーになるための好条件が揃っていた。本作のDVDではこの日の演奏にシンクロするライヴ映像を観ることができるが、これは22日のシェイクスピア・シアターで撮影されたものである。

1月以降かなりの数の新曲が披露されており、現在の視点で見ると、71年までのニールのソロ・キャリアを代表するようなセット・リストだ。この公演の時点では17曲の収録中9曲がワールド・プレミアということになる。ニール最大のヒット曲「ハート・オヴ・ゴールド」も初出で、「ア・マン・ニーズ・ア・メイド」にインクルードされる組曲構成なのが意外。しかも最初はピアノ弾き語りだった。後にオーケストラ・アレンジとなる「ア・マン～」と「ゼアーズ・ア・ワールド」、そして「オールド・マン」など、これらの曲は後に『ハーヴェスト』に発展する素朴な初期ヴァージョンとしても興味深い。ご当地ソング的に「ヘルプレス」も大いに盛り上がっている。実はニールはこの曲をあまりライヴのレパートリーにしないので、これも地元への思いを込めた選曲なのだろう。テンポを落とした「オハイオ」もいい。とにかく曲もパフォーマンスも素晴らしく、本作を最高傑作と言ってしまうと、ニール史の評価バランスがおかしくなってしまうだろうが、ニールを聴きたい人にとっては必携のライヴ・アルバムである。

実はリプリーズ・レコードは、71年にニールのライヴ・アルバムのリリース計画を立てていた。前半が71年のソロ・セット。後半が70年フィルモアからのエレクトリック・セットの2枚組。このアルバムが実現していれば、当時のニールの最高のショーケースになったはずだ。同じ構成のCSNYの『4ウェイ・ストリート』がリリースされたため、棚上げになったようだ。当時トロント在住で、この公演をレコーディングしたデイヴィッド・ブリッグスは、すぐにこのライヴ・アルバムを出すべきだと進言した。だがのちに『ハーヴェスト』となる新作を意識していたニールは、それを却下。30年以上の時間を経て、『アーカイヴス』シリーズのためにこの音源を聴いたニールは、こうコメントしている。「デイヴィッドは正しかった。『ハーヴェスト』よりも出来がいい。ここにはもっとたくさんの意味がある」。『アーカイヴス』がより素晴らしくなるには、貴重音源と編集技術以上に、年齢を重ねたニール自身の、過去への評価の更新が重要なのだ。

（梅村）

Neil Young
Young Shakespeare
ヤング・シェイクスピア

Reprise／093624889519［CD］, 093624888093［Deluxe Edition; CD＋LP＋ DVD］
Recording: 1971年1月21日
Release: 2021年3月26日
1. Tell Me Why
2. Old Man
3. The Needle and the Damage Done
4. Ohio
5. Dance Dance Dance
6. Cowgirl in the Sand
7. A Man Needs a Maid / Heart of Gold (Medley)
8. Journey Through the Past
9. Don't Let it Bring You Down
10. Helpless
11. Down by the River
12. Sugar Mountain

『アフター・ザ・ゴールド・ラッシュ』のリリースから4ヶ月後、71年1月21日にコネチカット州はストラトフォードのシェイクスピア・シアターで行なわれたソロ・ライヴを発掘したもので、CD、LPと、CD＋LP＋Blu-rayのボックス・セットという3種のフォーマットでリリースされた。映像はいかにも当時のフィルムらしい粗さなので私は一枚ものLPだけ買ったが、この当時のフル・ステージの映像は貴重と言える。

ご挨拶といった感じで「テル・ミー・ホワイ」、2曲目から「オールド・マン」「ザ・ニードル・アンド・ダメージ・ドーン」と新曲が続き、明るい「ダンス・ダンス・ダンス」から（高音部がフラットしているのが惜しい）「カウガール・イン・ザ・サンド」に行って、ピアノの弾き語りで「ア・マン・ニーズ・ア・マン」と「ハート・オブ・ゴールド」のメドレー。いま聴けばこのナイーヴな「ハート・オブ・ゴールド」の方がむしろ感慨深いが、当時の観客は1年2ヶ月後に全米ナンバー・ワンになる曲とは知る由もないから反応は鈍い。

後半も「ジャーニー・スルー・ザ・パスト」「オールド・マン」と新曲を混ぜるため、盛り上がるのは「ヘルプレス」に至ってから。当時のシンガー・ソングライターにはエンタテインメントを目指すポップ・シンガーとは違う、自身の感情に根ざした表現を形にしようとする側面が強かったけれど、〝オーディエンスと向き合う意識〟が希薄という気がしないでもない。新曲をいち早く届けようとする姿勢は評価できるけれど、〝自問自答〟するさまを見せられているような気にもなるから、そういう中にもある種の〝確信〟が感じられるボブ・ディランと比べると、ずいぶん青臭い印象だ。ホールの名前を使ったアルバム・タイトルは言い得て妙である。

（和久井）

Neil Young
The Archives Vol.1: Disc 8 - North Country
NYA1: Disc 8 ノース・カントリー

Reprise／175292-2［CD］, 511912-2［DVD］, 524165-2［Blu-ray］
Recording: 1971年1月〜1972年3月
Release: 2009年6月2日
1. Heart Of Gold (Previously Unreleased Live Version) / 2. The Needle And The Damage Done / 3. Bad Fog Of Loneliness (Previously Unreleased Version) / 4. Old Man / 5. Heart Of Gold / 6. Dance Dance Dance (Previously Unreleased Version) / 7. A Man Needs A Maid (Previously Unreleased Mix) / 8. Harvest / 9. Journey Through The Past (Previously Unreleased Version) / 10. Are You Ready For The Country? / 11. Alabama / 12. Words (Between The Lines Of Age) / 13. Soldier (Previously Unreleased Version) / 14. War Song

71年1月19日のトロント公演のMCで、ニールはナッシュヴィルで「ジョニー・キャッシュ・ショー」に出演する話をしている。そのTVショーでは「ジャーニー・スルー・ザ・パスト」が演奏された。この時ナッシュヴィルでのレコーディングを思いついたニールは、プロデューサーのエリオット・メイザーに出会い、当地の腕利きセッション・ミュージシャンとストレイ・ゲイターズと名付けたバンドを組んだ。中でも重要な存在はスティール・ギターのベン・キースだ。ベンはその後40年間近くに渡って、様々な形でニールの音楽に貢献することになる。

本作はストレイ・ゲイターズとのセッションを中心にした、『ハーヴェスト』のオルタナティヴ・ヴァージョン的な編集がなされている。「ハート・オブ・ゴールド」が2ヴァージョン収録されているが、冒頭に収録の1月31日のソロ・ツアーでのライヴでは、ピアノの弾き語りだった同曲が、ギターとハーモニカを使ったアルバム・ヴァージョンに近いアレンジに変化している。「ジャーニー・スルー〜」「バッド・フォグ・ロンリネス」などのソロ・ツアーでのレパートリーも、ストレイ・ゲイターズとレコーディングされているが、何故か長年未発表だった。これは貴重だ。「ダンス・ダンス・ダンス」は、2月の渡英時にグレアム・ナッシュとレコーディングした未発表ヴァージョンで、録音をグリン・ジョンズが手がけていて、これもレア。「ワーズ」は『過去への旅路』収録の15分のセッション。最後の「ウォー・ソング」はナッシュとのデュオによるシングルで、バックはやはりストレイ・ゲイターズだ。

69年にニールはクレイジー・ホースとカントリー・アルバムの制作を試みるも、結果的にボツした経緯がある。実はストレイ・ゲイターズ的な音楽をイメージしていたのではないだろか。（梅村）

Neil Young
Harvest
ハーヴェスト

Reprise／MS2032
Recording: 1971年2月〜9月
Release: 1972年2月1日
［**Side A**］
1. Out on the Weekend
2. Harvest
3. A Man Needs a Maid
4. Heart of Gold
5. Are You Ready for the Country?

［**Side B**］
1. Old Man
2. There's a World
3. Alabama
4. The Needle and the Damage Done
5. Words (Between the Lines of Age)

前作の成功を受けて72年2月に発表された本作は、ニールの名声を決定づけた記念碑的作品と言えよう。10曲中7曲がナッシュヴィルで録音されたこともあり、カントリー・ロック的なアルバムになった。

共同プロデュースを務めたのは、リンダ・ロンシュタットの『シルク・パース』（70年）で知られるエリオット・メイザーと、ジャック・ニッチェ、ヘンリー・レヴィーだ。

参加メンバーは、ベン・キース（スティール・ギター）、ティム・ドラモンド（ベース）、ケニー・バットリー（ドラムス）、ジョン・ハリス（ピアノ）など。バットリーはボブ・ディランの『ブロンド・オン・ブロンド』や『ナッシュヴィル・スカイライン』でもプレイしていたナッシュヴィルの名ドラマーである。ニールはこのバンドを〃ストレイ・ゲイターズ〃と名づけた。ほかに、リンダ・ロンシュタットとジェイムズ・テイラーがコーラスで参加しているのも見逃せない。

このころニールは椎間板ヘルニアの手術を二度も受けている（手術したのは俳優イングリッド・バーグマンの元夫のドクター・ペッテル・リンドストローム。なんとも意外な縁である）が、創作意欲は衰えることなく、この傑作を生み出したわけである。

オープニングはニールのハーモニカが印象的な「アウト・オン・ザ・ウィークエンド」、続いてはベン・キースのスティール・ギターが映えるタイトル曲「ハーヴェスト」だ。「ア・マン・ニーズ・ア・メイド」はジャック・ニッチェがアレンジしたロンドン・シンフォニー・オーケストラによる荘厳なオケをバックに、ニールが朗々と歌い上げる。そして、シングルが全米1位となった「ハート・オブ・ゴールド（孤独の旅路）」へ。いまではさまざまなライヴ・ヴァージョンが聴けるが、コーダのコーラスが素晴らしいこのスタジオ・ヴァージョンがいちばんだと思う。「孤独の旅路」というのも歌詞の内容を意訳したいいタイトルだった。この曲は歌詞を理解して聴かないと価値が半減してしまう。続く「アー・ユー・レディ・フォー・ザ・カントリー」は、逆にかなり皮肉っぽい歌詞。対比してみるのも一興である。

「オールド・マン」はジェイムズ・テイラーがバンジョーも披露。「ゼアーズ・ア・ワールド」はロンドン・シンフォニー・オーケストラと共演したもうひとつの曲だ。「アラバマ」は「サザン・マン」の続編とも言えるアメリカ南部の人種差別を批判した曲。その後レーナード・スキナードがアンサー・ソングとして「スイート・ホーム・アラバマ」（74年）を発表し、全米8位のヒットにしている。続く「ザ・ニードルズ・アンド・ザ・ダメージ・ダン」はワシントンのクラブの楽屋でのダニー・ウィッテンとのトラブルが元になった曲で、UCLAでのライヴ音源で収録。この曲のみヘンリー・レヴィーのプロデュースである。最後は当時の妻キャリーとのその後の関係を暗示するような「ワーズ」で締め括られる。

このアルバムは全米、全英、カナダで1位を記録する大ヒットとなった。CSNYでは四番手の扱いだったニールだが、このヒットで頭一つ抜け出したことは間違いない。いま聴くと必ずしも代表作とは言えない気もするのだが、ソロ・アーティストとしての人気を決定づけた金字塔的作品として歴史に残る名作。アメリカ盤の初期ジャケットはガサガサの紙が使用されていた。

（真下部）

Neil Young
Journey Through The Past
過去への旅路

Reprise／2XS6480
Recording: 1966～71年
Release: 1972年11月7日
［Side A］
1. For What It's Worth / Mr. Soul / 2. Rock & Roll Woman / 3. Find the Cost of Freedom / 4. Ohio /
［Side B］
1. Southern Man / 2. Are You Ready for the Country / 3. Let Me Call You Sweetheart / 4. Alabama
［Side C］
1. Words
［Side D］
1. Relativity Invitation / 2. Handel's Messiah / 3. King of Kings / 4. Soldier / 5. Let's Go Away for Awhile

72年11月にリリースされた、ニール初の劇場映画『過去への旅路』のサウンドトラック・アルバム。というキャプションだけでは、本作の実像は理解できないだろう。この次のアルバムが『時は消え去りて』で、当時、何故こうした懐古の念が色濃く作品に表れていたのか、実のところよくわからない。

もともと映画の企画に端を発した『アフター・ザ・ゴールド・ラッシュ』の頃から、ニールの中で映画制作への興味は熟成されていたのかもしれない。しかし『過去への旅路』は誰が見ても脈絡がない映画だと思うだろう。ニール自身には、各シーンの音楽と映像を結びつける論理的決着点はあるのだろうが、それが共有できなければ映画は約1時間半の混沌だ。キリスト教的なモティーフが出てくるので、ニールの宗教観をテーマにしているという誤解も招く。解釈すれば、物事を理解し、変化を受け入れる瞬間に現れる予期せぬ物語を、ありのままに受け入れる事。それがニールにとっての創作であり、ミューズの導きでもある、といった想念の可視化か。これを自身の活動史に重ね合わせて表現するも、意味不明になってしまった。でも今となってはこの映画のとりとめのなさが、ニールの全活動史と相似形である事がわかる。

アルバムは、CSNYの未発表ライヴや『ハーヴェスト』のセッション・テイクなどのレア・トラックを収録しているという利点はあるが、ベスト盤としてはかなり収まりが悪い。そして、なぜか本作にはクレイジー・ホースは登場してこない。D面「ソルジャー」は純粋な新曲。本作は未だ正式にCD化はされておらず、荒涼とした音像のピアノ弾き語りだ。映画も単体でソフト化はされていない。『アーカイヴス1』のDVDとブルーレイ版に、ディスク9としてセットの中の1枚に組み込まれている。（梅村）

Stills
Bass

Neil Young
The Archives Vol.2: Disc 1 - Everybody's Alone
NYA2: Disc 1 エヴリバディズ・アローン

Reprise／093624899051［CD］
Recording: 1972年8月～1973年6月
Release: 2020年11月20日

1. Letter From 'Nam
2. Monday Morning (Previous Unreleased Version)
3. The Bridge (Previous Unreleased Version)
4. Time Fades Away (Previous Unreleased Version)
5. Come Along And Say You Will
6. Goodbye Christians On The Shore
7. The Last Trip To Tulsa (45 RPM single)
8. The Loner (Previously Unreleased Live Version)
9. Sweet Joni
10. Yonder Stands The Sinner
11. L.A. (Story)
12. L.A. (Previously Unreleased Live Version)
13. Human Highway(Previous Unreleased Version)

09年の第1巻から11年。20年にようやく世に出た『アーカイヴス2』。ここで詳しく書ききれないのだが、この間にあった様々な技術的試みや計画の変更は、一冊の本にしてもよいほどだ。09年の時点でブルーレイをベストとしていたニールだが、その後数年間に渡って、デジタル・データの再生と音質を巡る試行錯誤を繰り返す。この問題に解答が得られるまで次の『アーカイブス2』は出ないであろうことは想像できた。最終的にウェブ・サイトからハイレゾ音源を提供し、データや映像を閲覧可能にする『アーカイヴス』のプラットホームが構築され、これによってブルーレイが担った機能はウェブに移管された。結果『アーカイヴス2』はCDのみのリリースに。おそらく『アーカイヴス3』はアナログ盤の10枚組になるのではないかと予想する。

本作は『アーカイヴス2』のディスク1。72年11月のA&Mスタジオでの3曲のレアなテイクで始まり、ストレイ・ゲイターズをフィーチャーした73年1月からのツアーと、そのリハーサル音源が続く。「レター・フロム・ナム」は87年に「ロング・ウォーク・ホーム」に、「マンデイ・モーニング」は翌年に「ラスト・ダンス」に改変される、美しい弾き語りの初期ヴァージョン。「カム・アロング・アンド・セイ・ユー・ウィル」「グッドバイ・クリスチャンズ・オン・ザ・ショア」は完全な未発表曲だ。ラストの「ヒューマン・ハイウェイ」は73年6月のCSNYによるレアなテイク。CSNYの再編と新作の可能性が、ここから数年間にわたって模索されることになる。

とにかく本作は未発表テイク集としては、ここに書ききれない程に充実している。既発のテイクは2曲のみ。うち1曲が「ラスト・トリップ・トゥ・タルサ」の73年2月のライヴ・ヴァージョンで、シングルB面にのみ収録だった。(梅村)

Neil Young with The Stray Gators
Tuscaloosa
タスカルーサ

Reprise／587621-2［CD］
Recording: 1973年2月5日
Release: 2019年6月7日
1. Here We Are in the Years
2. After the Gold Rush
3. Out on the Weekend
4. Harvest
5. Old Man
6. Heart of Gold
7. Time Fades Away
8. Lookout Joe
9. New Mama
10. Alabama
11. Don't Be Denied

73年2月5日にアラバマ州西部の街タスカルーサ（地名は1540年の〝モビラの戦い〟でエルナンド・デ・ソトに敗れたチョクトー族の酋長タスカルーサに由来する）で収録された、ストレイ・ゲイターズ（ティム・ドラモンド、ケニー・バットリー、ジャック・ニッチェ、ベン・キース）とのライヴは、1枚もののCDと、2枚組LP（A～C面に11曲を収録し、D面にはエッチングを施している）というフォーマットでの発掘となった。『時は消え去りて』を生むツアーの初期のステージということになる。

「ヒア・ウィ・アー・イン・ジ・イヤーズ」をアコギ、「アフター・ザ・ゴールド・ラッシュ」をピアノで弾き語ったあとストレイ・ゲイターズが登場。ベン・キースのペダル・スティールがたまらない「アウト・オン・ザ・ウィークエンド」と「ハーヴェスト」でじわじわバンドに乗っかっていって「オールド・マン」でギアを上げ、スタジオ盤に近い「ハート・オブ・ゴールド」へ。しかし、コーダにコーラスが入らないこともあって、もうひとつ盛り上がりに欠けるのだ。

エレキに持ち替えた「タイム・フェイズ・アウェイ」で元気になるのが、この時期のライヴで次作をつくる布石になったのかもしれないが、「ルックアウト・ジョー」「ニュー・ママ」「アラバマ」「ドント・ビー・ディナド」と続いていく展開が『時は消え去りて』を長年聴いてきた耳には新鮮に響く。バンドを伴っていると、試行錯誤も〝音楽的〟に聴こえるからだろう、リスナーを置いていってしまう感じはあまりない。

しかしこれ、ジャケが良くないでしょ。インナー・スリーヴに使っているカラー写真は悪くないのに、どうしてコレだったのか。飛んでいる自分に当時の感情がだぶったのかもしれないが、こっちはその気持ち、わからないって。（和久井）

Neil Young
Time Fades Away
時は消え去りて

Reprise／MS2151
Recording: 1973年2～3月
Release: 1973年10月15日
[Side A]
1. Time Fades Away
2. Journey Through the Past
3. Yonder Stands the Sinner
4. L.A.
5. Love in Mind

[Side B]
1. Don't Be Denied
2. The Bridge
3. Last Dance

わけのわからない2枚組のサントラなど中学生には買えなかったから、『ハーヴェスト』の次に夢中になったのはほとんど新曲の、この初ライヴ盤だった。収録された8曲は73年1月から4月初旬にかけてのUSツアー(主に後半)のもので、3月1日オクラホマでの「ザ・タイム・フェイズ・アウェイ」と「L.A.」、2月11日クリーヴランドでの「ジャーニー・スルー・ザ・パスト」、3月17日シアトルでの「ヤンダー・スタンズ・ザ・シナー」、1月30日カリフォルニア大学での「ラヴ・イン・マインド」、3月28日フェニックスでの「ドント・ビー・ディナイド」、4月1日サクラメントでの「ザ・ブリッジ」、3月29日サン・ディエゴでの「ラスト・ダンス」ということになっている。バックはドラムがジョン・バーベイタに交代したストレイ・ゲイターズだ。発掘盤『タスカルーサ』(2月5日)のドラムはケニー・バットリーなのに1月30日の「ラヴ・イン・マインド」に彼がいないのは同曲は弾き語りだから。「L.A.」のベースとしてクレジットされているジョー・ヤンキーとはニールのことで、「ヤンダー・スタンズ・ザ・シナー」にはデイヴィッド・クロスビーが、「ラスト・ダンス」にはクロスビーとグレアム・ナッシュがヴォーカル／ギターで参加している。ジャケットの写真はフィラデルフィアのザ・スペクトラムで撮影されたものだ。

米英で話題になったのはニール版「マザー」〜「ゴッド」とも言える「ドント・ビー・ディナイド」の歌詞だった。《ぼくが小さいころ、母さんがこう言った。お前の父さんは今日いなくなる。どこかへ行ってしまうんだ。ぼくと母さんは荷物をまとめてウィニベグにやって来た……》と歌い出されるこの曲は、《新しい学校で出会ったギターが上手な友だちとバンドをつくって、スターになる夢を見た……》と続き、《ハリウッドで演奏するようになったころ、ビジネスマンが寄ってきて……》とバッファロー・スプリングフィールド時代を振り返る。そして、《この世界は華やかに見えても金メッキと同じ。よくある話さ。ぼくは貧乏人なのに、ビジネスマンの目で見れば大金持ち。友よ、自分を見失っちゃいけない》と結ばれる。

美しいピアノの弾き語り「ザ・ブリッジ」を挟んで、パワフルなバンド・サウンドで聴かせる「ラスト・ダンス」というアナログ盤B面の流れは、出世作『アフター・ザ・ゴールド・ラッシュ』や、米英1位の『ハーヴェスト』とは明らかに質の違うもので、ナイーヴさと激しさの振れ幅の大きさが魅力のアルバムになった。

しかしそれが大衆に支持されたかというと逆で、エンタテインメント化していくロックに背を向ける人、というイメージが決定的になったように思う。米20位、英22位という成績がそれを示しているし、リプリーズはニールの姿勢を評価しなかった。ぼくが会社の重役などでも、勝手な映画のサントラの次がこれというのは困る。個人的に応援はできても、「ニールくん、きみはもっと売れる曲が書けるだろう」と言わざるをえないと思うのだ。

ファンも分かれた。「おおー」と感心した私なんかは少数派で、みんなは『アフター・ザ・ゴールド・ラッシュ』や『ハーヴェスト』に続くものを待っていた。「サザン・マン」はわかるけれど「ドント・ビー・ディナイド」はわからない、という人が多かった。いま聴いても当時の風向きの悪さが蘇るのだが、本人は「くそ〜、屈しないからね、俺は」と頑固さを増していくのである。

（和久井）

Neil Young
The Archives Vol.2: Disc 3 - Tonight's The Night
NYA2: Disc 3 トゥナイツ・ザ・ナイト

Reprise／093624899051［CD］
Recording: 1973年8月〜9月
Release: 2020年11月20日

1. Speakin' Out Jam (Previous Unreleased Version)
2. Everybody's Alone (Previous Unreleased Version)
3. Tired Eyes
4. Tonight's The Night
5. Mellow My Mind
6. World On A String
7. Speakin' Out
8. Raised On Robbery
9. Roll Another Number (For The Road)
10. New Mama
11. Albuquerque
12. Tonight's The Night - Part II

ニールは73年1月からのストレイ・ゲイターズとのツアーにダニー・ウィッテンを加えることにした。バンドにサムシングを与えるためにCSNが自分を求めたように、ダニーにその役目を与えたのだ。だがダニーのジャンキー症状は酷く、起用を断念。チケット代を渡して家に戻したが、その金で手に入れたヘロインのオーヴァードースで死んでしまった。ツアーは緊張感を孕み、プレッシャーを軽くするためにニールはクロスビーとナッシュに助けを求めた。二人の参加によってCSNYの再編の気配が立ち上がり、初夏にはハワイで試験的にセッションを行うも、意見の相違で頓挫。その直後に、ニールはローディーのブルース・ベリーの死の悲報を受ける。やはりオーヴァードースだった。以上が半年間にニールの心を打ち砕いた二つの死の顛末だ。

この絶望感を音楽として昇華させたいという思いに駆られたニールは、ホースのビリー・タルボットとラルフ・モリーナ、そしてニルス・ロフグレンとベン・キースを招集する。本作は冒頭の2曲と、ジョニ・ミッチェルの「レイズド・アンド・ロベリー」以外の9曲がアルバム『トゥナイト・ザ・ナイト』と同じテイクだ。全編を通して、ニルスの静かに抑制の効いたギターと、ベンの悲しみを浄化させるような音色が素晴らしい。連日テキーラでハイになり、夜中を待っての酩酊寸前のレコーディング。「スピーキン・アウト・ジャム」の昂揚した不完全さが、このセッションの真実を伝えている。そこにはダニーとブルースもいるのだろう。

突然ジョニが現れて、このバンドの演奏でコート・アンド・スパーク』よりもレイジーな「レイズド〜」を歌っているのに驚く。こういう夜もあるのだろう。時にはこんな光が射すような瞬間が、彼らにとっても、本作を聴くリスナーにとっても必要だ。

（梅村）

Neil Young with
The Santa Monica Flyers

Roxy: Tonight's The Night Live

ロキシー：トゥナイツ・ザ・ナイト・ライヴ

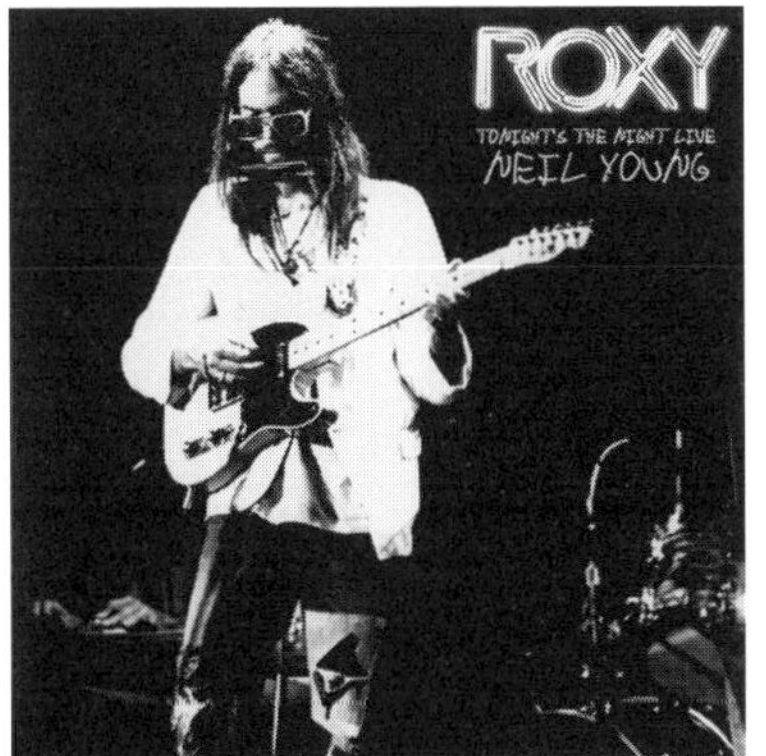

Reprise／566051-1 [CD]
Recording: 1973年9月20〜22日
Release: 2018年4月24日
1. Intro / 2. Tonight's the Night / 3. Roll Out the Barrel / 4. Mellow My Mind / 5. World on a String / 6. Band Intro / 7. Speakin' Out / 8. Candy Bar Rap / 9. Albuquerque / 10. Perry Como Rap / 11. New Mama / 12. David Geffen Rap / 13. Roll Another Number (For the Road) / 14. Candy Bar 2 Rap / 15. Tired Eyes / 16. Tonight's the Night - Part II / 17. Walk On / 18. Outro

ロサンゼルスのサンセット・ブルーバードのエリアにロキシー・シアターがオープンしたのが73年9月。発起人の中にはエリオット・ロバーツとデイヴィット・ゲフィンが名を連ねている。という陣容で考えれば、シアターのこけら落し公演がニールであるのは必然か。ニールはロキシー公演の一週間前までレコーディングをしていたバンド、サンタモニカ・フライヤーズで、そのままツアーに出ようとしていたところだ。

ニールのロキシー公演は9月20日〜22日の各2回。本作はその全6回の公演から編集されている。翌日の23日がクラブの正式オープン日。各公演のセットリストはレコーディングしたばかりの、アルバム『今宵この夜』の中核となる9曲の新曲だ。アンコールの「ウォーク・オン」も新曲。これらの未知の曲が、ロキシー・シアターの華やかなオープニングとして、ベスト・オブ・ニール・ヤングを期待した観客の出鼻を完全にくじいてしまった。ステージは常に暗く、中央にはヤシの実とインディアンの木彫りの像、グランド・ピアノからは大量の履き古しのブーツがぶら下がっているというセット。ヤシの実とブーツの関係が意味するものとは？。とにかくこれがニールのアートなのだ。この後に続くツアーもこのスタイルで行われ、常に観客を困惑させたという。しかし本作を聴く限りは、会場の雰囲気によるものか、演奏にも観客にも活気があり、全体に奇妙な明るさがある。あたかもダニー・ウィッテンとブルース・ベリーのお通夜の集まりのような。奇妙なステージ・セットは二人のための祭壇か。とにかく7分を超える「タイアード・アイズ」には感動するしかない。

本作は『アーカイヴス2』に先行して18年に単体でリリースされた。『アーカイヴス2』版は「ルージング・エンド」が追加収録されている。

（梅村）

Neil Young
Tonight's The Night
今宵その夜

Reprise/MS2221
Recording: 1970年3月, 1973年8月〜9月
Release: 1975年6月20日
[Side A]
1. Tonight's the Night
2. Speakin' Out
3. World on a String
4. Borrowed Tune
5. Come on Baby Let's Go Downtown
6. Mellow My Mind

[Side B]
1. Roll Another Number (For the Road)
2. Albuquerque
3. New Mama
4. Lookout Joe
5. Tired Eyes
6. Tonight's the Night - Part II

ダニー・ウィッテンに続いてローディーのブルース・ベリーまでヘロインで死んでしまったのだから、ヤクはヤバイよってんで酒に走ったのだろう。このアルバムがテキーラがぶ飲みの酩酊状態で録音されたのは昔から有名で、カーネーションの直枝くんが真似したとかしなかったとか。

しかしリプリーズは「内容が陰鬱すぎる」としてリリースを見送り、『オン・ザ・ビーチ』が74年7月19日、本作は75年6月20日と、リリースが逆になった。会社としては、「変なサントラを我慢してやったのに『タイム・フェイズ・アウェイ』みたいな勝手なアルバムを持ってきやがって、さらにこれかよ！」ということだったんだと思う。

『ハーヴェスト』からの流れを考えれば、大衆に受けるアルバムを出さない方がおかしいわけで、リスナーの多くは評判ニールを信用しなくなっていた。コイツのアルバムは評判を聞いてから買う、みたいなムードがあったのを私はよく憶えている。多くの先輩がそうだったからだ。

『オン・ザ・ビーチ』の日本盤の帯には、〝『ハーヴェスト』以来の傑作スタジオ・レコーディング！〟というキャッチ・コピーが踊っているが、多くのリスナーは「これが傑作？」と思ったのではないだろうか。『オン・ザ・ビーチ』は米16位／英42位、本作は米25位／英48位という成績を残しているけれど、日本では本作の方がはるかに評判がよかったと記憶している。

ストレイ・ゲイターズにダニー・ウィッテンを加えた布陣でのレコーディングが叶わなかったため、ニルス・ロフグレン、ラルフ・モリーナ、ビリー・タルボットに、ベン・キースというメンバー。サンタモニカ・フライヤーズを名乗ったが、つまりは『ハーヴェスト』のバンドに近いわけだ。その質感が日本のファンには〝なじんだ雰囲気〟に聴こえたのではないかと思う。

冒頭で書いたように、幸か不幸か、私は『オン・ザ・ビーチ』をとばしてこれだった。つまり録音順である。そのせいか違和感はなく、『タイム・フェイズ・アウェイ』よりもスジの通った、バンド感に満ちたアルバムという印象だった。ニール史の中に置けば、「ドラッグに対する決められない姿勢を示し、ウィッテンとベリーの弔い戦を笑って遂行しようとした作品」とするのが端的だろうが、輸入盤を買った私はそういう背景をつかんでいなかった。ここにあふれる奔放な泣き笑いの〝事情〟を知ったのは、80年に『オン・ザ・ビーチ』を手に入れたあとだから、最初は上っ面を音楽的に聴いていたにすぎなかったのだろう。

しかし、逆によかった面もある。

75年当時はLAロックの最盛期で、音楽性もサウンド（音質）もそれがいちばんカッコいいと思われていた。いま調べたら、ドゥービー・ブラザーズの『スタンピート』のアメリカでのリリースが4月25日、イーグルスの『呪われた夜』が6月10日ではないか。ほらね、という気持ちになる。最先端の、誰が聴いても整合性を疑う余地のないアルバムが、疑いもなく称賛されている時代だったのだ。パンク・ロックの波なんか遠くにも見えなかった。

『呪われた夜』の10日後に本作が出たことを想像すれば、ニールが放った〝オルタナ感〟の凄みが容易に摑めるはずだ。カッコよく整えられた最新のロックにはない〝ガサガサした手触り〟に尋常ではないものを感じた私は、『ズマ』の日本盤を発売日に購入し、イーグルスやドゥービーなんて生温い、と思うようになる。

（和久井）

Neil Young
On The Beach
渚にて

Reprise／R2180
Recording: 1973年11月〜1974年3月
Release: 1974年7月19日
［**Side A**］
1. Walk On
2. See the Sky About to Rain
3. Revolution Blues
4. For the Turnstiles
5. Vampire Blues
［**Side B**］
1. On the Beach
2. Motion Pictures
3. Ambulance Blues

新宿ロフトのAさんにツッコまれたのが悔しくて、意地になって探した日本盤が、最初に私が入手した『渚にて』だったことは本書の冒頭で書いた。その後、米国盤、英国盤、CDと聴いて、音がいちばんしっくりくる日本盤を帯付きの美品に買い換えた。ワーナー8000番台の特徴とも言えるはずだが、日本の家屋で鳴らすのに適するように微妙にリマスタリングされているからだ。最初にそれで聴いてしまったから、どうしようもない。むかしの恋人が忘れられないヤツなんてカッコ悪いと思うけれど、その気持ちはわかる。誰だって実は密かに思い出しているだろう。レコードを聴く、映画を観る、本を読む、といったことで〝あのときの気持ち〟を蘇えらせるのは、とても文化的な精神趣向である。そこに逃げるのは全然OKだ。

しかし、表現者はそうはいかない。〝その気持ち〟を作品に落とし込まないと気がすまないのだ。悲しい性とも言えるが、そうしないと前に進めないのである。

「ウォーク・オン」でカラッと始まるから明るいアルバムかと思いきや、そうではない。〝内省的〟という意味ではトップ・クラスだし、恨み節とも言えるような曲が並んでいる。社会的な悲劇に向かったり、怒りにまかせて吠えたりしているわけではないから、暗さがそのまま残る。それでなくてもセンシティヴなニールが、「どうしようもないんだ」と言っているようなアルバムなのだ。

気持ちを重ねたのは、57年にネヴィル・ショートによって書かれ、59年にスタンリー・クレイマー監督、グレゴリー・ペック主演で映画化された近未来SF『渚にて』だった。64年に起こった第三次世界大戦で投下された核爆弾によって北半球の人々の大半が死滅し――という話で、深海を潜航していたため生き残ったアメリカ海軍の原子力潜水艦スコーピオン号が舞台。だからニールは海を見ている。小説ではアルバニアによるナポリ攻撃をきっかけとするエジプト軍によるワシントンとロンドンへの爆撃が戦争の発端とされていて、そのヒントになったのは56年7月26日〜57年3月のスエズ動乱だったという。汚染の南下が進むと、人々は配られた薬での安楽死を選択して残りの日々を楽しみ、スコーピオン号の船長タワーズも乗組員の賛同を得て自沈を選ぶという救いのないストーリーだ。

ニールをそういう気持ちにさせたいちばんの原因は、当時の妻キャリーとの関係悪化だった。どうしようもない、という局面を受け容れるために書かれた曲が大半なのだから、「それでも歩いて行く」という結論を最初に表明したぐらいでは明るくなりようがなかったのである。

けれども、そこがたまらない。離婚に向かう人の気持ちには、夫婦というミニマルな人間関係に現れた価値観の相違や断絶があぶり出されるものだが、ニールも例外ではなく、だからこそ〝人間〟を想わせるのだ。

同じような状況で制作されたアルバムには、ヴァン・モリソンの『苦悩のハイウェイ』(73年8月リリース、米27位／英22位)や、ジャクソン・ブラウンの『プリテンダー』(76年11月リリース、米5位／英26位)がある。ジョン・レノンの『心の橋、愛の壁』(74年10月リリース、米1位／英6位)を思い出す人もいるかもしれない。けれども本作と比較すれば、ヨーコに頭を下げて戻ることになるジョンの気持ちなど上っ面だ。だから『心の橋〜』は認められないのだが、『苦悩のハイウェイ』『プリテンダー』と本作は妥協のない離婚アルバムだと思う。

（和久井）

Neil Young
The Archives Vol.2: Disc 5 - Walk On
NYA2: Disc 5 ウォーク・オン

Reprise／093624899051［CD］
Recording: 1973年11月〜1974年5月
Release: 2020年11月20日
1. Winterlong
2. Walk On
3. Bad Fog Of Loneliness (Previous Unreleased Version)
4. Borrowed Tune
5. Traces
6. For The Turnstiles
7. Ambulance Blues
8. Motion Pictures
9. On The Beach
10. Revolution Blues
11. Vampire Blues
12. Greensleeves

73年9月にレコーディングされた『今宵その夜』は、74年初頭にリリースの予定だったが、その陰鬱な内容からリプリーズはこれを却下する。同作をフィーチャーしたサンタモニカ・フライヤーズのツアーは聴衆を困惑させ、10月にリリースされた『時は消え去りて』は不評。『ハーヴェスト』のヒットで「私は道の真ん中に置かれた、だから私は溝に向かった」と言うニールの主張通り、溝に向かうべき作品を作り、溝の中で創作を始めた73年が終わろうとしていた。

本作は73年11月末から74年5月の間の、放置された『今宵その夜』とその間に制作された『渚にて』のセッション集だ。「ウィンターロング」「バッド・フォグ・オブ・ロンリネス」はよく知られた未発表曲で、前者は本作のヴァージョンが『輝ける10年』に収録された。

前半の6曲は『今宵その夜』の収録候補とされていた曲で、最終的に「ボロウド・チューン」が『今宵その夜』に、「ウォーク・オン」と「フォー・ザ・ターンスタイル」が『渚にて』振り分けられた。「アムビュランス・ブルース」以降の後半が『渚にて』の主要部分で、全てアルバムと同じテイクだ。ここから人が変わったように、音楽が内省的に激変している。全編が〝ビジネス、アート、名声についての苦悩と懺悔〟と言っていい内容の『渚にて』だが、当時の妻、キャリー・スノドグレスとの関係が悪化していることも多いに影響しているはずだ。「トレイシス」はこの年のCSNYのツアーのレパートリーにもなった曲で、一方でビッグ・ビジネスの計画も進行していたわけだ。実際にクロスビーとナッシュは『渚にて』のレコーディングに参加している。「グリーンスリーブス」は伝統的なイングランド民謡のカバーで、歌詞に「愛の拒絶」が歌い込まれたこの曲で本作は終わる。

（梅村）

Neil Young
The Archives Vol.2: Disc 6 - The Old Homestead
NYA2: Disc 6 オールド・ホームステッド

Reprise／093624899051［CD］
Recording: 1974年6月〜12月
Release: 2020年11月20日
1. Love / Art Blues (Previously Unreleased Version) /2. Through My Sails / 3. Homefires / 4. Pardon My Heart (Previous Unreleased Mix) / 5. Hawaiian Sunrise / 6. L.A. Girls And Ocean Boys / 7. Pushed It Over The End (Previously Unreleased Version) / 8. On The Beach (Previous Unreleased Mix) / 9. Vacancy / 10. One More Sign (Previously Unreleased Version) / 11. Frozen Man / 12. Give Me Strength (Previously Unreleased Version) / 13. Bad News Comes To Town / 14. Changing Highways (Previous Unreleased Version) / 15. Love/Art Blues / 16. The Old Homestead / 17. Daughters / 18. Deep Forbidden Lake / 19. Love/Art Blues (Previously Unreleased Version)

73年の6月以降、活動の可能性を模索していたCSNYだが、74年の夏に再結成ツアーが現実のものとなった。背景には、各メンバーのキャリアの停滞とセールスの低下があったのは事実だろう。ニールはこのツアーで、どのメンバーよりも多くの新曲を披露した。

本作の前半はCSNYに関連する音源で、冒頭からの6曲はニールによるデモ的なテイク。「スルー・マイ・セイルズ」と「パドゥン・マイ・ハート」はのちに『ズマ』に収録されたハーモニーの美しい曲で、本来はCSNYで完成させることを目論んでいたはずだ。「ホーム・ファイアー」と「ハワイアン・サンライズ」もライヴで披露された未発表曲で、どこかダウナーな気配なのは、私生活が関係したテーマの曲だからか。「プッシュド・イット・オーヴァー・ジ・エンド」と「オン・ザ・ビーチ」は8月のシカゴでのライヴ・バージョン。「プッシュド〜」はニールがこのツアーで披露した最高の楽曲で、複雑な構成、演奏、コーラス、全てが素晴らしい傑作だ。

後半は、11月から12月にかけての様々なセッション集。ある意味、私生活の破綻の反動のような闇雲さで、数多くの未発表曲が生み出されているが、全体的には明るくない。リヴォン・ヘルム参加の「オールド・ホームステッド」は80年の『タカ派とハト派』に収録。興味深いのはクレイジ・ホースとの「チェンジング・ハイウェイ」で、おそらくこれがフランク・サンペドロとの初顔合わせだろう。95年の『ブロークン・アロー』収録のテイクと比べると、曲調はとても静かだ。

自身のキャリアに対する疑念を歌った未発表曲「ラブ／アート・ブルース」の3つのバージョンが、本作の冒頭、中央、ラストに配置されているが、そこでニールは「私の曲は長くて、歌詞は悲しい」と繰り返し歌っている。（梅村）

Neil Young
Homegrown
ホームグロウン

Reprise／93624898689 [CD]
Recording: 1974年6〜12月, 1975年1月
Release: 2020年6月19日
1. Separate Ways
2. Try
3. Mexico
4. Love Is a Rose
5. Homegrown
6. Florida
7. Kansas
8. We Don't Smoke It No More
9. White Line
10. Vacancy
11. Little Wing
12. Star of Bethlehem

未発表になったアルバムは数知れずのニールだが、最も有名な作品はこの『ホームグロウン』だろう。存在は古くから知られていたが、収録曲は謎だった。74年後半から75年1月までの制作期間に、あまりにも多くの曲が書かれ、レコーディングされていたからだ。マスターの損傷が激しく、レストアにはデジタルツールが必須だったが、ニールはこれに同意せず、長年に渡る作業でアナログ・マスターを復元させた。リリースは20年。

本作の主要な部分は、エリオット・メイザーをプロデューサーに迎え、ナッシュヴィルでレコーディングされている。メンバーも基本的にはストレイ・ゲイターズで、ドラムにリヴォン・ヘルムとカール・ヒメルが加わっている。布陣はまさに『ハーヴェスト』だ。でもどこかが違う。ニールらしい哀愁と穏やかさに満ちているが、よりブルージーで重い。むしろ、カントリーにルーツ・バックした00年代のアメリカのインディー・バンドのような質感だ。「トライ」「メキシコ」「カンサス」はどれも短い曲だが、寂寞感が極まったような美しさが素晴らしい。「ラヴ・イズ・ア・ローズ」「リトル・ウィング」「スター・オブ・ベスレヘム」は本作のヴァージョンが後年のアルバムに収録された。90年の『傷だらけの栄光』にホース・ヴァージョンが収録される「ホワイト・ライン」は、ロビー・ロバートソンとのアコースティック・デュオで、これは貴重だ。「ヴァケンシー」は本作唯一の溌剌としたロックナンバー。

キャリー・スノドグレスとの破綻した関係をテーマに扱った本作は、内容が私的すぎるという理由でリリースを却下された。その一方で、すでにニールは将来の伴侶となるペギーに出会っていた。二人の関係はまだ始まっていなかったが、別れと出会いが未来への輝きを与えて、本作はかすかに明るい。（梅村）

Neil Young

The Archives Vol.2: Disc 8 - Dume

NYA2: Disc 8 デューム

Reprise／093624899051［CD］
Recording: 1975年5月〜9月
Release: 2020年11月20日
1. Ride My Llama (Previous Unreleased Version) / 2. Cortez The Killer / 3. Don't Cry No Tears / 4. Born To Run / 5. Barstool Blues / 6. Danger Bird / 7. Stupid Girl / 8. Kansas (Previous Unreleased Version) / 9. Powderfinger (Previous Unreleased Version) / 10. Hawaii / 11. Drive Back / 12. Lookin' For A Love / 13. Pardon My Heart / 14. Too Far Gone / 15. Pocahontas (Previous Unreleased Version) / 16. No One Seems To Know (Previous Unreleased Version)

75年のある日、ニールは友人たちを招いて、新作『ホームグロウン』の試聴会を行った。偶然にも同じテープに『今宵その夜』も入っており、繰り返し二つの作品を聞いたリック・ダンコは、『今宵その夜』を世に出すべきだと提言する。このエピソードが半ば都市伝説だとしても、レコーディングから約2年を経て、『今宵その夜』が正式にリリースされることになったのは事実で、事態は好転し始めていた。その間ニールは、フランク・サンペドロを迎えた新編成クレイジー・ホースと活動を開始し、新しい曲を書き続けていた。

本作は全曲クレイジー・ホースとのレコーディングで、ラストの「ノー・ワン・シームス・トゥ・ノウ」のみニール単独の未発表の弾き語りだ。『ズマ』収録曲の9曲中8曲が同じテイクで収録されており、さらにそれと同じ数の未発表テイクが集められている。当初はアステカ族やインカ族の文明とタイム・トラベルをモティーフに、メタファーとして現代社会を描き出すと言うオリジナル・コンセプトがあった。「ライド・マイ・ラマ」「コルテス・ザ・キラー」といった曲が、このセッションの一番早い時期、75年5月にレコーディングされているのが何よりの証拠だ。例によって計画は変更され、よりポップで明るい曲が優先されたのではないだろうか。『ホームグロウン』の「カンサス」が別曲のように軽快なロックになっていて驚くが、これが同じ日に録音された「パウダーフィンガー」に改変されたかのようだ。同曲や「ライド〜」「ポカホンタス」といった、3年後の『ラスト・ネヴァー・スリープス』の曲が出揃っているのがすごい。

一連の作業はマリブ海の岬、ポイント・デュームで、陽光が降り注ぐ中、朝早くから行われた。まさに『今宵その夜』とは真逆の環境だったのだ。（梅村）

Neil Young with Crazy Horse

Zuma

ズマ

Reprise／MS2242
Recording: 1974年6月, 1975年5月〜9月
Release: 1975年11月10日

［**Side A**］
1. Don't Cry No Tears
2. Danger Bird
3. Pardon My Heart
4. Lookin' for a Love
5. Barstool Blues

［**Side B**］
1. Stupid Girl
2. Drive Back
3. Cortez the Killer
4. Through My Sails

このアルバムが出る直前まで私がよく聴いていたのは、ブルース・スプリングスティーンの『ボーン・トゥ・ラン』だった。いや、ここは『明日なき暴走』と邦題で記すべきかもしれない。75年8月25日にアメリカでリリースされ、米3位／英17位。ご存知のように世界的なヒットになり、スプリングスティーンの出世作となった名盤だ。

音楽評論家から彼のスタッフになったジョン・ランドゥーがローリング・ストーン誌に書いた「ブルース・スプリングスティーンはロックの未来である」みたいな一語（ごめん、正確ではないかもしれない）が、産業ロックに疑問を感じ始めていた横浜のロック少年の心に刺さった。都会のストリートをバイクで駆け抜けていくような疾走感にヤラれていた。いま考えれば〝ニューヨーク・パンク〟の感覚を初めて感じたアルバムだったと思う。

しかし『今宵その夜』にロックの〝リアル〟を見ていた私には、『明日なき暴走』は〝できすぎ〟だった。「ボーン・トゥ・ラン」を聴けばいまも胸は熱くなるが、アルバムとしては1ヶ月ぐらいで飽きた。スプリングスティーンがダメというわけではなく、つくり込まれているところが気になるようになってしまったのである。

75年のアルバムといえば、なんと言っても1月に出たボブ・ディランの『血の轍』だった。6月にはザ・バンドと67年に録音した伝説のデモが『地下室』として公式発売もされていた。ドゥービーやイーグルスの新作に感心しながらも、「オレはやっぱりディランやニール・ヤングかも」と思っていた気持ちが、『明日なき暴走』と『ズマ』の比較で悲しいくらい明らかになったのだ。

新メンバーにポンチョを迎えたとはいえクレイジー・ホースはクレイジー・ホースであり、アステカ族やインカ族の文明を鏡にして現代社会を語ろうというコンセプトに貫かれていたとはいえニールはニールだった。相変わらずゴツゴツして粗っぽく、そこら辺のオネエちゃんに「ほら、いいだろ?」と言うのは憚られるような、カッコいいんだかカッコ悪いんだかわからないロックを演っている。

けれども私には、そこがたまらなかった。誤解を怖れずに言えば、オレ的には最高にカッコよかった。スプリングスティーンに「いや、こうじゃないの?」と言いたくなってしまったほど、本作の手触りに痺れたのだ。

だって、ビートルズでさえ一発録りなら『レット・イット・ビー』に収録されたルーフ・トップ・コンサートぐらいのものだし、それだってフィル・スペクターの手が入っている。すでにゲット・バック・セッションのブートレッグを聴いていた私には、4人編成のロック・バンドの生演奏が『サージェント・ペパーズ』や『アビイ・ロード』のようにはならないことを知っていた。そうじゃなきゃバンドなんてできない。モノファニックのシンセ（同時に出せるのはせいぜい2音だった）しかない時代に、4人で『アビイ・ロード』の完コピを目指すとしたら、それは無知の成せるワザだ。つくりこまれた幻想を売るのはロックじゃないとは言わないけれど、〝程度〟ってものがあるだろうというハナシである。

こんなにぶっきらぼうな音でも、リスナーの意識をアステカやインカにいざなうことができる。スペインからの侵略者エルナン・コルテスは1521年にアステカを攻略したと教えられる。こんなので歴史や文化を伝えられるのがロックなのだ。どーよ、カッコいいだろ？

（和久井）

Neil Young
The Archives Vol.2: Disc 9 - Look Out For My Love
NYA2: Disc9 ルック・アウト・フォー・マイ・ラヴ

Reprise／093624899051［CD］
Recording: 1975年11月〜1976年4月
Release: 2020年11月20日
1. Like A Hurricane / 2. Lotta Love / 3. Look Out For My Love / 4. Separate Ways (Previous Unreleased Version) / 5. Let It Shine (Previous Unreleased Mix) / 6. Long May You Run / 7. Fountainbleau / 8. Traces (Previous Unreleased Version) / 9. Mellow My Mind (Previous Unreleased Live Version) / 10. Midnight On The Bay (Previous Unreleased Live Version) / 11. Stringman (Previous Unreleased Version) / 12. Mediterranean / 13. Ocean Girl (Previous Unreleased Version) / 14. Midnight On The Bay (Previous Unreleased Version) / 15. Human Highway (Previous Unreleased Version)

75年から76年にかけてのニールは、創作という点においてはピークにあったと言ってよい。当時の感覚では、76年はスティルス＝ヤング・バンドがリリースされた年だったので、クレイジー・ホースとの成果の大きさは正確に可視化されていなかったかもしれない。現在なら『アーカイヴス』シリーズによって、当時のニールの勢いを時系列で知ることができる。とにかくこの時期のニールは数多くの曲を作り、数多くの計画を破棄していた。スティルス＝ヤング・バンドも結局ニールが放り出して終わらせたようなものだが、数年間にわたって発表していくだけのマテリアルは用意されたのだ。

冒頭の3曲は75年末から76年初頭のクレイジー・ホースとのセッションから。「ライク・ア・ハリケーン」は76年のホース・ツアーでも大注目曲だったが、77年の『アメリカン・スターズン・バー』にようやく収録。「ロッタ・ラヴ」と「ルック・アウト・フォー・マイ・ラヴ」はさらに翌年78年の『カムズ・ア・タイム』に収録された。76年2月からはスティルス＝ヤング・バンドのレコーディングがはじまる。ここでは『ホームグロウン』の「セパレート・ウェイ」、未発表曲だった「トレイシス」の別ヴァージョンを聴くことができる。どちらも明るく洗練されたアレンジだ。さらにニールの思いつきで、レコーディング中のスティルス＝ヤング・バンドの素材を、CSNYの新作にするプランが持ち上がった。ラストの3曲はその未発表テイクで、「オーシャン・ガール」「ミッドナイト・オン・ザ・ベイ」はクロスビーとナッシュのコーラスがダビングされている。これらの曲は本作のバージョンの方がいいと思うのだが、結局CSNYの新作案は瓦解した。ラストは「ヒューマン・ハイウェイ」。73年よりも洗練された仕上がりのCSNYヴァージョン。

（梅村）

Neil Young

The Archives Vol.2: Disc10 - Odeon Budokan

NYA2: Disc10 オデオン・武道館

Reprise／093624899051［CD］
Recording:1976年3月
Release:2020年11月20日

1. The Old Laughing Lady
2. After The Gold Rush
3. Too Far Gone
4. Old Man
5. Stringman
6. Don't Cry No Tears
7. Cowgirl In The Sand
8. Lotta Love
9. Drive Back
10. Cortez The Killer

ボブ・ディランにインスパイアされた、告知なしの小規模抜き打ちライヴ、〝ローリング・ズマ・レビュー〟。これはニールとクレイジー・ホースが75年末に行った数回のウオーミング・アップ・ギグで、ホース名義のライヴとしては70年3月以来、フランク・サンペドロ加入後初となるものだった。この新生ホース試乗会は成果上々で、76年の3月から快調に本格的なツアーを開始する。ホースとしては初の国外公演で、その6年ぶりとなるツアーが日本からスタートしたのは、日本のファンにとってもホースの面々にとっても幸運だった。ビリー・タルボットはこの時期を振り返り「日本公演が最高だった」とコメントしており、ニールも英語が通じない国で自分たちが理解されていることに感銘を受けたようだ。

　本作はタイトルの通り、ツアー序盤の武道館公演のエレクトリック・セットと、終盤のロンドン、ハマースミス・オデオンのアコースティック・セットをカップリングしている。正確な時期は不明だが、本作はかなり前からリリースのプランがあった。収録時間は44分で、A面がロンドン、B面が東京という形で、アナログ盤のサイド分けができる構成になっている。公演時の未発表曲は「トゥー・ファー・ゴーン」「ストリング・マン」「ロッタ・ラヴ」。このツアーは数多い未発表曲がプレイされ、特に「ライク・ア・ハリケーン」が好評を博したが本作には採用されなかった。武道館の演奏が素晴らしく、どこかクリアな印象があるのは、ノー・ドラッグという日本での事情が吉と出たか。「カウガール・イン・ザ・サンド」と「コルテス・ザ・キラー」がコンパクトな気がするが、これはアナログ盤の尺で編集されているのだろう。

　このツアーは撮影もされ、断片的に97年の映画『イヤー・オブ・ザ・ホース』に使用されている。（梅村）

Neil Young
Hitchhiker
ヒッチハイカー

Reprise／5606639-1［CD］
Recording: 1976年8月
Release: 2017年9月8日
1. Pocahontas
2. Powderfinger
3. Captain Kennedy
4. Hawaii
5. Give Me Strength
6. Ride My Llama
7. Hitchhiker
8. Campaigner
9. Human Highway
10. The Old Country Waltz

『ホームグロウン』の存在は知っていたが、こんなアルバムが76年8月に録音されていたのは知らなかった。デイヴィッド・ブリッグスにプロデュースを任せた弾き語りの10曲は、音の質感、演奏のできから言ってデモではなく、2~3日をかけて録音され、きちんとミックスされたものだ。録音が何期かにまたがった『ホームグロウン』よりも何倍も〝アルバムらしく〟まとまっている。「ポカホンタス」や「パウダーフィンガー」、「ヒューマン・ハイウェイ」といったナンバーがすでに完成形になっているのにも注目だし、いわゆる〝蔵出し音源〟の常識を軽く越える内容だ。

ニールの規模だと、リリースに漕ぎ着けられればアルバム一枚で最低3千万円ぐらいのロイヤリティが見込めるはずで、それに作詞作曲の印税とライヴの収入が加われば、年間では億の単位になるだろう。しかし勝手につくって持ってこられたものを出してくれるレコード会社なんてあるわけはない。こういう素材を沢山つくっておいて小出しにしながら、リリースを決めていくというのが90年代アタマまでの慣習だったはずである。

その常識を変えたのは、ボブ・ディランのブートレッグ・シリーズであり、ビートルズのBBC音源や『アンソロジー』のプロジェクトだった。倉庫に眠っていたものが新作よりも売れる場合がある、というデータがつくられたことでレコード業界は認識を改めたわけだ。

日本の音楽ジャーナリズムは、チャートを語るのが好きなくせに収益には言及しないから、作品はミュージシャン個人の意思で動かされていると誤解しているリスナーが少なくないが、そんなこと、あるわけがない。こういう本だって読者の皆さんに届けるのは大変で、類似書が過去にどれだけ売れたかというところから話は始まるのである。

（和久井）

Neil Young
Songs For Judy
ソングス・フォー・ジュディー

Shakey Pictures Records／574192－2［CD］
Recording: 1976年11月
Release: 2018年11月30日
1. Songs for Judy Intro / 2. Too Far Gone / 3. No One Seems to Know / 4. Heart of Gold / 5. White Line / 6. Love Is a Rose / 7. After the Gold Rush / 8. Human Highway / 9. Tell Me Why / 10. Mr. Soul / 11. Mellow My Mind / 12. Give Me Strength / 13. A Man Needs a Maid / 14. Roll Another Number (for the Road) / 15. Journey Through the Past / 16. Harvest / 17. Campaigner / 18. Old Laughing Lady / 19. The Losing End (When You're on) / 20. Here We Are in the Years / 21. The Needle and the Damage Done / 22. Pocahontas / 23. Sugar Mountain

76年のクレイジー・ホースのツアーは素晴らしく、ニールは絶好調だった。本作は同年11月のホースとのツアーでの、ライヴ前半のニールのソロ・セットから選りすぐったハイライト集だ。

この時期には「ザ・バーンスタイン・テープス」と呼ばれる古くから有名な音源がある。当時のローディー、ジョエル・バーンスタインが、ニールのソロ・セットをPA卓からカセット・テープに直接記録し、クルーに配布したものだ。本作はバーンスタインのテープを基準にしつつ、曲順を日付順に変更したり、マスターを差し替えたりといった改変を行っている。本来、ライヴの臨場感を伝える録音ではなく、定番曲、レア曲、未発表曲が織り交ざり、ニールの過去と未来が交配する様なセットリストをファイリングためのようなテープだ。つまりは76年11月の時点の『アーカイヴス』だ。

「トゥ・ファー・ゴーン」は89年の『フリーダム』、「ホワイト・ライン」は90年の『傷だらけの栄光』にようやく収録される。「ギヴ・ミー・ストレングス」は『ヒッチハイカー』用にレコーディングされたが、アルバム自体が17年まで日の目を見なかった。「ノー・ワン・シームス・トゥ」は76年には常に演奏されながら本作で初めてディスク化された。「ア・マン・ニーズ・ア・メイド」のイントロに当時まだ未発表の「ライク・ア・ハリケーン」のメロディーが加えられているなど、既発の曲でも意外な発見があり、とにかく聴きどころは多い。

本作のタイトルはディスク冒頭で語られる、ジュディ・ガーランドに出会ったという夢と妄想に由来するものだ。ニールがソロのライヴの曲間で、楽器の交換をしながら脈絡のない語りをするのは、観客の意識を意図的に拡散させて、ステージ上の自分に視線が集中し過ぎるのを避けるためだろう。（梅村）

Neil Young
American Stars 'N Bars
アメリカン・スターズン・バーズ

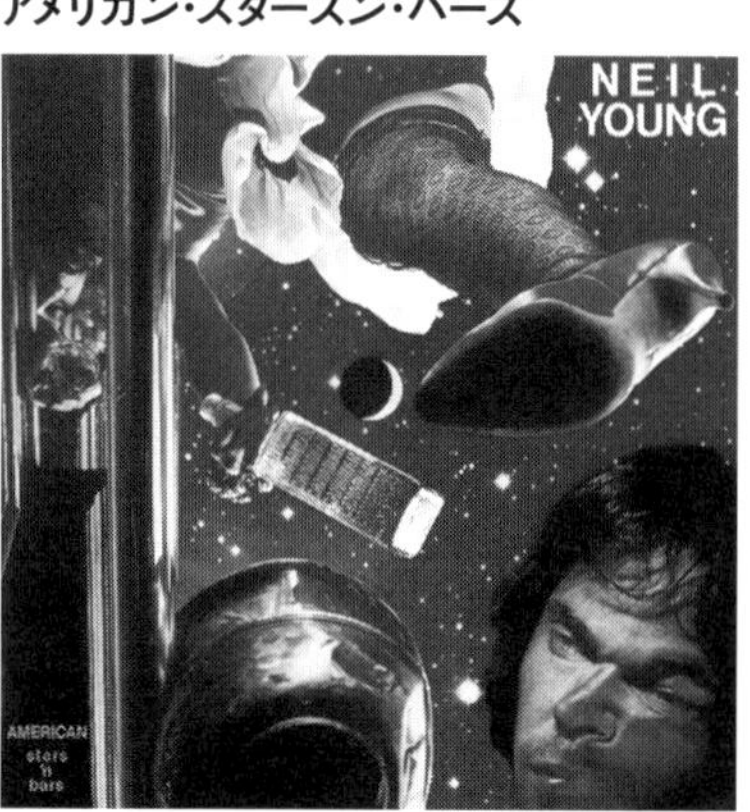

Reprise／MS2261
Recording: 1974年12月, 1975年11月〜1977年4月
Release: 1977年5月27日

[Side A]
1. The Old Country Waltz
2. Saddle Up the Palomino
3. Hey Babe
4. Hold Back the Tears
5. Bite the Bullet

[Side B]
1. Star of Bethlehem
2. Will to Love
3. Like a Hurricane
4. Homegrown

『ヒッチハイカー』の項で書いたことの結果がこれ、と言えるだろう。「ライク・ア・ハリケーン」が入っているから必携ではあるけれど、録音データからもわかるように、未発表曲を寄せ集めただけのアルバムである。

おそらくリプリーズとの契約は、68〜72年、72〜77年と5年ずつで、77年は契約が更新される年だったのだろう。次が10年を集大成するベスト盤だったこと、81年の『リアクター』で契約が切れていることからも、それは容易に想像できる。当時の通例では、契約切れの半年前までにその期間の最終作を提出、別の会社から新作を出す場合は、契約切れから半年以上が経過していなければならなかったが、旧契約と新契約が重なる一年を設けることで、リプリーズ側は「ミュージシャン優位の条件」としていたのではないかと思われる。年に1枚が必須とされていたことは、実際にリリースされたアルバムを見ていただけば明らかだ。

ニールは楽曲の中で、さんざん音楽業界やレコード会社への不満を述べている。誰がどう聴いてもそうだとわかるように書いている。日本の芸能界なら問題になるような勢いの、言いたい放題である。

けれど、「表現の自由」が約束されている国では、そこは問題視されない。個人や他企業の名誉を侵害するものでなければ、内輪揉めの露呈もありなのだ。

その代わりレコード会社には、アーティストが提出した作品の発売を拒否する権利がある。「なんか文句言ってるけど売れそうだから出すか」という判断も、「一生懸命つくってきたけど売れなそうだからやめよう」という決断もあり。

そういう公平性のもとに作品が世に出ているということを、多くの読者に知ってもらいたい。やりたいようにやっているわけではないので、ニールなんかそうとうツライと思うんだよね。　（和久井）

Neil Young
Decade
輝ける10年

Reprise／3RS2257
Recording: 1966～1976年
Release: 1977年10月28日
[**Side A**] 1. Down to the Wire / 2. Burned / 3. Mr. Soul / 4. Broken Arrow / 5. Expecting to Fly / 6. Sugar Mountain [**Side B**] 1. I Am a Child / 2. The Loner / 3. The Old Laughing Lady / 4. Cinnamon Girl / 5. Down by the River [**Side C**] 1. Cowgirl in the Sand / 2. I Believe in You / 3. After the Gold Rush / 4. Southern Man / 5. Helpless [**Side D**] 1. Ohio / 2. Soldier / 3. Old Man / 4. A Man Needs a Maid / 5. Harvest / 6. Heart of Gold / 5. Star of Bethlehem [**Side E**] 1. The Needle and the Damage Done / 2. Tonight's the Night - Part I / 3. Tired Eyes / 4. Walk On / 5. For the Turnstiles / 6. Winterlong / 7. Deep Forbidden Lake [**Side F**] 1. Like a Hurricane / 2. Love Is a Rose / 3. Cortez the Killer / 4. Campaigner / 5. Long May You Run

バッファロー・スプリングフィールドでのデビューからの10年間を総括する、77年リリースのニール初のベスト盤。とは言えども、3枚組のかなり重厚感のある内容で、ライト・ユーザーのセールスを狙った入門編という気が全くしない。この10年間だけで、多岐にわたる活動を展開してきたニールの作品と全体像を、〝ここで把握せよ!〟という重いミッションを与えられたかのようだ。

選曲、編集と各曲へのコメント執筆は、ニール本人によるもの。曲はレコーディング順に配置されており、そこに何曲かの未発表曲を組み込むという構成。これは基本的に後年の『アーカイヴス』にも受け継がれているフォーマットで、言うなれば、本作が『アーカイヴス』の雛形という解釈をした方が、ニール作品の理解と把握には役立つだろう。

A面冒頭の「ダウン・トゥ・ザ・ワイアー」はバッファローの幻のアルバム『スタンピード』に収録予定だった曲。E面「ウィンターロング」はクレイジー・ホースのフィルモア・ライヴでも演奏されていた初期の未発表曲。「ディープ・フォービドン・レイク」は『ホームグロウン』の候補曲だった。F面の「ラヴ・イズ・ザ・ローズ」はリンダ・ロンシュタットのレパートリーになった曲で、『アーカイヴス1』に何バージョンも収録されている「ダンス・ダンス・ダンス」の発展型とも言える曲。「キャンペイナー」はニクソン大統領をディスった曲。以上が本作リリース時の未発表曲で、後は全てが代表作と言っていい。「ロング・メイ・ユー・ラン」は別ミックス。

各曲は録音順を原則に収録されているが、唯一、71年の「ニードル・アンド・ザ・ダメージ・ダン」を「トゥナイト・ザ・ナイト」の前に移動させている。ジャンキーの友達へのレクイエムは、まだ終わっていないという事か。（梅村）

Neil Young
Comes A Time
カムズ・ア・タイム

Reprise／MSK2266
Recording: 1976年1月〜1977年11月
Release: 1978年10月21日
［**Side A**］
1. Goin' Back
2. Comes a Time
3. Look Out for My Love
4. Lotta Love
5. Peace of Mind
［**Side B**］
1. Human Highway
2. Already One
3. Field of Opportunity
4. Motorcycle Mama
5. Four Strong Winds

（『ヒッチハイカー』『アメリカン・スターズン・バーズ』の項からつづく）

というわけで、本作はリプリーズとの新契約の一発目だったはず。「ニールくん、会社としては、『ハーヴェスト』ほどじゃないにしても、トップ10に入るようなアルバムが欲しいわけだよ。きみにはその力が充分あるはずだろ?」と髭を生やした重役に言われたのが容易に想像できる、ここまではいちばん『ハーヴェスト』的なアルバムである。実はこれ、76年1月から77年11月に録音されたテイクの寄せ集めなのだが、みごとな〝収穫〟ぶりで、全米7位まで上がるヒットになった。

プロデューサーのひとりであるデイヴィッド・ブリッグスが、単独でディレクターとしてもクレジットされているぐらいだから、テイクを選んだのは彼だろう。「ルック・

アウト・フォー・マイ・ラヴ」と「ロッタ・ラヴ」はクレイジー・ホースとの録音、「モーターサイクル・ママ」ではニコレット・ラーソンのハーモニーがフィーチャーされ、締めに置かれた「フォア・ストロング・ウィンズ」はカナダのシンガー・ソングライター、イアン・タイソンの曲である。参加ミュージシャンには、スプーナー・オールダム、バリー・ベケット、ジョー・オズボーン、J.J.ケイルらの名前もあり、「ゴーイン・バック」と「カムズ・ア・タイム」にはチャック・コクラン編曲のストリングスが入っている。クレイジー・ホースのメンバー以外は〝ゴーン・ウィズ・ザ・ウインド・オーケストラ〟という括りなのだが、録音の時期も場所もメンバーもバラバラのわりには、よくまとまったアルバムなのだ。

〝風と共に去りぬ楽団〟のツボをおさえた演奏で〝時が来る〟なんて、詩的じゃないか。

けれど、「どーなの?」とも思った。とても良いのだが、うしろ向きな気がしたからである。

無理もない。20歳の私が夢中になっていたのは夏に出たトーキング・ヘッズの2枚目、『モア・ソングス』だったのだから。この年の春に『オン・ザ・ビーチ』のどうしようもない暗さに感化されていなければ、「ニール・ヤングもオールド・ウェイヴだよね」と言っていたかもしれない。求めているのは『ハーヴェスト』の続編ではない、と気づかされた私は、「30過ぎたらもう一回聴いてみよう」とレコード棚に本作を仕舞い、本当に〝時が来る〟まで聴き返すことがなかった。10年以上経って久しぶりに棚から引っぱり出してみると、ヴィニールの外袋の淵が陽に焼けて黒ずんでいたが、「ああ、いまの俺にはちょうどいいかも」と心の底から思えるアルバムになっていた。

時間とはそういうものだ。変化を教えてくれる。ニールはわかっていたのだ。「熟成したのはオレか」と思った。その瞬間に、とりわけ愛おしい一枚になった。

このアルバムの米国初回盤(マトリクス・ナンバーの中間がRE2)は、A4が「ピース・オブ・マインド」、5が「ロッタ・ラヴ」という曲順だった。しかしそれは間違いだったらしく、セカンド・プレス(RE3)で入れ替えられたのだが、裏ジャケの曲目表記までは変わらなかった。アメリカ以外の国にはこの第2版がマスターとして送られたため、盤に入っている曲とジャケの表記が違っていたのだ。米国盤はサード・プレスになってようやくジャケも改定されたが、日本盤の裏ジャケが正しい表記となったのはCD化の際だったはずである。

(和久井)

NEIL YOUNG
JOURNEY THROUGH THE PAST TO THE FUTURE

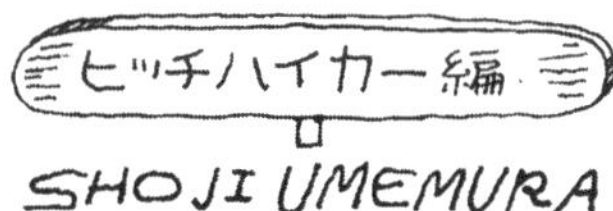

SHOJI UMEMURA

ボク、ニー・ヤン
ウィニペグ出身。

おっ、ニール・ヤングのキャデラック発見!!

ヘイヘイ!!

鳥と一緒に飛んでいたヤツがどうしてヒッチハイクしてるんだ?

アルバカーキーまで行きたいんだけど。

まあいい
乗れよ。

ウヒョーッ
59年型エルドラドだ

今、オレは曲を作っていたところなんだ。

NYA

オレは運転中に曲を書くのが好きなんだ。

そんな時オレは動いている。

前に進んでいる。

アイデアがひらめいたら、どこであろうと曲を書くんだ

鳥と
一緒に飛んで
きた少年が
現れて、
曲がさらに
動き出した。
後は
フリーウェイ
を飛ばす
だけだ。
言葉が
見つかったら
それに合う
曲が出てくる
だろう。
「パウダー
フィンガー」は
こうやって
65年から
書きはじめて
74年にできた。
曲は
過去と現在の
自分の
コズミックな
配置で生まれ
るんだ。
I♥NY
オレは
あらゆる
ことに興味が
ある。家族、
車、船、鉄道、
すべてのシステム
や歴史。
どれも偉大な
創作物だ。
いろんな
ことに
手を出して
する。オレは逸脱
失敗も
発見だ。
曲は決して
完遂しない。
しばらくは
そのままにして
おける段階
に行けば
いいんだ。
ちょっと
しゃべり
すぎだな
オレの言う
ことがわかるか。
オレは何を
言ってるん
だ？

オレが曲を組み立て、どこかにたどり着くには乗り物が必要なんだ。

それはストレイ・ゲイターズの時もあればクレイジー・ホースの時もある。

乗ったところでどこにたどり着くかはわからん。意識もしないよ。

曲の本質はウサギのようなもので
意識しない時に、穴から出てきたりするぜ。

クレイジー・ホースだ!!

ZUMA
オマエのことを歌った曲のためにクレイジー・ホースとアルバムを作るべきだな。

えー、現実的な話として、そのアルバムの計画が却下になったら「アーカイヴス」に収録してください。

NYA

Chapter 6

Neil's Recordings 1979–1991

梅村昇史、森 次郎、森 陽馬、和久井光司

パンクとグランジで火がついたときの威力

和久井光司

ニールの初来日公演は、76年3月3日・愛知県立体育館、4、5、6日・大阪フェスティバルホール、8日・福岡九電記念体育館、10、11日・日本武道館という日程だった。セット・リストは以下。

第1部：テル・ミー・ホワイ／メロウ・マイ・マインド／アフター・ザ・ゴールド・ラッシュ／トゥー・ファー・ゴーン／オンリー・ラヴ／レット・イット・シャイン／ザ・マン・ニーズ・ア・メイド／ノー・ワン・シームス・トゥ・ノゥ／ハート・オブ・ゴールド

第2部：マイ・カントリー・ホーム／ドント・クライ・ノー・ティアーズ／カウガール・イン・ザ・サンド（ダウン・バイ・ザ・リヴァーの日もあり）／ロッタ・ラヴ・ハリケーン／ルージング・エンド／ドライヴ・バック／サザン・マン／コルテス・ザ・キラー

前半はアコースティック・セット、後半がその時点での最新作『ズマ』のメンバーである新生クレイジー・ホース（ギターがフランク・サンペドロに交代）を従えたエレクトリック・セットだった。

それを私は見逃している。ずっと一生の不覚だと思ってきた。4月のアタマに自分が主催するホール・コンサートがあったから、金銭的に大変だったのではなかったか。武道館に行った複数の友だちから「凄かった」と教えられ、悔しい想いをしたものだ。しかし、みんなが異口同音に「後半はハード・ロック・バンド以上に激しくて、ニールはギターを弾きまくっていた」と言っていたのが想像させた音は、『アメリカン・スターズン・バーズ』と『カムズ・ア・タイム』では聴かれなかったから、相変わらずまっすぐ歩いてはくれない人だなぁ、なんて思っていた。だから、パンクの時代が本格化した79年に、『ラスト・ネヴァー・スリープス』と『ライヴ・ラスト』が中5ヶ月でリリースされたのには驚いた。「これ、パンクだよね?」と思った。

79年に私が夢中になったのは、ジョイ・ディヴィジョン、ポップ・グループ、スリッツ、スロッピング・グリスルといった英国のニュー・ウェイヴ勢で、11月末から暮れにかけてはPiLの『メタル・ボックス』(もちろん缶入りの12インチ3枚組)と、クラッシュの『ロンドン・コーリング』に痺れていた。

けれども、そんな中に置いても『ラスト・ネヴァー・スリープス』と『ライヴ・ラスト』はまったく揺らがないのだ。「ニールの曲はメロディが親しみやすいからなぁ」なんて納得しようとしてみたが、どうもそういうことではないようである。

当時パンクは「産業化されたロックに原点回帰を迫った」と評されていたから、その〝精神性〟が語られることが少なくなかったし、シンプル/ストレートなパンク・ロックより、ニュー・ウェイヴ、ポスト・パンクと呼ばれるものが好きだった私は、「なぜこういう音になったのか」を考えながら音楽を聴くようになっていた。

それがどうだ。「ヘイヘイ、マイマイ」はベタベタに〝ニールらしい曲〟なのに、感触が違う。曲のつくりはオールド・ウェイヴなままなくせに〝79年の気分〟にぴったりだった。パンクに寄っていこうとした結果、〝精神性〟が先にそっちにくっついたのは明らかだった。

しかし、『タカ派とハト派』は過去のセッションから集められたアウトテイクを主としたアコースティック路線のアルバムだったし、意識的にニュー・ウェイヴに接近したのがジャケット・デザインからも窺えた『リアクター』でリプリーズを離れることになった。

ゲフィンへの移籍はさほど違和感がなかったものの、ヴォコーダーを使ったニュー・ウェイヴ・サウンドに「なぜいまさら?」と思わずにはいられなかった『トランス』に、50年代のロックンロール・スタイルをまっとうした『エヴリバディズ・ロッキン』が続き、次がカントリーの『オールド・ウェイズ』というのは、リアルタイムではそうとう変な感じだった。

ダニー・コーチマーを共同プロデューサーに迎えてポップに仕上げた『ランディング・オン・ウォーター』は

悪くなかったが、クレイジー・ホースとの86年のツアー音源にダビングしてつくられた曲が中心の『ライフ』はレコード会社への恨み辛みが語られすぎで、リスナーの気持ちはおいていかれてしまう。

そしてリプリーズに戻ると、ジャジィな『ディス・ノーツ・フォー・ユー』が出て、そこから派生したメンバーで日・豪州ツアーに向けたミニ・アルバム『エルドラド』と『フリーダム』が録音されたのだが、89年4～5月の来日公演には『フリーダム』は間に合わなかった。

ニール・ヤング&ロスト・ドッグズという名義だった2度目の来日公演は、4月27日・横浜文化体育館、28日～30日・NHKホール、5月2日・大阪フェスティバルホール、5日・名古屋市公会堂という日程で、前半はアコースティック・セット、後半はエレクトリック・セットだった。私はNHKホールの3列目中央、ニールの真前という良い席だったが、前半はハーモニカから垂れる唾液が気になって集中できなかったのを憶えている。

ライヴは全体としては素晴らしかったから、『フリーダム』は久しぶりに前評判も高く、最初と最後に置かれた「ロッキン・イン・ザ・フリー・ワールド」のおかげもあって、スジの通ったアルバムという印象だった。

そこから、クレイジー・ホースとの『ラグド・グローリー』、ライヴの『ウェルド』と『アーク』が続いて、ニールは〝グランジ・ロックのゴッド・ファーザー〟と呼ばれるようになる。ハウリング・ノイズを中心に延々と〝曲以外〟が収録された『アーク』を入手するのが厄介だったこともあって妙に盛り上がったのをよく憶えているが、79年のパンクに続くグランジ・ロックへの接近が、ゲフィン時代にリスナーにたまった不満を解消することになった。『ウェルド』と『アーク』の戦闘モードは湾岸戦争への怒りが引き金になってのことだったが、〝時代〟と向き合ったときのニールは強力だ。

『アフター・ザ・ゴールド・ラッシュ』や『ハーヴェスト』がニールの代表作だと思っているリスナーにはトゥー・マッチかもしれないが、情念のこもったニールの歌とギターに、整合性なんて関係ないと言わんばかりに反応するクレイジー・ホースは、ロック史上稀に見る「ロックと呼ぶしかない演奏をするバンド」だと思う。このあたりをお持ちでない読者には、まず『ライヴ・ラスト』と『ウェルド』をオススメしておきたい。

Neil Young & Crazy Horse
Rust Never Sleeps
ラスト・ネヴァー・スリープス

Reprise／HS2295
Recording: 1976年8月～1978年10月
Release: 1979年6月22日
［**Side A**］
1. My My, Hey Hey (Out of the Blue)
2. Thrasher
3. Ride My Llama
4. Pocahontas
5. Sail Away
［**Side B**］
1. Powderfinger
2. Welfare Mothers
3. Sedan Delivery
4. Hey Hey, My My (Into the Black)

81年の11月の終わりごろだったと思う。高円寺のロック喫茶「BOY」で、18ぐらいのパンク小僧とたまたま話したことがあった。私はスクリーンのファースト・アルバム『ペルソナ』を出したばかりで、雑誌「DOLL」に取材される立場としてそこにいたのだ（BOYはDOLLが経営していた店だった）。私がインタヴューを受けているあいだ、その小僧はチラチラこっちを見ていた。そして取材が終わって雑談になったのを見計らって、私たちの輪に入ってきたのだ。カウンターの中にいたのはDOLLの創業者のひとり黒田義之さんで、彼は小僧と顔見知りのようだったから、自然な流れだった。バンドを始めたばかりだという小僧は、「パンクにギター・ソロはいらない」「メロディなんてどーでもいい」「長髪にネルシャツのヤツとか、マジ信じらんねー」とエラそうに言う。こいつ、パンクをスタイルだとしか考えてないな、と思った私は、「そんなこと、ニール・ヤング知ってたら言えないはずだぜ。バンドやるなら『ラスト・ネヴァー・スリープス』ぐらい聴いてからにしろよ」と説教してやった。

このアルバムを聴くたびに、アイツのことを思い出す。バンドはうまくいったのかな？　ちゃんと結婚して子供は持てたかな？　いま何して食ってるんだろう？――と。

「マイマイ、ヘイヘイ（アウト・オブ・ザ・ブルー）」に針を落とすと、必ず泣けてくる。ロックンロールの夢に向かっていって討ち死にしたヤツらのことを思い出すからだ。「オレはまだ歌ってるぜ。お前らの分までやってやるよ」と思う。ロックンロールは死んじゃいない。どこで何してるか知らないが、お前は一生パンク小僧だ。心の中ではその火を燃やし続けろ。錆は決して眠らない。

79年夏、このアルバムを初めて聴いたときの衝撃は忘られない。アコースティックなA面にいままでとは違うムードを感じたから緊張しながらB面に裏返すと、テレヴィジョンがカントリー・ロックをやってるみたいじゃないか！〝すえおき〟となった『カムズ・ア・タイム』とは違って、これは繰り返し聴いた。バンドのメンバーにも聴かせた。「これこそパンクだよ」と教えた。翌年始めたバンドにスクリーンと名づけたのは、「時代を映す白い幕であろう」という想いからだった。

「ヘイヘイ、マイマイ（イントゥ・ザ・ブラック）」のThis is the story of Johnny Rottenのところでニールの声が微妙に裏返りそうになるのだが、とどまる。「レヴォルーション」でジョン・レノンがInとOutを逡巡するのを思い出した。近年、中山ラビさんと、この曲のアレンジにした（歌詞だけディランの和訳の）「風に吹かれて」をよく演奏した。後半が佐渡山豊さんの反戦歌「ノー・モア・レイン」になるヴァージョンだ。イントロのリフを弾き始めるのは私だった。そんなラビさんはもういない。

「パウダーフィンガー」のリフは「氷河が来るまでに」という曲になった。いま聴き返して、そうそう、これが元ネタだったんだ、と思ったぐらい〝自分のもの〟になっている。ニールの曲はそういうのがいちばん多い。ちゃんと受け継いでるぞ、と思う。

私にとって〝ロック〟とはこれだ。アルバムのできとしてどうとか、語る気にもならない。そんな一枚があってもいいじゃないか。評価云々なんて粉砕するようなロック・アルバム。私にとってはこれがそうなのだ。

もう一度言っておく。錆は決して眠らない。（和久井）

Neil Young & Crazy Horse

Live Rust

ライヴ・ラスト

Reprise／2RX2296
Recording: 1978年10月
Release: 1978年11月14日

[**Side A**]
1. Sugar Mountain
2. I Am a Child
3. Comes a Time
4. After the Gold Rush
5. My My, Hey Hey (Out of the Blue)

[**Side B**]
1. When You Dance I Can Really Love
2. The Loner
3. The Needle and the Damage Done
4. Lotta Love
5. Sedan Delivery

[**Side C**]
1. Powderfinger
2. Cortez the Killer
3. Cinnamon Girl

[**Side D**]
1. Like a Hurricane
2. Hey Hey, My My (Into the Black)
3. Tonight's the Night

前作は米8位／英13位。パンク／ニュー・ウェイヴが音楽界を席巻していた英国で、『ハーヴェスト』（1位）、『アフター・ザ・ゴールド・ラッシュ』（8位）に次ぐヒットになったのは〝パンク〟と認められたからだろう。

そんなヒット作の続編が5ヶ月足らずで届いたのだから、話題になった。今度はライヴだし。

しかしA面は、アコースティックで「シュガー・マウンテン」「アイ・アム・ア・チャイルド」「カムズ・ア・タイム」と続き、ピアノの弾き語りで「アフター・ザ・ゴールド・ラッシュ」まで出る。流れが変わるのはエレアコに持ち替えた「マイマイ、ヘイヘイ（アウト・オブ・ザ・ブルー）」からだ。不穏な空気が漂ってくる。

クレイジー・ホースが登場してくるB面も、「ザ・ローナー」が昔よりハードだな、と感じるものの、「ザ・ニードル・アンド・ダメージ・ドーン」で弾き語りに戻って、メロウな「ロッタ・ラヴ」が続くから、『ラスト・ネヴァー・スリープス』のライヴ版という感じはしないのだが、エレキのヴォリュームが明らかに上がった「セダン・デリヴァリー」でパンクに突入すると、予想を越えた展開になっていくのだ。

C面、前作と同じ調子の「パウダーフィンガー」はわかるのだが、破れたTシャツやガサガサに逆立てた髪のように変貌を遂げた「コルテス・ザ・キラー」と、テンポを上げた「シナモン・ガール」が、〝ニールがもともと持っていたパンクな面〟を語るに至って、これを『ライヴ・ラスト』とした意味が見えてくるのである。

そうなると、D面の「ライク・ア・ハリケーン」と「ヘイヘイ、マイマイ(イントゥ・ザ・ブラック)」は必殺だ。歌が、ギターが、揺れている。めらめらと蠢いている。錆は生きている、と言わんばかりに。

「ヘイヘイ、マイマイ」のブリブリしたギターはどうだ。ウンコかよって音だ。俺がカッコいいわけないじゃないか、人間だもの、ってか。相田みつをもビックリだよ。

それで最後は、ゾンビになったダニー・ウィッテンとブルース・ベリーがコーラス参加したような「トゥナイツ・ザ・ナイト」。まるで、屍を乗り越えても俺は行くよ、という不滅の男宣言ではないか。

12年後にこの路線の完成形と言っていい『ウェルド』が出たことで霞んだが、しばらくはこれこそがニール&クレイジー・ホースのライヴの決定版だった。しかし、米15位/英55位という成績が示すとおり、オールド・ファンにはワイルドすぎ、パンク世代には中途半端な印象を与えてしまったのも事実だろう。細分化し始めたパンク/ニュー・ウェイヴの中に置くと、蕎麦とカツ丼のセットみたいなバランスにも見えたからだ。私の周りでも前作ほどは聴かれていなかったようだ。評判を聞いただけで「そういうことね」と納得してしまった輩も多かったのだろう。

アーカイヴ・シリーズではこの辺りが出ていないから、ツアーの推移を辿ることがまだできないし、ドッカリした印象のままでもある。次が寄せ集めの『タカ派とハト派』だったこともあって、パンクな流れは萎んでいってしまったのだ。ニュー・ウェイヴへの接近を見せた『リアクター』まで2年、『トランス』までもたった3年だが、79年から82年までのジェット・コースターみたいなロック界にあっては、ニールの行きつ戻りつが理解されなくなっていくわけだ。錆は生きていたのに。

(和久井)

Neil Young

Hawks & Doves

タカ派とハト派

Reprise／566051-1
Recording: 1974, 75, 77年, 1980年7月〜9月
Release: 1980年10月29日

[Side A]
1. Little Wing
2. The Old Homestead
3. Lost in Space
4. Captain Kennedy

[Side B]
1. Stayin' Power
2. Coastline
3. Union Man
4. Comin' Apart at Every Nail
5. Hawks & Doves

パンクに反応した2作のあとにリリースされたのが、アコースティックな『タカ派とハト派』である。

A面に並ぶのは過去のセッションから集められたものだ。「リトル・ウィング」は75年、「ジ・オールド・ホームステッド」は74年の『ホームグロウン』用のレコーディング。「ロスト・イン・スペース」は78年に発売された『カムズ・ア・タイム』のアウトテイクで、「キャプテン・ケネディ」は76年の『ヒッチハイカー』用の録音になる（『ホームグロウン』と『ヒッチハイカー』は当時未発売）。B面は、ベン・キースらを招集した80年のカントリー・セッションだ。

このように寄せ集めに近い内容だし、収録時間も9曲で30分に満たないこともあって、ジャケットのインパクトのわりに熱心なファン以外にはあまり聴かれていないんじゃないかと思う。

いや、1曲1曲はそんなに悪くない。「ジ・オールド・ホームステッド」は、リヴォン・ヘルムのドラムとティム・ドラモンドのベースにミュージカル・ソー（のこぎり）が乗っかる面白いアレンジだ。「キャプテン・ケネディ」のメロディは古いカントリーからの引用で、ニールにしては珍しいフォーク的なアプローチを採っている。ヴォーカルも、軽くも激しくもない絶妙の塩梅で、どの曲もくっきりと陰影を映し出しているがいい。

このアルバムは、80年の米国大統領選挙の前日にあたる11月3日にリリースされているのだが、ニールはどうしてもこの日に店頭に並べたかったのではないだろうか。「キャプテン・ケネディ」ではケネディ大統領と船乗りのルー・ケネディを重ね合わせているし、タイトル曲で「U.S.A.」と繰り返して歌っているのもそう思わせる理由だ。結果は共和党のレーガン候補の圧勝だった。ニールの心中やいかに。

（森次郎）

Neil Young & Crazy Horse

Re·ac·tor

リアクター

Reprise/HS2304
Recording: 1980年10月〜1981年7月
Release: 1981年10月28日

[Side A]
1. Opera Star
2. Surfer Joe and Moe the Sleaze
3. T-Bone
4. Get Back on It

[Side B]
1. Southern Pacific
2. Motor City
3. Rapid Transit
4. Shots

『ラスト・ネヴァー・スリープス』は半分がアコースティックだったので、ニール&クレイジー・ホースが全編をエレクトリックでつくった久しぶりのアルバムということになる。

ジャケットのデザインや、〝op·er·a star〟のような単語を細かく区切った曲名の表記にニュー・ウェイヴからの影響が感じられるが、一部の曲は演奏面でもその傾向が顕著になっている。

「オペラ・スター」は、人力で単調なリズムが反復されている。「Tボーン」は2行の歌詞だけがひたすら繰り返され、パーカッションと手拍子、効果音が重ねられた中で、ギター・ソロがかろうじてバンド感を維持している構造だ。

けれども、「サザン・パシフィック」はカントリーの、「モーター・シティ」はロックンロールのエッセンスを取り込んだ、いつものクレイジー・ホースに近い仕上がりになっている。アフター・パンク/ニュー・ウェイヴもヴァリエーションのひとつとして試してみた、ということなんだろう。それが証拠に「ラピッド・トランジット」では、《波は壊れるまでは新しいんだよ》と歌っているのだ。

アルバムは、爆撃音のような効果音が鳴り響く中(ニールが覚えたてのシンクラヴィアでつくったのか?)、アグレッシヴなギターが交錯する「ショッツ」で終わる。いかにもクレイジー・ホースらしいエンディングだが、このアルバムにはさらなるオチがついた。

アメリカの神学者であるラインホールド・ニーバーが残した〝ニーバーの祈り〟をラテン語に訳したものが、裏ジャケットに記されている。《神よ、変えられないものを受け入れる冷静さ、変えられるものを変える力、そして違いを知る知恵を私に与えてください》。この言葉を最後に、ニールはリプリーズを離れることになるのだ。

(森次郎)

Neil Young
Trans
トランス

Geffen／GHS2018
Recording: 1981年9～10月, 1982年5月
Release: 1982年12月29日
[**Side A**]
1. Little Thing Called Love
2. Computer Aget
3. We R in Control
4. Transformer Man
5. Computer Cowboy (AKA Syscrusher)
[**Side B**]
1. Hold On to Your Love
2. Sample and Hold
3. Mr. Soul
4. Like an Inca

エリオット・ロバーツの仲間であるデイヴィット・ゲフィンのレーベルに移籍することについて、ニールには深い逡巡はなかっただろう。すぐに移籍1作目として『アイランド・イン・ザ・サン』という新作を用意した。しかしレーベルはこれを却下。ポップで明るいサウンドが、レーベルが求めるニール作品のイメージではなかったためだ。そして提示されたのがこの問題作『トランス』だ。

ニールは、パンクには親和性を感じていたはずだが、ニュー・ウェーヴやテクノへはどんな距離感があったのだろうか。映画『ヒューマン・ハイウェイ』でのディーヴォへの傾倒ぶりからして、テクノ的なサウンドに向かうのは決して想定外ではなかったと思う。しかし本作がリリースされた82年末の時点で、ここでのヴォコーダーとテクノ・サウンドは周回遅れの感はあった。しかもニールが使っているのはシンクラヴィアで、当時のテクノ陣営が使わないデジタル高級機だ。ニール一人で制作した「コンピューター・エイジ」やテクノ版「ミスター・ソウル」は音がツルっとしすぎて弱い。逆にクレイジー・ホースがテクノ的演奏に加わっている「コンピューター・カウボーイ」「サンプル・アンド・ホールド」等は不思議なインパクトがある。

後年になって、本作は脳に障害を持つ息子とのヴァーバルなコミュニケーションの可能性がテーマであることが知られ、作品への理解が変化した。マシーンを介して感情を交歓させる試みはクラフトワークに匹敵する崇高さだ。特に「トランス・フォーマーマン」は傑作。ヴォコーダーでこれほどメランコリックな表現をした人はいないだろう。結局本作は『アイランド～』からの3曲を加えた形でリリースされた。ニール本人も後年この判断には後悔していたようだが、超然とした焦点の定まらなさがすごい。（梅村）

Neil Young with The Shocking Pinks
Everybody's Rockin'
エヴリバディズ・ロッキン

Geffen／GHS4013
Recording: 1983年4月-5月
Release: 1983年7月27日

［**Side A**］
1. Betty Lou's Got a New Pair of Shoes
2. Rainin' in My Heart
3. Payola Blues
4. Wonderin'
5. Kinda Fonda Wanda

［**Side B**］
1. Jellyroll Man
2. Bright Lights, Big City
3. Cry, Cry, Cry
4. Mystery Train
5. Everybody's Rockin'

ニールはゲフィンでの2作目として、ナッシュヴィルで『オールド・ウェイズ』と名づけたカントリーのアルバムを制作した。しかし、ゲフィンから〝ロックンロールがほしい〟と言われたニールは意趣返しのつもりもこめて、あらためて《古くさい、伝統的なロックンロールのアルバム》をつくったのだ。《時代遅れのロッカーになることで、彼（ゲフィン）の見当はずれた要求をひとつの表現に仕立て上げた》んだそうだ。

この『エヴリバディズ・ロッキン』というアルバムは、旧知のベン・キースやティム・ドラモンドらを招集して〝ザ・ショッキング・ピンクス〟というバンドをでっちあげ、徹頭徹尾50年代のロックンロールのスタイルで録音されている。なにせ、カール・ヒメルのクレジットはドラムではなく〝スネア〟なのだ。ニールも髪をリーゼント風に撫でつけ、ロカビリー歌手になりきっている。

10曲で25分に満たない本作には、ジミー・リードの「ブライト・ライツ、ビッグ・シティ」や、エルヴィス・プレスリーで有名になった「ミステリー・トレイン」など、4曲のカヴァーが含まれている。ニールのオリジナル（共作を含む）のうち、「ワンダリン」は『アフター・ザ・ゴールド・ラッシュ』のアウトテイクだ。ニールはさらに2曲を収録するつもりだったが、ゲフィン側がレコーディングをキャンセルしている。

そして83年11月、ゲフィンが〝ニール・ヤングらしからぬレコードをつくっている〟ことを理由に、訴訟を興したのだ。ニール側も契約違反を主張し、反訴する。

なお、LPの背にはピンクの文字で〝NEIL & THE SHOCKING PINKS〟と印刷されているのだが、初期のジャケットでは薄くて読めなかったそうだ。それがだんだん濃くなって、3種類のヴァリエーションが存在するという。（森次郎）

Neil Young & The International Harvesters
A Treasure
トレジャー

Reprise／527650-2［CD］
Recording: 1984年9～10月, 1985年9月
Release: 2011年6月14日

1. Amber Jean
2. Are You Ready for the Country?
3. It Might Have Been
4. Bound for Glory
5. Let Your Fingers Do the Walking
6. Flying on the Ground Is Wrong
7. Motor City
8. Soul of a Woman
9. Get Back to the Country
10. Southern Pacific
11. Nothing Is Perfect
12. Grey Riders

『エヴリバディズ・ロッキン』のツアーを終えたニールがとりかかったのは、インターナショナル・ハーヴェスターズと名づけたバンドによるツアーだった。『エヴリバディズ～』のメンバーに、スプーナー・オールダム（ピアノ）やルーファス・ティボドー（フィドル）らが加わっている。カントリーを大幅に取り入れたこのツアーの模様を記録したアルバムが、『ア・トレジャー』だ。タイトルは、ベン・キースがこのテープを聴いて、〝これは宝物だよ〟と言ったことに由来する。「イット・マイト・ハヴ・ビーン」はジョー・ロンドンのカヴァー。「バウンド・フォー・グローリー」や「ゲット・バック・トゥ・ザ・カントリー」は、ニールとウェイロン・ジェニングスとのデュエットが『オールド・ウェイズ』に収録されることになる。

また、バッファロー・スプリングフィールドではリッチー・フューレイがメインで歌っていた「フライング・オン・ザ・グラウンド・イズ・ロング」がニールのヴォーカルで聴けるのもうれしい。基本的なアレンジはバッファローのものに近いが、スティール・ギターが印象的だ。『リアクター』からは「モーター・シティ」と「サザン・パシフィック」がピックアップされ、当然のことながらクレイジー・ホースとはひと味違うが、原曲からもかけ離れていない、みごとなカントリー・アレンジで聴くことができる。

また、未発表の5曲のうち「グレイ・ライダーズ」だけは、ほかのカントリー・テイストが濃い曲とは異なり、ニールの激しさが全面に出ている。

本作はCD、2枚組のLP、CDとブルーレイのセットが発売された。ブルーレイにはツアー当時のインタヴュー映像に加えて、ニールがアルバムについて延々と説明する〝テック・ノーツ〟というコンテンツが収録されている。（森次郎）

Neil Young
Old Ways
オールド・ウェイズ

Geffen／GHS24013
Recording: 1983年1月, 1984年9月～1985年4月
Release: 1985年8月12日

［Side A］
1. The Wayward Wind
2. Get Back to the Country
3. Are There Any More Real Cowboys?
4. Once an Angel
5. Misfits

［Side B］
1. California Sunset
2. Old Ways
3. My Boy
4. Bound for Glory
5. Where Is the Highway Tonight?

ゲフィンの訴訟は、ニールに有利なかたちの和解に終わった。そこでニールは、一度ゲフィンから拒否されたカントリーのアルバムを完成させるために、追加の曲を録音したのだ。さらにライヴ音源も加え、当初のレコーディングから2年以上が経過した85年8月に、以前と同じタイトルの『オールド・ウェイズ』というアルバムがリリースされたのである。

アルバムはデニス・トレイパーとのデュエット、「ザ・ウェイワード・ウィンド」で幕を開ける。唯一のカヴァー曲で、カントリー・ウエスタンのスタンダードだ。このあとはニールのオリジナル曲が続く。「ゲット・バック・トゥ・ザ・カントリー」ではカントリー界の大物、ウェイロン・ジェニングスとヴォーカルを分け合っている。ウェイロンは本アルバム中5曲にヴォーカルやギターで参加した。

さらに、大御所ウィリー・ネルソンとのデュエットである、「アー・ゼア・エニイ・モア・リアル・カウボーイズ?」も登場する。カントリーとポピュラーの垣根を超えた存在のネルソンが参加することで、このアルバムが〝ニールがカントリーに挑戦した〟という文脈を超えたものになったのだ。なおこの曲は、ネルソンのデュエット集『ハーフ・ネルソン』に収録され、シングル・カットもされた。

オースティンでのライヴの「カリフォルニア・サンセット」は、インターナショナル・ハーヴェスターズとのツアーから。マンドリンのアンソニー・クロフォードが、ニールと歌っている。音量は抑えられているが、会場の盛り上がりはかなりのものだ。

「マイ・ボーイ」は、ニールの息子（おそらくベン）のことを歌った、シンガー・ソング・ライター的なアプローチの曲。演奏はカントリー・タッチであるものの、それを感じさせない切実さとあたたかさを兼ね備えた佳曲だ。

（森次郎）

Neil Young
Landing On Water
ランディング・オン・ウォーター

Geffen／GHS24109
Recording: 1983年8月, 1984年1月, 1985年10月〜1986年3月
Release: 1986年7月21日

[Side A]
1. Weight of the World
2. Violent Side
3. Hippie Dream
4. Bad News Beat
5. Touch the Night

[Side B]
1. People on the Street
2. Hard Luck Stories
3. I Got a Problem
4. Pressure
5. Drifter

70年代のような作品を制作する能力があるにもかかわらず、その要求を無視ようとする、といった内容の訴状をニールはゲフィン・レコードから突きつけられた。アーティストにとっては理不尽な話ではあるだろうが、ニール自身はデイヴィット・ゲフィン個人に対しては悪感情は無かったようだ。ニールは、かつてデイヴィットが設立したアサイラム・レコードがアーティストに与えていたような自由を求め、そしてレーベルはニールに売れるレコードを求めていただけだ。どちらにせよ成功は必要だ。ニールも次第にゲフィンに理解を示すようになり、80年代半ばにふさわしいコマーシャルなロック・レコード制作することに合意した。そして新たなプロデューサーに制作を任せるという条件で、自身の創作の自由は確保することにしたのだ。

本作はダニー・コーチマーを共同プロデューサーに、ドラムにスティーヴ・ジョーダンを迎えた3人体制で制作された。全員がシンセサイザーを担当。キャロル・キングやジェイムズ・テイラーの仕事で知られたダニー・コーチマーのイメージからすると、本作のサウンドはちょっと意外でもある。大鉈を振るようなジョーダンのドラムと、ニールのギターがシンセサイザーに切り込む、他のアルバムでは聴くことができないサウンドだ。社会批判的な歌詞が増えていたことも、本作のやや閉塞的なサウンドを引き出した一因か。「ヴァイオレント・サイド」と「タッチ・ザ・ナイト」では、ピンク・フロイドの『ウォール』を連想させる少年合唱団が、サウンドを有機的に中和している。特に「タッチ〜」は名曲。「ヒッピー・ドリーム」は60年代の幻想を打ち砕くようでいて、当時ドラックで苦しんでいたデイヴィット・クロスビーに向けた歌でもあり、2年後のCSNYの復活を予見してもいる。

（梅村）

Neil Young & Crazy Horse
Life
ライフ

Geffen／GHS24154
Recording: 1986年11月～1987年3月
Release: 1987年6月30日

[Side A]
1. Mideast Vacation
2. Long Walk Home
3. Around the World
4. Inca Queen

[Side B]
1. Too Lonely
2. Prisoners of Rock 'N' Roll
3. Cryin' Eyes
4. When Your Lonely Heart Breaks
5. We Never Danced

6年ぶりにクレイジー・ホースと全面的にタッグを組んだアルバムで、ゲフィンでの最終作。ニールは《最も戦闘的なアルバムで《リプリーズを離れたのは大きな間違いだった》と振り返っている。

それが証拠に、「プリズナーズ・オブ・ロックンロール」でニールは《オレたちはレコード会社の言うことは聞かない》と歌う。《ヤツらはオレたちを変えようとして、バンドを台無しにするんだ》とも。ただし、その前にこうも歌っている。《人々はオレたちにデカい音でプレイしろと言う、しかし彼らはオレたちの音楽が何なのか知りはしないのだ》。

アルバムは86年のツアー音源を元に、オーヴァーダビングを施した曲が中心になっている。観客の拍手や歓声はカットされ、(ニールとポンチョによる) キーボードやシンセサイザーの音が重ねられているため、ライヴだとはわかりづらい。そのせいか、クレイジー・ホースのゴツゴツとした演奏の生々しさが薄れているようだ。なお、「クライン・アイズ」と「ウィ・ネヴァー・ダンスト」の2曲はスタジオ録音によるもの。

とはいえ、「ロンリー・ハート」ではクレイジー・ホースの不器用なコーラスが胸に染みる。〝戦闘的〟な荒馬も魅力的なのだが、(当時) アラフォーの4人がずっと暴れているのも不自然なのだから、こうした緩急のつけ方はぴったりだ。いつまでも「トゥー・ロンリー」を元気よく歌われても困ってしまうからね。ストーンズの「サティスファクション」を雑にしたようなリフと、短くて凶暴なギター・ソロはパンクでいいんだけど。

なお、「ウィ・ネヴァー・ダンスト」は映画『メイド・イン・ヘヴン』の中で、マーサ・ディヴィス (ザ・モーテルズ) が歌うヴァージョンが使われた。また、ニールはこの作品にトラック運転手の役で出演している。

(森次郎)

Neil Young with The Bluenotes
This Note's For You
ディス・ノーツ・フォー・ユー

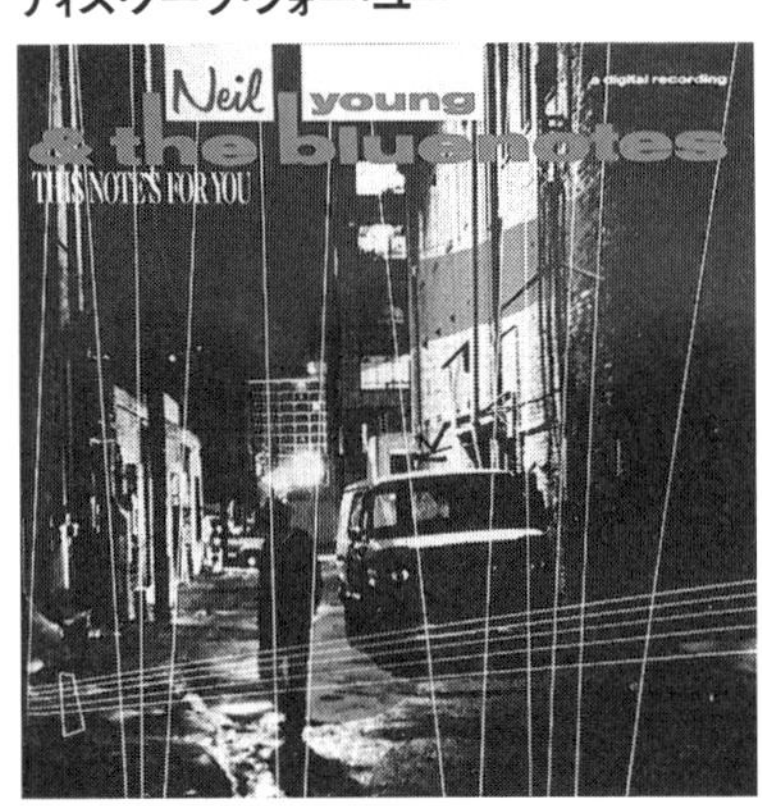

Reprise／25719-1
Recording: 1987年11月〜1988年1月
Release: 1988年4月12日

［Side A］
1. Ten Men Workin'
2. This Note's for You
3. Coupe de Ville
4. Life in the City
5. Twilight

［Side B］
1. Married Man
2. Sunny Inside
3. Can't Believe Your Lyin'
4. Hey Hey
5. One Thing

リプリーズに復帰しての第1作がこれというのは意外だった。「気まぐれなニールらしい」とも評されたから、聴く前にヘンな印象を植えつけられてしまったリスナーも少なくないと思うが、こういう〝音楽的〟な作品を難なくつくってしまうのがニールの底力とも言える。

チャド・クロムウェル（ドラムス）、リック・ロサス（ベース）、フランク・サンペドロ（ここではキーボード）、スティーヴ・ロウレンス（テナー・サックス）、ベン・キース（ここではアルト・サックス）、ラリー・クレッグ（バリトン・サックス）、クラウド・カイリート（トロンボーン）、ジョン・ヒューモ（トランペット）、トム・ブレイ（トランペット）から成るブルーノーツとの〝ビッグ・バンド・アルバム〟。ファンのあいだでは「屈指の傑作」として高い人気を誇っているが、本道からは逸れた一枚であるせいか、あまり語られないのが残念だ。怒り親父ではないとき、ニールは高いミュージシャン・シップを見せつけることが多く、〝ここを聴いてこそ〟と思わせる。実際、懐の深さには脱帽だ。

おそらく『エヴリバディズ・ロッキン』を録音しているときに、「ビッグ・バンドでブギやジャジィな曲も」というアイディアが生まれたのだろうが、「待て」と自分に言えたときのニールは、とんでもなく優秀なプロデューサーになる。

元ネタがありそうな曲ばかりではあるが、勢いのあるブギと抑えたフォー・ビート・ジャズをバランスよく散らして、ヴァリエイション豊かなアルバムにしたのがさすがだし、ヴォーカリストとしての力量が窺えるという点では全作一かもしれない。米61位／英56位という成績しか残せなかったが、代表作と言われるアルバムを10枚ぐらい聴いたあとに入手すると、目からウロコ。ニールの裏面の魅力爆発にヤラれるはずだ。

（和久井）

Neil Young with The Bluenotes
Bluenote Café
ブルーノート・カフェ

Reprise／550219-2［CD］
Recording: 1987年11月～1988年8月
Release: 2015年11月13日
［**Disc 1**］1. Welcome to the Big Room / 2. Don't Take Your Love Away From Me / 3. This Note's for You / 4. Ten Men Workin' / 5. Life in the City / 6. Hello Lonely Woman / 7. Soul of a Woman / 8. Married Man / 9. Bad News Comes to Town / 10. Ain't It the Truth / 11. One Thing / 12. Twilight
［**Disc 2**］1. I'm Goin' / 2. Ordinary People / 3. Crime in the City / 4. Crime of the Heart / 5. Welcome Rap / 6. Doghouse / 7. Fool for Your Love / 8. Encore Rap / 9. On the Way Home / 10. Sunny Inside / 11. Tonight's the Night

数ある蔵出し音源の中で、私が最も好きなのはこれだ。いや、いちばんには薦めないし、「これがニール・ヤングだ！」とは口が裂けても言わないけれど、音楽的には比類のないライヴ盤だし、録音も及第点だ。87年、88年に断続的に行われたザ・ブルーノーツとのツアーで収録された23曲を収録した本作は、いま聴くと80年代的なドラムの音がひっかかる『ディス・ノーツ・フォー・ユー』よりも、むしろ自然な音だ。おかげで目標とした地点がまっすぐに見えるし、ニールのヴォーカルとギターの揺るぎなさには惚れ惚れ。私はアナログ盤の4枚組を購入したのだが、『グリーンデイル』のLPボックスと共に家宝になっている。

81年11月7日のマウント・ヴュー・シアターで収録された「ウェルカム・トゥ・ザ・ビッグ・ルーム」と、11月12日のザ・フィルモアにおける「ドント・テイク・ユア・ラヴ・アウェイ・フロム・ミー」のみリズム・セクションがビリー・タルボットとラルフ・モリーナであることから、このカリフォルニア2公演をウォーミング・アップとしてプロジェクトが始まったことが判る。『ディス・ノーツ・フォー・ユー』のレコーディングはそのあと始まったのだが、クレイジー・ホースのリズム・セクションは不向きと考え、メンバーを代えたのだろう。3曲目に「ディス・ノーツ・フォー・ユー」が入っている〝編年体〟ぶりも、本書の姿勢を決める一因になった。

そこからのノリノリな演奏に、「オーディナリー・ピープル」や「オン・ザ・ウェイ・ホーム」が加わり、オーラスは「トゥナイツ・ザ・ナイト」という選曲も文句なし。趣味性とエンタテインメント性がみごとに混ざり合っているから、まさに鉄壁なのだ。ここにいる冷静かつ的確なギタリストがニール・ヤングってのは、にわかには信じがたい。（和久井）

Neil Young
Lucky Thirteen
ラッキー・サーティーン

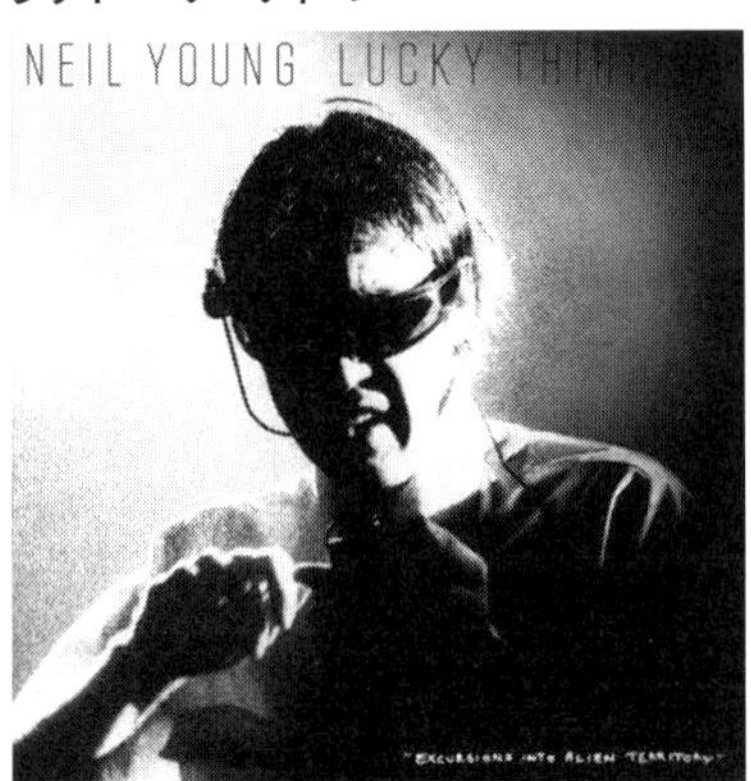

Geffen／GHS24452［CD］
Recording: 1982〜1988年
Release: 1993年1月6日
1. Sample and Hold
2. Transformer Man
3. Depression Blues
4. Get Gone
5. Don't Take Your Love Away from Me
6. Once an Angel
7. Where is the Highway Tonight?
8. Hippie Dream
9. Pressure
10. Around the World
11. Mideast Vacation
12. Ain't It the Truth
13. This Note's for You

ゲフィン時代のコンピレーション・アルバム。別ヴァージョン、別エディット、ライヴ・テイクなどが多く含まれている。「サンプル・アンド・ホールド」は、『トランス』のテイクよりも3分ほど長いヴァージョンが収録された。「トランスフォーマー・マン」はオリジナル。

83年の〝オリジナル〟オールド・ウェイズ・セッションからは「ディプレッション・ブルース」が発掘された。

「ゲット・ゴーン」と「ドント・テイク・ユア・ラヴ・アウェイ・フロム・ミー」は、ショッキング・ピンクスとのツアーから。83年9月18日オハイオでのライヴで、84年の映像作品『ソロ・トランス』で発表されたものだ。ニールが『エヴリバディズ・ロッキン』に収録しようとしながら、ゲフィンが拒否したという、いわくつきの2曲である。後者はホーン・セクションをフィーチャーした、『ディス・ノーツ・フォー・ユー』につながるアレンジだ。なお、ブルーノート・カフェによるライヴ・ヴァージョンが『ブルーノート・カフェ』に収録されている。

「ワンス・ワン・エンジェル」と「ホウェア・イズ・ザ・ハイウェイ・トゥナイト？」は、『オールド・ウェイズ』と同じヴァージョンだ。

『ランディング・オン・ウォーター』からは、少し長くなった「ヒッピー・ドリーム」と、オリジナルどおりの「プレッシャー」が収録された。

「アラウンド・ザ・ワールド」と「ミッドイースト・ヴァケーション」も『ライフ』と同じヴァージョン。

最後の2曲は、15年に『ブルーノート・カフェ』に収録されることになる、ザ・ブルーノーツとのツアー音源だ。「エイント・イット・ザ・トゥルース」は88年4月23日のクリーヴランド、「ディス・ノーツ・フォー・ユー」は88年4月13日のハリウッドでの録音になる。（森次郎）

Neil Young
Eldorado
エルドラド

Reprise／20P2-2652［CD］
Recording: 1988年12月
Release: 1989年4月17日
1. Cocaine Eyes
2. Don't Cry
3. Heavy Love
4. On Broadway
5. Eldorado

89年のツアーに合わせてリリースされた5曲入りのミニ・アルバム。公演が行われた日本とオーストラリア、ニュージーランドでのみ発売されている。なお日本盤はCD、オーストラリア盤には12インチのアナログとカセットがあった。

ニール・ヤング&ザ・レストレス名義で、メンバーはチャド・クロムウェル（ドラム）とリック・ローサス（ベース）、そしてニールだ。チャドとリックは『ディス・ノーツ・フォー・ユー』のレコーディングとツアーに参加している。ちなみにこの日豪ツアーのバンドはニール・ヤング&ザ・ロスト・ドッグスと名乗っており、ニール、チャド、リックに、ポンチョとベン・キースが加わっていた。

さて、そもそもは88年7月から『ディス・ノーツ〜』のメンバーを中心にレコーディングが進められていたのだ。この『エルドラド』には、同年12月13日から15日のセッションでの曲がピックアップされている。レコーディング自体は89年7月まで続けられ、『フリーダム』となるのだ。本作からも「ドント・クライ」「オン・ブロードウェイ」「エルドラド」が（リミックスなどを施された上で）アルバムに収録されることになった。

だからといって、『エルドラド』の価値が下がるわけではない。少なくともこの5曲は、ホーン・セクションを従えた『ディス・ノーツ〜』と、『ブルーノート・カフェ』として発売されることになるライヴ・ツアーのダイナミズムを、最小編成であるトリオで表現しようとしていたのではないかと思われるのだ。

また、アルバム未収録の『コカイン・アイズ』や『ヘヴィ・ラヴ』は、豪快なドラムと歪んだギターのリフが全体を支配する、ニールにしてはテンポが速い曲。こちらのアプローチは、「ロッキン・イン・ザ・フリー・ワールド」に集約されることになる。

（森次郎）

Neil Young
Freedom
フリーダム

Reprise／25899-1［CD］
Recording: 1988年7月～1989年7月
Release: 1989年10月2日
1. Rockin' in the Free World
2. Crime in the City (Sixty to Zero Part I)
3. Don't Cry
4. Hangin' on a Limb
5. Eldorado
6. The Ways of Love
7. Someday
8. On Broadway
9. Wrecking Ball
10. No More
11. Too Far Gone
12. Rockin' in the Free World

『フリーダム』のレコーディングは、88年7月25日から89年7月10日まで、およそ1年間に及んでいる。世界に目を向けると、ソビエトではペレストロイカが始まり、チェコで初の民主化デモが起こった時期と重なっている。イラン・イラク戦争の停戦が成立し、ソ連がアフガニスタンからの撤退を完了したのもこのころだ。さらに北京では天安門事件が起き、ポーランド議会選挙では〝連帯〟が圧勝して東欧革命の先駆けとなっている。そして、ニールが人民帽をかぶったジャケットの『フリーダム』が発売された直後に、ベルリンの壁が崩壊することになるのだ。

世界が大きく揺れ動いている状況が、ニールに影響を与えたことは容易に想像できる。ただ、個々の出来事に焦点を当てようとしたわけではなく、もっと普遍的な意味での〝自由〟をタイトルにつけたように見える。

アコースティックの「ロッキン・イン・ザ・フリー・ワールド」で始まり、同じ曲のバンド・ヴァージョンで終わるという構造は、『ラスト・ネヴァー・スリープス』を踏襲している。しかし、前半がアコースティック、後半はエレクトリックという構成ではなく、さまざまな曲調が入り乱れているのは、世の中の問題がより複雑化していることを示しているようでもある。先行きが不透明になっていった時代に合わせるように、コンセプト・アルバムと見せかけながら、実はくっきりと像を結ばない『フリーダム』というアルバムをニールはつくったのだ。

9分近い「クライム・イン・ザ・シティ」は『ディス・ノーツ・フォー・ユー』と同じ大世帯の編成だが、ホーンが高らかに鳴り響くわけではなく、緊張を持続したまま終わる。EPの『エルドラド』にも収録された「ドント・クライ」は、少し短く編集されたヴァージョン。こちらはニールとチャド・クロムウェル、リック・ローサスの3人だけで、これまた聴く方も気が抜けないような演奏を繰り広げている。「ハンギン・オン・ア・リム」は、ニールのギター1本でリンダ・ロンシュタットとデュエットした、静謐な曲だ。EPのタイトルにもなった「エルドラド」は、情景を羅列した歌詞がイメージを喚起させられる。「ザ・ウェイ・オブ・ラヴ」では、今度はバンドを従えてリンダとデュエットしている。

ポンチョが弾く、きらびやかなキーボードの音色が印象的な「サムデイ」に続いて、「オン・ブロードウェイ」が登場する。バリー・マンとシンシア・ワイルがつくり、ドリフターズが歌った63年のヒット曲だ。ニールにしては珍しいR&Bのカヴァーだが、ザ・マイナー・バーズ時代にモータウンと契約し、90年代に入るとブッカーT&ザ・MGズと接近することを考えると、今となってはさほど違和感を覚えない。

エミルー・ハリスがカヴァーした「レッキング・ボール」は、ニールが弾くピアノと、チャドのリム・ショットだけで世界をつくりあげている。ちなみにダニエル・ラノワがプロデュースしたエミルーのヴァージョンには、ニールがコーラスで参加している。

「ノー・モア」や「トゥー・ファー・ゴーン」になると、ようやくニールのエレクトリック・ギターが目立ち始める。しかし、爆発するのはラストの「ロッキン・イン～」になってからだ。とは言え、このスタジオ・ヴァージョンは端正に聴こえる。ニールが〝グランドファーザー・オブ・グランジ〟と呼ばれるのは、少し先の話だ。

（森次郎）

Neil Young & Crazy Horse
Ragged Glory
傷だらけの栄光

Reprise／9 26315-2［CD］
Recording: 1990年4月
Release: 1990年9月9日
1. Country Home
2. White Line
3. Fuckin' Up
4. Over and Over
5. Love to Burn
6. Farmer John
7. Mansion on the Hill
8. Days That Used to Be
9. Love and Only Love
10. Mother Earth (Natural Anthem)

90年4月、ニールが所有する牧場〝ブロークン・アロー〟にクレイジー・ホースが招集された。3年ぶりに行われたセッションは、1日2セットを2週間にわたって繰り返すやり方だった。1回のセッションの中で、同じ曲をやり直すことすらなかったという。ニールに言わせれば、クレイジー・ホースのメンバーが無意識のうちにプレイできるように、セッションの中からなるべく考える要素を取り除いた、ということらしい。

余談になるが、このエピソードを知ったときに、三上寛が同じセットリストのライヴを月イチで10年間続けたという話を思い出した。振り返ると《別に上の空で唄っていた訳じゃないけど、いわゆる考えている訳なんですね。〝なんで唄うんだろう?〟と》ということだったそうだ。バンドとソロの違いこそあるが、両者の間にさほどの違いはないように思える。曲が身体に入ったら余計なことはせず、オーディエンスやバンドのメンバーに反応しておけばいい、と言いたいのだろう。

そのセッションの中からベスト・テイクを選んだのが、『傷だらけの栄光』だ。しかし、ニールとクレイジー・ホースという組み合わせなので、完璧にブラッシュ・アップされた演奏が聴けるわけではない。ギクシャクして揺れまくるバンドの上で、ニールの声はうわずり、ギターはうねっている。そして、コーラスは雑だ。堅実なのはポンチョが弾くリフくらいのものである。

また、10分を超える曲がふたつもあるので、10曲で63分近い収録時間になっているが、不思議と長くは感じない。こちらの感覚が麻痺するほどに、揺らぎまくる音に慣らされてしまったせいなのだろうか。

さらに『ラスト・ネヴァー・スリープス』や『ライフ』に漂っていた怒りや陰鬱さは薄れ、突き抜けた感覚が強く伝わってくる。それは終始ドラムとベース、そして2本のギターが有機的に結びついているからだろう。考えてみれば、ゲストも入れずに4人だけで、しかもキーボードも使わずに、すべてエレクトリックでレコーディングしたこと自体が実は珍しいのだ。ニールの采配で潔く集中できる環境も整えられていたのだから、バンドに磨きがかけられるのも当然のことだろう。その成果はライヴ・アルバム『ウェイ・ダウン・イン・ザ・ラスト・バケット』と『ウェルド』でさらに拡張されることになる。

冒頭の2曲、「カントリー・ホーム」と「ホワイト・ライン」は70年代の曲で、「ホワイト〜」は『ホームグロウン』にアコースティックのヴァージョンが収録されている(こちらのテイクもナイーヴで素晴らしい)。ドン&デューイの「ファーマー・ジョン」はひたすら重いリズムに変換されたカヴァーだ。「デイズ・ザット・ユーズド・トゥ・ビー」は、ボブ・ディランの「マイ・バック・ペイジズ」にインスパイアされた曲。歌い出しはそっくりだ。

「マザー・アース」だけは、ノイジーなギターが鳴り響くなかで、スコットランド民謡の「ザ・ウォーター・イズ・ワイド(オー・ワリー・ワリー)」から拝借したメロディをコーラスつきでニールが歌う、ライヴ・ヴァージョン。この曲を端緒として、ニールはクレイジー・ホースとともに、グランジ世代との共闘へと突き進んでいく。

なお、当時のセッションのテープが発掘され、『傷だらけの栄光』に4つのトラックを加えた『スメル・ザ・ホース』が発売されるというアナウンスがあった。(森次郎)

Neil Young & Crazy Horse
Way Down In The Rust Bucket
ウェイ・ダウン・イン・ザ・ラスト・バケット

Reprise／93624893684 [CD], 093624893691 [Deluxe Edition; CD + LP + DVD]
Recording: 1990年11月13日
Release: 2021年2月26日

[Disc 1]
1. Country Home / 2. Surfer Joe and Moe the Sleaze / 3. Love to Burn / 4. Days That Used to Be / 5. Bite the Bullet / 6. Cinnamon Girl / 7. Farmer John / 8. Over and Over / 9. Danger Bird / 10. Don't Cry No Tears / 11. Sedan Delivery

[Disc 2]
1. Roll Another Number (For the Road) / 2. Fuckin' Up / 3. T-Bone / 4. Homegrown / 5. Mansion on the Hill / 6. Like a Hurricane / 7. Love and Only Love / 8. Cortez the Killer"

『傷だらけの栄光』がリリースされた直後、本格的なプロモーション・ツアーが始まる前の90年11月13日に行われたウォームアップ・ギグの模様を収録したライヴ・アルバム。

会場となったのは、カリフォルニア州サンタクルーズにある、ザ・カタリストだ。800人収容のクラブで、3つのセットとアンコールが繰り広げられたという。その内容の良さから、翌年には『フィードバック・イズ・バック』や『ホーム・グロウン』というタイトルのアンオフィシャル盤で音源が出回っている。

当然のことながら『傷だらけの栄光』から8曲が演奏され、レコーディング・セッションの勢いそのままに、ラフで強靭なグルーヴを聴かせてくれる。「デンジャー・バード」はこの日初めてライヴで演奏されたそうだが、『ズマ』のアレンジをトレースしながら、まったく質感が異なっている。単なる年月の積み重ね以上の変化が、バンドにもたらされたことがよくわかるテイクだ。

「ライク・ア・ハリケーン」でポンチョがいつものキーボード（ユニボックス・ストリングマン）を弾くが、それ以外は徹頭徹尾ドラムとベース、そしてエレクトリック・ギター2本のみで押し切っている。それゆえ、『傷だらけの栄光』で獲得したグルーヴがどの曲にも反映されていることがよくわかるだろう。とはいえ、この時点ではまだノイジーさは薄く、『ウェルド』や『アーク』に至る過程でさらなる変化がバンドにもたらされたこともあらためて浮き彫りになっている。

なお、本作にはジャケットが異なる2枚組のCDと4枚組のLPがある。さらにその2種類にDVDを加えたボックスも発売された。マスターに問題があった「カウガール・イン・ザ・サンド」は、ミキサー音源で補完され、DVDに追加収録されている。

（森次郎）

Neil Young & Crazy Horse
Arc
アーク

Reprise／9 26769-2［CD］
Recording: 1991年3月
Release: 1991年11月23日
1. Arc (A Compilation Composition)

ブッシュ大統領が〝多国籍軍〟を編成し、91年1月16日から17日にかけてイラクを空爆したことから湾岸戦争は始まった。クウェート解放が2月27日、正式な停戦合意が4月6日、それに伴う安保理決議の発効が4月11日だった。

同年1月22日にミネアポリスからスタートしたニール・ヤング&クレイジー・ホースの〝スメル・ザ・ホース・ツアー〟は、4月末までに53回の公演が行われた。つまり、このツアーと湾岸戦争はほぼ並走していたことになる。フセインもブッシュも気に入らなかったのだろう。ニールの〝正義〟が爆発した記録がこの『アーク』と『ウェルド』である。

『アーク』はツアーの音源の中から、曲の断片を繋ぎ合わせた1トラック35分の作品だ。もともとは『ウェルド』とセットになった3枚組のCDで発売されたもので、のちに単体でもリリースされた。ソニック・ユースのサーストン・ムーアが制作のヒントを与えたそうだが、ひとことで言ってしまえば、ミュージック・コンクレートの手法を使ったノイズ作品ということになる。おそらく「ライク・ア・ハリケーン」のイントロや長い長いアウトロをいくつも使っているのだろう。ラルフの乱れ打つドラムと、ひたすらうねりまくるニールのノイジーなギターが繰り返す波のように襲ってくる。そして、何度も《ワンス・アイ・ソウト・アイ・ソウ・ユー〜》と冒頭の歌詞が登場してくるのだ。要所要所で聴こえてくるポンチョのストリングスマン（キーボード）と、バンドを立て直そうとするかのようにリズムを刻むビリーのベースがアクセントになってはいるが、結局は轟音の渦に身を任せるしかないのである。

他に聴き取れる言葉は《ラヴ・アンド・オンリー・ラヴ》くらいのもの。エンディング近くになるともうグチャグチャだが、これでいいのだ。

（森次郎）

Neil Young & Crazy Horse
Weld
ウェルド

Reprise／26746-2 [CD]
Recording: 1991年2月～4月
Release: 1991年10月23日

[Disc 1]
1. Hey Hey, My My (Into the Black)
2. Crime in the City
3. Blowin' in the Wind
4. Welfare Mothers
5. Love to Burn
6. Cinnamon Girl
7. Mansion on the Hill
8. Fuckin' Up

[Disc 2]
1. Cortez the Killer
2. Powderfinger
3. Love and Only Love
4. Rockin' in the Free World
5. Like a Hurricane
6. Farmer John
7. Tonight's the Night
8. Roll Another Number

『傷だらけの栄光』を引っさげた〝スメル・ザ・ホース・ツアー〟の〝正調〟ライヴ・アルバムである。『ウェイ・ダウン・イン・ザ・ラスト・バケット』で明らかになったウォームアップ・ギグの模様と比べると、総じてうるさくて、長い。前座を務めたダイソナーJr.やソニック・ユース、ソーシャル・ディストーションの面々はどのように感じていたのだろうか。〝グランドファーザー・オブ・グランジ〟と呼ばれることになるニールと、クレイジー・ホースのことを。

『フリーダム』で久方ぶりに爆発した「ロッキン・イン・ザ・フリー・ワールド」をつくり、『傷だらけの栄光』でクレイジー・ホースをアップデイトさせたニールは、このふたつの路線をツアーを通して〝溶接〟したのだ。

いちおう弁護しておくと、ニールは暴走ばかりしていたわけではない。『ウェルド』には〝溶接〟だけでなく、〝議論をひとつにまとめる〟という意味も含まれている。さんざん火をつけておいて〝いやいや、話し合おうよ〟というのも勝手な話だが、このツアーでの所業は、ニールなりの問題提起だったと見ることもできるのだ。

アルバムは歪みまくったギターで始まる、「ヘイ・ヘイ、マイ・マイ」で幕を開ける。『ウェイ・ダウン〜』の時点では「セダン・デリヴァリー」の1曲だけだった『ラスト・ネヴァー・スリープス』の収録曲が3曲に増やされているのは、ニールの怒りのモードにスイッチが入ったからだろう。オリジナルではまだ朗々と歌っていたこの曲も吐き出すようなヴォーカルに変貌を遂げ、ギターはひたすらアグレッシヴに鳴り響いている。さらに雷鳴が轟くようなエンディングでは、聴衆が狂喜する様子が伝わってくるようだ。

そしてサイレンと爆撃の音が流れる中、ノイジーなギターでボブ・ディランの「風に吹かれて」のメロディが紡がれていく。『傷だらけの栄光』の「マザー・アース」で試された手法が、ここで効果的に使われたのだ。ニールの感情の揺らぎを抑え込んだようなヴォーカルに、クレイジー・ホースのやけに端正なコーラスが絡むと、強い意義申し立てに聴こえてくるから不思議だ。これは米国のある一定の層には嫌がられたことだろう。

『傷だらけの栄光』からの曲は、レコーディング・セッションの続きのように、ひたすら新しいグルーヴを求めているようだ。なかには「マンション・オン・ザ・ヒル」や「ファッ〇ン・アップ」のように、エンディングがしつこく引き伸ばされた曲もある。

「シナモン・ガール」だけは大きく変えようがなかったようだが、それでもギターの硬質な音は時代を反映させていると言わざるをえない。

そして、クレイジー・ホースで演奏された「ロッキン・イン・ザ・フリー・ワールド」の破壊力たるや凄まじいもので、しかもなかなか終わらない。「ライク・ア・ハリケーン」もそうだが、それまでの数年の間にニールが行ってきたいくつかのトライアルが、これらの曲を通じて〝溶接〟されたのだ。

さらに、ラストの2曲が『今宵その夜』の収録曲なので、世界中で倒れていった人々に向けてのレクイエムに聴こえてならない。

なお、91年の発売当時にはVHSやレーザーディスクもリリースされている。また、US盤のCDにはロング・ボックス仕様のものもあった。

（森次郎）

NEIL YOUNG
JOURNEY THROUGH THE PAST TO THE FUTURE

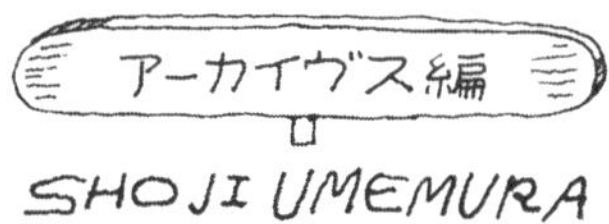

SHOJI UMEMURA

やあ
ヤング
今から
来れるか？

RRRRRR

待ってたぞ
ヤング・ニール

あっ
ヤングだ

「アーカイヴス」の
作業はどうなんだ
オールド・ニール。

ヤング・ニール
オマエの意見を
聞きたい。これは
オマエが残したものだ。

NEIL YOUNG

ある評論家は
これを
自分の伝説化
のために
やっているに
すぎないと
言っているらしい。

フフフ、
だとしたら
これは何とも
薄っぺらい
プロジェクトだな。

ボクが
ヒッチハイクした
時に書かれた
歌詞のメモが
ありました

助かる。

私は時おり森を歩く
森の中に入るのは私にとって教会に行くようなスピリチュアルな行動でもある。

森の中で起こる小さな変化を全て知るのは不可能だが自然とものごとの理を通して大きな変化を受け入れる術を学ぶことができる。

そして、ひとつの場所から、別の場所への移動も、私には重要な意味がある一ヶ所に止まらないことが前進であり変化だ。
WINNIPEG
TORONTO
NASHVILLE
ALUBUQURQUE
LOS ANGELES
その変化の物語をありのままに受け入れ、そこから自分の創作が始まるこうして多くの曲を作ってきた。
私の作品は山ほどある。誰もが知っているもの、誰も知らないもの、私自身が気づいていないもの。
ニール作品のチェックは本書で
NEIL YOUNG
NYA
とにかく私にはやりかけの仕事が多すぎる。今はそれに決着をつけて完結させるべき時だ。これを届けるための詰めこむべき荷物はある。
NEIL YOUNG
NEIL YOUNG
そんな「アーカイヴス」の完結を切に願っております。くれぐれもお身体お大事に。
NEIL

Chapter 7

Neil's Recordings 1991–2020

犬伏 功、梅村昇史、森 次郎、森 陽馬、和久井光司

怒り親父、燃え尽きるまで

和久井光司

『ハーヴェスト・ムーン』から30年というのは、にわかには受け容れがたい。私はこの論考を、筆者の皆さんによるアルバム・レヴューを読みながら書いているのだが、ニール・ヤングが30年という歳月を懸命に生きてきたのが改めてわかって、感動を覚えてもいる。

そして、「俺はどのぐらいできたかな？」と自問し、情けない気持ちになったりするのだ。

焼けつくような『ウェルド』の次が、穏やかな『ハーヴェスト・ムーン』というのにも痺れたし、『アンプラグド』も「そうくるか」という選曲だった（せっかくの機会だったから、もうちょっと売れ線を狙ってもよかった気もするのだが）。

『スリープス・ウィズ・エンジェルズ』はクレイジー・ホースとのアルバムのわりにはおとなしい印象だったが、40代最後のアルバムがパール・ジャムとの『ミラー・ボール』となり、相変わらずのアグレッシヴさを見せつける。ジム・ジャームッシュの映画『デッド・マン』のサントラが実際は40代のラスト・レコーディングだが、ジャームッシュとの関係はそれだけには終わらず、ニール&クレイジー・ホースの96年ツアーを収録した映画『イヤー・オブ・ザ・ホース』につながったのだから面白い。そのツアーの前に録音された『ブロークン・アロー』が50代の1作目にあたるわけだが、97年にはCSNYの『ルッキング・フォワード』が出て、再会モードは97年の『シルヴァー・アンド・ゴールド』に収録の「バッファロー・スプリングフィールド・アゲイン」へ。このときは曲が発表されたにすぎなかったが、04年にブルース・パーマー、09年にデューイ・マーティンが亡くなったのも影響したのか、10年にはニール、スティルス、フューレイでバッファローを再結成というまさかの事件が起こる。10月23、24日のブリッジ・スクール・ベネフィット・コンサートと、11年6月11日にテネシー州で行われたボナルー・フェスティヴァル（3日目）に出演しただけで終わったため意外に話題にならなかったが、3人が42年ぶりに顔を揃えたのは奇跡的なことだったと思う。

リリースに話を戻すと、20世紀最後のアルバムは00年8月〜10月の〝ミュージック・イン・ヘッド・ツアー〟を収録したライヴ盤『ロード・ロックvol.1』だった。そして01年5月にはブッカー・T&ザ・MGズとレコーディングを開始し、7月28日にはクレイジー・ホースを伴ってフジ・ロックのステージに立ったが、9月11日に起こった同時多発テロで予定が狂い、11月にブッカー・Tとの録音を再開。02年4月の『アー・ユー・パッショネイト?』は重苦しいアルバムとなった。

けれども、ボブ・ディランに向けたとも、自分に向けたとも取れる〝きみはまだ情熱的か?〟という問いに、そのまま答えることには抵抗を感じたのかもしれない。アメリカ社会が抱える問題を物語化することで、より多くを多角的に訴えようとしたのが、次の『グリーンデイル』だった。アメリカの田舎町に暮らすグリーン家とその周りの人たちを登場人物とした10の新曲に真摯なメッセージを込めたアルバムは、ニールの全キャリアの中でもとくべつなものだ。発売前に行われたソロ・ツアーの模様はDVDとしてアルバムに付けられ、バンド・ツアーは演劇仕立てとなった。03年の来日公演（11月10日・大阪城ホール、12日・福岡サンパレス、14、15日・日本武道館）が素晴らしかったのは言うまでもなく、04年には演劇部分の映像作品やホーム・スタジオでの全曲演奏をDVDとして付けたCDのセカンド・エディション、そして書籍とプロジェクトは続いていった。

05年9月の『プレーリー・ウィンド』は、脳動脈瘤の手術や父スコットの死を乗り越えての作品になったが、『ハーヴェスト』『ハーヴェスト・ムーン』に続くナッシュヴィル録音。三部作を完結させたという趣もあった。全曲のレコーディング映像を収録したDVDつきのCDもよかったが、05年8月にライマン・オーディトリアムで行われたライヴがジョナサン・デミ監督によって『ハート・オブ・ゴールド』と題された映画（06年2月に全米公開）になるなど、またもプロジェクトは流れを感じさせるものになった。

しかし、そのサントラ盤の制作を中止して、ニールは2週間で『リヴィング・ウィズ・ウォー』を録音する。イラク戦争に怒りを感じたニールはブッシュとアメリカ政府を痛烈に批判。発売後の06年7月〜9月にはCSNYの〝フリーダム・オブ・スピーチ・ツアー〟を敢行して4人がかりで平和をアピールし、12月にはアルバムのオルタネイト・ヴァージョン『リヴィング・ウィズ・ウォー：イン・ザ・ビギニング』もリリースされた。

07年、ニールはエコ・カー〝リンクヴォルト〟の開発に着手する。石油を使わずにバイオ燃料で走る車である。同年の『クローム・ドリームスⅡ』は76年に暗礁に乗り上げたアルバム『クローム・ドリームス』の続編として制作されたものだが、有名な未発表曲「オーディナリー・ピープル」の公式録音（88年7月にレコーディングされた18分版）がついに登場したのもポイントだ。エコ・カー運動は続く『フォーク・イン・ザ・ロード』でも推進されたが、大きな話題になったとは言い難い。

10年代前半は、ダニエル・ラノワにプロデュースを任せた音響弾き語りアルバム『ル・ノイズ』、クレイジー・ホースとの『アメリカーナ』と『サイケデリック・ピル』、ジャック・ホワイトとコラボした『ア・レター・ホーム』、同じ曲を弾き語りと92人編成のオーケストラ／合唱隊の2ヴァージョンで聴かせた『ストーリートーン』と続いたから音楽的な集大成に向かうのかと思いきや、バイオ化学メーカー、モンサント社が遺伝子組み替え作物を規制する法案を覆そうとしたことに激怒し、ウィリー・ネルソンの息子ふたりがいるバンド、プロミス・オブ・ザ・リアルを率いて『モンサント・イヤーズ』と『アース』をたて続けに制作、次に矛先はミズーリ川の下を通過する計画が進んでいた石油パイプラインに向いて、それに抗議する『ピース・トレイル』が録音されたのだ。

70代になっても〝怒り親父〟をまっとうするニールは、女優で映像作家のダリル・ハンナと結婚。彼女の映画のサントラ盤『パラドックス』、16年の大統領選に合わせた『ザ・ヴィジター』を経て、ニルス・ロフグレンが復帰したクレイジー・ホースとの『コロラド』、コロナ禍の社会に対応した『ザ・タイムス』と、〝燃え尽きるまで〟を地で行く活動を展開している。

Neil Young

Harvest Moon

ハーヴェスト・ムーン

Reprise／45057-4［CD］
Recording: 1991年9月〜1992年2月
Release: 1992年11月2日

1. Unknown Legend
2. From Hank to Hendrix
3. You and Me
4. Harvest Moon
5. War of Man
6. One of These Days
7. Such a Woman
8. Old King
9. Dreamin' Man
10. Natural Beauty

72年の『ハーヴェスト』から20年後に届けられた、アコースティック・アルバム。『ハーヴェスト・ムーン』というタイトルからも評判を呼び、13年ぶりに全米トップ20入りを果たしている（最高16位）。

ノスタルジーに訴えたのはタイトルだけではない。『ハーヴェスト』と同じストレイ・ゲイターズを招集したのである。ドラムのケニー・バットリー、ベースのティム・ドラモンド、ペダル・スティール・ギターなどのベン・キース、キーボードはジャック・ニッチェに替わってスプーナー・オールダムだ。ただし、ニッチェは「サッチ・ア・ウーマン」のストリング・アレンジを手がけている。さらにバッキング・ヴォーカルにはジェイムズ・テイラー（『ハーヴェスト』では「オールド・マン」でバンジョーを担当）、リンダ・ロンシュタット、ニコレット・ラーソンらが参加したのだ。

ただし、この『ハーヴェスト・ムーン』は、『ハーヴェスト』の発売20周年に合わせてあらかじめ周到に計画されたものではない。『傷だらけの栄光』のレコーディングとその後のグランジ化したツアー、そしてライヴ・アルバム『ウェルド』と『アーク』のミックス作業を通じて、ニールの聴力に問題が生じたのだ。奇しくも椎間板ヘルニアの手術のあと、アコースティックなものしか演奏できない時期にレコーディングされた『ハーヴェスト』と似た状況になっていたのである。

おそらく周囲から、とくにレコード会社から『ハーヴェスト』の続編をつくって欲しいと言われたなら、ニールは難色を示したことだろう。とくにゲフィン時代なら、まずやらなかった企画だ。しかし、いざ〝やる〟と決めると20年前と同じメンバーを招集した上で、これだけメロディアスな曲を用意するのだから、ニール・ヤング恐るべし、である。

とはいえ、内容は『ハーヴェスト』の直系の〝続編〟とは言い難い。バンドのメンバーと、アコースティック縛りのところは共通するものの、本盤には『ハーヴェスト』にあったクッキリとしたリズムや、「孤独の旅路」に代表されるキャッチーさは見当たらない。

あくまで美しいメロディとまろやかな演奏、極端に言えばこれだけである。ニールの歌はさすがに不安定さは薄れているし、参加したメンバーたちも年齢を重ねてツボを押さえたプレイやコーラスに磨きがかかっている。とにかく、穏やかに時間が過ぎていくのだ。

例外はやや不穏な空気を醸し出す「ウォー・オブ・マン」くらいのものだが、これもニールにしてみれば歌詞もアレンジも大人しい部類に入るだろう。また、ニールとニコレットのデュエット（演奏もニールのアコギのみ）である「ユー・アンド・ミー」に、「オールド・マン」のメロディが引用されていることには、ニヤリとさせられてしまう。

最後の「ナチュラル・ビューティ」はライヴ録音で、環境問題をテーマにした10分を超える曲だ。ただ、大作という印象は受けず、かといって冗長にもならずに淡々と進行していく。小編成のメンバーで、ニコレットのコーラスが印象的だ。

ちなみに〝ハーヴェスト・ムーン〟を辞書で調べてみると〝中秋の名月〟と書かれてあった。秋分のころ、穀物を豊かに実らせるといわれる月のことだという。ニールは当時の自分を秋になぞらえていたのだろうか。

（森次郎）

Neil Young
Dreamin' Man Live '92
ドリーミン・マン・ライヴ '92

Reprise／511277-2［CD］
Recording: 1992年1～11月
Release: 2009年12月8日
1. Dreamin' Man
2. Such a Woman
3. One of These Days
4. Harvest Moon
5. You And Me
6. From Hank to Hendrix
7. Unknown Legend
8. Old King
9. Natural Beauty
10. War of Man

『ハーヴェスト・ムーン』のレコーディングは91年9月から92年2月にかけて行われ、92年11月2日に発売された。その全曲を、ニールの弾き語りで収録したライヴ・アルバムが『ドリーミン・マン・ライヴ'92』だ。ニールはアコースティック・ギターやバンジョー、ピアノ、ハーモニカを演奏しながら歌っている。本作には92年1月24日のオレゴンから92年11月22日のミネアポリスまでのライヴからセレクトされているので、レコーディング終了間際から発売直後までの録音ということになる。また、曲順はオリジナルとは異なり、録音順になっている。

1曲目は1月24日の「ドリーミン・マン」。まだギターやヴォーカルにはこなれていない感じがある。それでもかつてのニールにあったナイーヴな雰囲気が漂っていて、悪くない。5月20日の「サッチ・ア・ウーマン」は、バンドにストリングスが加わったアレンジを、ピアノとハーモニカでうまく再構築している。歌い方も丁寧で、素晴らしいテイクだ。「ワン・オブ・ジーズ・デイズ」から「オールド・キング」までの6曲は、9月21日の録音だ。この頃には『ハーヴェスト・ムーン』の曲が、すっかりニールの中で消化されていることがよくわかる。とくに「ハンク・トゥ・ヘンドリクス」のギターとハーモニカ、ヴォーカルの表現力は特筆もの。「オールド・キング」はバンジョーでの弾き語りで、これが妙にハマっている。

11分を超える「ナチュラル・ビューティ」は11月19日の録音だ。適度な緊張感を保ちながら、わずかに緩急をつけて歌い切るのだからたまらない。

本作は『ハーヴェスト・ムーン』をさらにシェイプ・アップさせたアナザー・ヴァージョンだと言うことができるだろう。また、ニール自身の表現力を再認識できるアルバムでもあるのだ。（森次郎）

Neil Young
Unplugged
アンプラグド

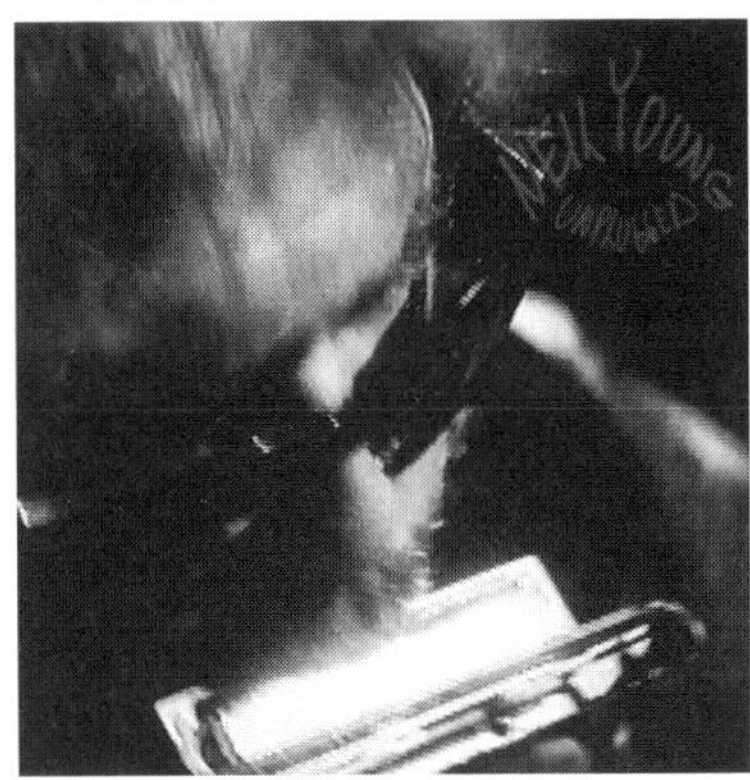

Reprise／45310-2［CD］
Recording: 1993年2月7日
Release: 1993年6月8日
1. The Old Laughing Lady
2. Mr. Soul
3. World on a String2
4. Pocahontas
5. Stringman
6. Like a Hurricane
7. The Needle and the Damage Done
8. Helpless
9. Harvest Moon
10. Transformer Man
11. Unknown Legend
12. Look Out for My Love
13. Long May You Run
14. From Hank to Hendrix

『MTVアンプラグド』は、92年にエリック・クラプトンのパフォーマンスがCD化され、大ヒットを記録した人気番組だ。ニールにも出演のオファーがあり、92年12月にニューヨークのエド・サリヴァン・シアターでショウを収録している。しかし、出来に満足しなかったニールはこれをボツにし、改めて93年2月7日にロサンゼルスのユニヴァーサル・スタジオで収録を行ったのだ。

最初の7曲は弾き語りで、8曲目以降はニルス・ロフグレンやニコレット・ラーソン、それにストレイ・ゲイターズの面々（ドラムはオスカー・バターワース）が加わっている。『ハーヴェスト・ムーン』が発売され、（『ドリーミン・マン・ライヴ'92』として発売された）弾き語りのツアーを終えたばかりのニールにとっては、他の出演者とは違い〝いつも通り〟のパフォーマンスだったのだろう。

バッファローの「ミスター・ソウル」は『トランス』では解体されたが、ここではブルース化されている。「ストリングス・マン」は、リリースされなかった『クローム・ドリームス』に収録予定だった未発表曲だ。「ライク・ア・ハリケーン」は、なんとパンプ・オルガン（ハーモニウム）の弾き語り。「ヘルプレス」も意表を突いて、ニールがピアノとハーモニカ、ニルスがアコーディオンを演奏している。

『トランス』からは「トランスフォーマー・マン」もとり上げられた。アコースティックで披露されたことで、実にニールらしい曲だということが改めて示されたのだ。

スティルス・ヤング・バンドの「ロング・ユー・メイ・ラン」まで引っ張り出す大サービスだが、ステージは最後まで淡々と進行していくのだった。

なお、発売当時はVHSやレーザーディスクでも発売されている。（森次郎）

Neil Young & Crazy Horse
Sleeps With Angels
スリープス・ウィズ・エンジェルス

Reprise／45749-2［CD］
Recording: 1993年11月〜1994年4月
Release: 1994年8月16日
1. My Heart
2. Prime of Life
3. Driveby
4. Sleeps with Angels
5. Western Hero
6. Change Your Mind
7. Blue Eden
8. Safeway Cart
9. Train of Love
10. Trans Am
11. Piece of Crap
12. A Dream That Can Last

発売当時、カート・コベイン（ニルヴァーナ）の死に影響を受けたとか、陰鬱だとかダウナーなどと喧伝されていたこともあって、なんとなく買うのを避けていた記憶がある。いま手元にあるのは、しばらく経ってから手に入れた中古のEU盤CDだ。いざ聴いてみると拍子抜けするほど地味ではあったけど、そんなに暗くもないし、ニールは思いつめてもいないぞ、と思ったことを覚えている。

本作の録音は93年11月8日から94年4月25日まで。コベインの遺体が発見されたのが4月8日のことだ。遺書にはニールの「マイ・マイ、ヘイ・ヘイ（アウト・オブ・ザ・ブルー）」の歌詞が引用されている。「消え去るよりも燃え尽きたほうがいい（It's better to burn out than to fade away）」という一節だ。

もちろん、ニールにも感じ入るところはあったのだろう。

レコーディングの終盤に差しかかったところで「スリープ・ウィズ・エンジェルズ」を書き、そのままアルバム・タイトルにしたのである。ただし、このタイトル曲も直接的にコベインの死を扱っているわけではない。ニール自身もインタヴューで《多くの悲しい場面》のことを描いたものだと話しているのだ。

アルバムの発売は同年8月なので、コベインが自殺したという衝撃がまだ冷めやらぬ頃だ。ニールとの関係が話題になったことは理解できるが、いつまで経ってもそのことばかり語られるのはどうなんだろう、と思ってしまう。

レコーディングにあたって、ニールはいったん『ハーヴェスト・ムーン』でクールダウンさせた自分の作風をどの方向に転がしていくのかを考えていたのかも知れない。耳の状態に不安も残っていたのだろう。クレイジー・ホースにとっては、『ウェルド』で極限まで達してしまった激しいグルーヴの先に何があるのかを模索する時期だったことは明らかだ。結果として導き出されたのが、ときにアコースティック・ギターを織り交ぜながら、互いの間合いをはかるような演奏が続く、本作の楽曲たちなのだ。

かと言ってニールのレスポールの音が変わるわけでもなければ、タルボットとモリーナのギクシャクしたリズムもそのままだ。もちろん、うまいんだか雑なんだかよくわからないコーラスも変わらない。

1曲目の「マイ・ハート」はポンチョがマリンバ、タルボットがヴィブラフォン、ニールがピアノを演奏する静かな立ち上がり。このアルバムでは「プライム・オブ・ライフ」と「セイフティ・カート」でニールのフルートまで聞けるのだ。「ウエスタン・ヒーロー」と「トレイン・オブ・ラヴ」は同じメロディに違う歌詞をつけている。アレンジは似通っているが、トラックは別物だ。「ブルー・エデン」はクレイジー・ホース流のブルース。「ピース・オブ・クラップ」だけはパンキッシュな演奏にヤケクソ気味のコーラスが乗っかっているが、ニールのヴォーカルはさほど激しくない。

〝新生〟クレイジー・ホースを端的に表しているのが14分を超える「チェンジ・ユア・マインド」だ。適度な緊張感を保ったまま少しずつ色合いを変えていく、わかりやすいメロディとコーラスも効果的だった。この新しいグルーヴを獲得したことで、クレイジー・ホースは〝なんでもこい〟のバンドになったと言えるかもしれない。それは過去の要素もないまぜになったライヴ・アルバム『イヤー・オブ・ザ・ホース』で証明されることになる。

（森次郎）

Neil Young
Mirror Ball
ミラー・ボール

Reprise/45934 [CD]
Recording: 1995年1～2月
Release: 1995年8月7日
1. Song X
2. Act of Love
3. I'm the Ocean
4. Big Green Country
5. Truth Be Known
6. Downtown
7. What Happened Yesterday
8. Peace and Love
9. Throw Your Hatred Down
10. Scenery
11. Fallen Angel

常に時代と対峙してきたニールだが、かつて〝パンク〟を正面から受け止めたのと同様に、90年代の大きな潮流となったグランジ～オルタナティヴ・ロックにも当然のように反応した。のちにライヴ・アルバム『ウェルド』としてリリースされたツアーにはソニック・ユースらをオープニング・アクトに起用、ボブ・ディランの「風に吹かれて」で湾岸戦争への抗議を表明しつつ、全編に歪んだギターが響き渡る〝オルタナ〟を地でいく演奏を展開していた。そんなニールから強い影響を受けていたのが、シーンの中心的存在だったシアトル出身のバンド、パール・ジャムだった。シンガーのエディ・ヴェダーは社会に対する強いメッセージを楽曲に込めており、その点でもニールとは共通点があった。両者は93年のMTVミュージック・アワードで共演したのを機に急接近、ニールはパール・ジャムのステージにもゲスト出演、本作での共演が実現するに至っている。

シーンの最前線にいたバンドとの共演だけに、音そのものの変貌に期待と不安が入り混じった感情を覚えたリスナーは多かったと思うが、パール・ジャムはクレイジー・ホースより音の飽和度は高いものの、ニールの作品以外の何物でもない仕上がりだ。パール・ジャム作品にあるうねり弾けるような感触は皆無だが、そもそも彼らはニールの音楽の熱烈な支持者であったから、相性が悪いわけがない。11曲中10曲がニールの作品で、唯一「ピール・アンド・ラヴ」のみニールとエディ・ヴェダーの共作。しかしヴェダーは当時強度のストーカー被害に遭っていて自宅からなかなか出られず、アルバムの録音にあまり参加できなかったらしい。本作のリリース後、ニールは本作と対をなすパール・ジャムの企画盤"Merkinball"（2曲収録）に全面的に参加した。こちらも必聴だ。

（犬伏）

Neil Young
Dead Man
デッド・マン

Vapor／9 46171-2［CD］
Recording: 1995年3月
Release: 1996年2月27日
1. Guitar Solo, No 1
2. The Round Stones Beneath the Earth...
3. Guitar Solo, No.2
4. Why Dost Thou Hide Thyself, Clouds...
5. Organ Solo
6. Do You Know How to Use This Weapon?
7. Guitar Solo, No.3
8. Nobody's Story
9. Guitar Solo, No.4
10. Stupid White Men...
11. Guitar Solo, No.5
12. Time for You to Leave, William Blake...
13. Guitar Solo, No.6

ジム・ジャームッシュ脚本、監督による95年公開の映画『デッド・マン』のオリジナル・サウンドトラック盤。ニール作品としては『過去への旅路』以来となるサントラ・アルバムだが、『過去へ〜』はニールの歩みを軸にしたセミ・ドキュメンタリー作品で彼が関わった音楽作品そのものがテーマとなっているので、本作がニールによる純粋な映画の〝伴奏音楽〟を収めた初のアルバムである。

映画はジョニー・デップ主演による全編モノクロのウェスタンで、実に7年の構想の末に完成したジャームッシュ入魂の一作だが、ニールは映画のラッシュを前にたったひとりでアドリブのギター・ソロを展開、歌もなければ他の楽器のオーヴァーダヴも一切もないまま本編で使われている。映画ではすべてのリックがモノクロのシャープな映像に対し効果的に響いていたが、アルバム化に際しニールのギター・ソロ曲（1曲のみオルガンをメインにしたトラックとなっている）のバックには波の音などのSEが加えられており、さらに本編のセリフがあしらわれたトラックを交互に配することで映画にあったムードを上手く補っている。ニールの作品としては極めて特異なものではあるが、アルバム全編に渡るギター・フレーズの数々は彼以外の何物でもなく、そこには聴くものを惹きつける力が漲っている。

映画では冒頭のタイトル・バックにアコースティック・ギターをメインにエレクトリック・ギターが加えられた主題曲'Theme From Deadman'も聴くことができたが、これは本作には収められず同時発売のCDシングルにてリリースされており、そこでは同曲のエディット・ヴァージョン、同様のエディット版ながらデップのセリフが重ねられたヴァージョン、ロング・ヴァージョンの3種を聴くことができる。（犬伏）

Neil Young & Crazy Horse

Broken Arrow

ブロークン・アロー

Reprise／46291-2［CD］
Recording: 1996年3〜4月
Release: 1996年7月2日

1. Big Time
2. Loose Change
3. Slip Away
4. Changing Highways
5. Scattered (Let's Think About Livin')
6. This Town
7. Music Arcade
8. Baby What You Want Me to Do

パール・ジャムとの共演作となった『ミラー・ボール』、ジム・ジャームッシュの映画『デッド・マン』のサウンドトラック盤を経て、再びクレイジー・ホースと組んだスタジオ・アルバム。キャリアを考えるともっとありそうだが、クレイジー・ホースとのスタジオ・アルバムはこれが8作目となる。パール・ジャムとの共演をニール本人も決して〝課外活動〟だとは思っていないだろうが、クレイジー・ホースの名前があると、これがニールのホーム・グラウンドだと安心感を覚えるリスナーもきっと多いはず。本作のタイトルとなったブロークン・アローはオクラホマ州の地名で、ニールは70年に同地の農場〝ブロークン・アロー・ランチ〟を購入、敷地内には彼のスタジオがあり、そのことからもこのアルバムに対する彼の強い思いが窺える。オルタナティヴ・ロックと対峙した後の余韻が耳に残る本作だが、歌詞にはポジティヴな力が溢れており、それは〝これからも前へ進み続ける〟というニールの力強い決意表明のようでもある。アルバム冒頭を飾る3曲「ビッグ・タイム」「ルーズ・チェンジ」「スリップ・アウェイ」はいずれも長尺のジャム・セッション風のナンバーで、続く「チェンジング・ハイウェイズ」はカントリー風の曲調ながら、先の2曲と同様のバンドによるヘヴィーな仕上がり。「ミュージック・アーケイド」は本作唯一のアコースティックなナンバーだが、アルバムはここで終わらず、続くジミー・リードのカヴァー、「ベイビー・ホワット・ユー・ウォント・ミー・トゥ・ドゥ」のライヴ・ヴァージョンが敢えて小さなマイクで〝隠し録り〟されたブートレグを彷彿とさせる音像で収められている。なお、本作のアナログLPには90年の『傷だらけの栄光』のセッションで録られた〝Interstate〟が追加収録されている。

（犬伏）

Neil Young & Crazy Horse

Year Of The Horse

イヤー・オブ・ザ・ホース

Reprise／46652［CD］
Recording: 1996年5～11月
Release: 1997年6月17日

［Disc 1］
1. When You Dance I Can Really Love
2. Barstool Blues
3. When Your Lonely Heart Breaks
4. Mr. Soul
5. Big Time
6. Pocahontas
7. Human Highway

［Disc 2］
1.Slip Away
2.Scattered (Let's Think About Livin')
3.Danger Bird
4.Prisoners of Rock 'n' Roll
5.Sedan Delivery

映画『デッド・マン』でニールとの関係を深めたジム・ジャームッシュが次に手がけたのは、ニールとクレイジー・ホースの96年ツアーを捉えたドキュメンタリー作品だった。本作は同ツアーからのライヴ・アルバムで、同名映画のサウンドトラック盤として扱われる作品ではあるが、映画とは収録曲が一部異なっており、必ずしも同一の作品ではない。

クレイジー・ホースとの演奏をありのままに捉えた『ブロークン・アロー』のツアーでの模様を収めたもので、同作からの3曲に加え、『アフター・ザ・ゴールド・ラッシュ』『ズマ』、パンクと対峙した『ラスト・ネヴァー・スリープス』、波乱のゲフィン時代を締める役割を果たした『ライフ』からの曲が、グランジ～オルタナティヴ・ロックを経たクレイジー・ホースによりザラついた、かつ芯の太い演奏で披露されている。カントリー・フレイヴァー溢れた『カムズ・ア・タイム』に収められていた「ヒューマン・ハイウェイ」はスタジオ・ヴァージョンよりテンポを落としたアレンジとなったが、これにより曲の表情がより豊かになったように思う。この曲とともにアコースティック・ギターとハープが軸となったのがバッファロー・スプリングフィールド時代の「ミスター・ソウル」で、これは本作唯一の当時を思わせるシンプルな演奏だ。『ズマ』でも6分を超える曲だった「デンジャー・バード」は、3曲の長尺ジャム・セッションが冒頭に並ぶ『ブロークン～』の流れを汲んだ13分を超える演奏となっている。

本作がリリースされた97年はアナログ盤の需要が底を打った時期で、本作は1枚物のアナログ盤と2枚組CDとしてリリースされたが、CDを好まないニールの作品には珍しく、最後の「セダン・デリヴァリー」はCDのみの収録でアナログ盤では聴くことができない。（犬伏）

Neil Young
Silver & Gold
シルバー・アンド・ゴールド

Reprise／46291-2［CD］
Recording: 1998年3月〜1999年5月
Release: 2000年4月25日
1. Good to See You
2. Silver & Gold
3. Daddy Went Walkin'
4. Buffalo Springfield Again
5. The Great Divide
6. Horseshoe Man
7. Red Sun
8. Distant Camera
9. Razor Love
10. Without Rings

ニールは米MTVの人気企画「アンプラグド」に出演、その模様はライヴ・アルバムとしてリリースされたが、その後クレイジー・ホースと2枚のスタジオ・アルバム『スリープス・ウィズ・エンジェルズ』と『ブロークン・アロー』を完成させ、ツアーの模様は映画とライヴ・アルバムとなった。シーンの最前線で闘うバンド、パール・ジャムとは『ミラー・ボール』で共演を果たし、アルバムが発売されるとニールとパール・ジャムはツアーでもともにステージに立った。ニールの90年代は名作『ハーヴェスト・ムーン』で明けたが、このように大半の時間が〝バンド〟とともに費やされ、成果を残してきたのだ。そんなニールにとって〝やり切った〟という気持ちがあったのか、続く本作はエレクトリック主体のバンドから離れた、全編がアコースティックなアルバムとなった。しかし本作はニールの弾き語りのみに焦点を当てた〝素描〟的なアルバムではなく、『ハーヴェスト・ムーン』同様にベン・キース（ペダル・スティール・ギター）とスプーナー・オールダム（ピアノ、ハモンド・オルガン）が中心となり、ドナルド〝ダック〟ダン（ベース）、ジム・ケルトナーとナッシュヴィルの名手、ケニー・バットリー（ドラムス）ら錚々たる顔ぶれが脇を固めた、スタジオ作品として極めて完成度の高いアルバムに仕上がっている。

アルバムは再会を喜ぶ「グッド・トゥ・シー・ユー」で幕を開ける。タイトル曲の「シルヴァー&ゴールド」は81年に書かれていたものだが、収録曲の大半は97年のHORDE（Horizons Of Rock Developing Everywhere）ツアーや99年のソロ・アコースティック・ツアーの頃に書かれており、出会いや再会など日常に根ざしたテーマがシンプルかつストレートに歌われている。バンド再会への願いが込められた「バッファロー・スプリングフィールド・アゲイン」は97年7月のカリフォルニア：マウンテンヴュー公演でニール自身の弾き語りにより一足早く披露されていたが、『ブロークン〜』と本作の間にCSNYの再結成スタジオ作品『ルッキング・フォワード』がリリースされており、そのことがニールの心に〝再会〟というテーマを強く刻んだのかもしれない。本作は『ハーヴェスト』『ハーヴェスト・ムーン』に続くニールの〝アコースティック3部作〟として扱われることが多いが、このアルバムがリリースされた翌年の01年には、カナダのグラミー賞と称されるジュノー賞の〝ルーツ&トラディショナル・アルバム・オブ・ザ・イヤー〟を受賞している。

同名のライヴ映像作（国内盤は『シルヴァー&ゴールド〜ライヴ』のタイトルでリリース）も本作発売と同時にリリースされたが、これは本作の純粋な映像版というわけではなく、99年に行われたソロ・アコースティック・ツアーから5月29日のテキサス州オースティンのバス・コンサート・ホール公演の模様を収めたもの。当日演奏された27曲から13曲が選ばれた1時間強の作品で、本作収録の7曲が早くも披露されており、スティルス・ヤング・バンド名義でリリースされた「太陽への旅路」がオルガンとハープで演奏される珍しいシーンも。『ルッキング〜』からは3曲が取り上げられ、ニールが最新曲のライヴ映像を残すことを意図した作品であることも窺える。シンプルな弾き語り（楽器の持ち替えを悩む生々しいシーンも）ゆえ本作のようなアレンジの緻密さはないが、アルバムのルーツ的作品として観る価値は大いにありだ。

（犬伏）

Neil Young
Road Rock Vol.1: Friends & Relatives
ロード・ロック Vol.1

Reprise／9 48036-2［CD］
Recording: 2000年8月～10月
Release: 2000年12月5日
1. Cowgirl in the Sand
2. Walk On
3. Fool for Your Love
4. Peace of Mind
5. Words
6. Motorcycle Mama
7. Tonight's the Night
8. All Along the Watchtower

00年8月から約2か月間行われた〝ミュージック・イン・ヘッド・ツアー〟に、ニールは大きな手応えを感じたのだろう。ツアー終了後、間を空けずにこのライヴ・アルバムと映像作品『レッド・ロックス・ライヴ』がリリースされたことが、その証拠である。

メンバーは、『シルヴァー&ゴールド』に参加したベン・キース、ジム・ケルトナー、ドナルド・ダック・ダン、スプーナー・オールダムに、当時の妻ペギ・ヤングと、妹アストリッド・ヤングという布陣。熟練の演奏を繰り広げる旧友と家族に囲まれて、音楽で培った絆と愛をじっくりと味わうように、過去の楽曲を幅広く披露したツアーであった。

「ワーズ」と「今宵その夜」の長い演奏、歩き続けることを歌った「ウォーク・オン」、ぬくもり溢れる「ピース・オブ・マインド」、80年代後半の作品で初めて公式収録された「フール・フォー・ユア・ラヴ」からも深い情感が伝わってくる。

しかし、このライヴ盤はノスタルジックな雰囲気をほとんど感じさせない。アンコールで18分にわたって熱演した「カウガール・イン・ザ・サンド」を冒頭に持ってきて、ジミ・ヘンドリクスのヴァージョンも有名なボブ・ディランの「見張り塔からずっと」を最後に収めたからだろう。クリッシー・ハインド（プリテンダーズ）が客演した「見張り塔～」の激しさは、前作あたりの穏やかなサウンドからエレクトリック路線への移行を感じさせたものだった。

なお、ジャケット写真は、「カウガール～」の焼けるような演奏中に突然の雨が降り注いだ瞬間を撮影したものだ。ライヴの流れが把握できる映像版で、コロラド州の名コンサート会場であるレッド・ロックスの雄大な景観を眺めながら味わうと、このツアーの充実ぶりをさらに実感できるはずだ。

（森陽馬）

Neil Young
Are You Passionate?
アー・ユー・パッショネイト?

Reprise／9 48036-2［CD］
Recording: 2001年2月~12月
Release: 2002年4月9日
1. You're My Girl
2. Mr. Disappointment
3. Differently
4. Quit (Don't Say You Love Me)
5. Let's Roll
6. Are You Passionate?
7. Goin' Home
8. When I Hold You in My Arms
9. Be With You
10. Two Old Friends
11. She's a Healer

ボブ・ディランのデビュー30周年記念コンサートでバックを務めたブッカー・T＆ザ・MGズと意気投合したニールは、01年5月に彼らとレコーディングを開始する。クレイジー・ホースを従え、熱狂の公演となった7月28日のフジ・ロック・フェスティヴァルでは、往年の名曲に加えて4つの新曲を披露し、次作への期待を膨らませた。

しかし、9月11日に突如起きたのが同時多発テロだ。ニールは被災者への寄付を募るテレビ番組『アメリカ：トリビュート・トゥ・ヒーローズ』に出演。生放送で「イマジン」を歌った悲痛な表情は強く記憶に残っている。

そのあとファーム・エイドとブリッジ・スクール・コンサートを挟んで、11月にブッカー・Tたちと録音を再開。そして02年に完成したのがこのアルバムだった。

テロでハイジャックされた航空機の乗客が、家族へ電話で告げた最後の言葉を元に書き下ろされた「レッツ・ロール」は、フジ・ロックで歌われた「ゴーイング・ホーム」や「ホウェン・アイ・ホールド・ユー・イン・マイ・アームズ」とは異質の重さで聴く者へ迫ってくる。結果論ではあるが、ブッカー・T＆ザ・MGズ（スティーヴ・クロッパーは不参加）の演奏は、ニールの苦い心情に寄り添ったと言えるだろう。

タイトル曲で問いかけている《お前はまだ情熱的か？》という言葉は、9月11日に古き良きアメリカへの郷愁に満ちたアルバム『ラヴ・アンド・セフト』を発表したボブ・ディランへ向けられているという説がある。もしくは、同時多発テロで心が沈んだ自分自身へ投げかけた歌なのかもしれない。どちらにしても、この時期に抱えたアメリカ社会への問題意識と、音楽を作り続ける意義の再確認は、次作『グリーンデイル』へ引き継がれることとなるのだ。

（森陽馬）

Neil Young & Crazy Horse
Greendale
グリーンデイル

Reprise/48543-2［CD］
Reprise/48533-2［CD+DVD］
Recording: 2002年7月〜9月
Release: 2003年8月19日
1. Falling From Above
2. Double E
3. Devil's Sidewalk
4. Leave the Driving
5. Carmichael
6. Bandit
7. Grandpa's Interview
8. Bringin' Down Dinner
9. Sun Green
10. Be the Rain

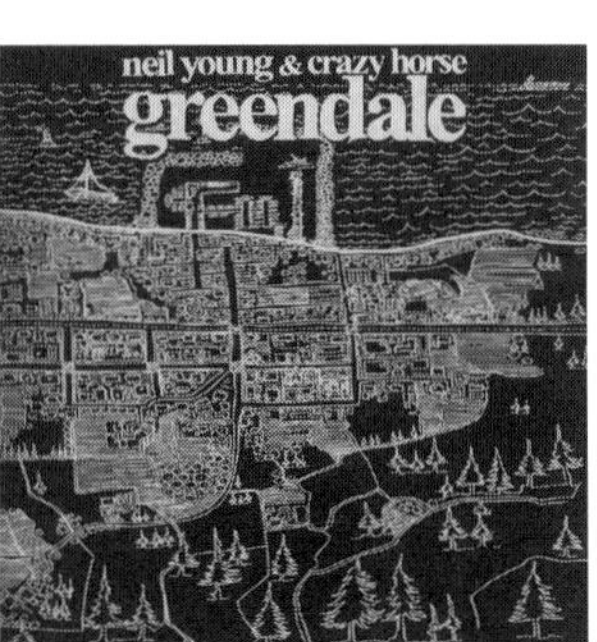

"greendale 2nd Edition"
Reprise/48699-2［CD+DVD］)

00年以降のニール・ヤングの活動を語る上で、避けては通れない作品、それが『グリーンデイル』だ。

アメリカにある架空の街グリーンデイルを舞台にしたコンセプト・アルバムで、収められた10曲各々の歌詞が、その小さな街に住むグリーン一家周辺の物語となっている。

録音を進めながら書き上げていった、というその歌には、登場人物の日常に加え、01年9月11日同時多発テロ事件を経たアメリカの様々な課題、〝自然保護〟〝世界平和〟〝マスコミ問題〟が盛り込まれている。全体を通して、ひとつの小説のように繋がっているのが印象的であった。

発売前から、『ズマ』のジャケットを手掛けたJames Mazzeoによるイメージ・イラストや、歌に登場するグリーン一家の家系図が公式サイトに掲載されるなど、グリーンデイルへ向けたニールの強い意欲が伝わってきていた。

ファンの期待が高まる中、遂にリリースされたその作品には、クレイジー・ホースのリズム隊と、ペギ・ヤングを中心としたコーラス隊〝ザ・マウンテネッツ〟が参加。程良い隙間がありながら、楽曲が進むごとにじわじわと熱を帯びてくる演奏は、物語の語り部となったニールの歌を、力強く引き立たせているものであった。

付属のDVDには、アルバム発売前に行われたグリーンデイル・ソロ・ツアーから、03年5月アイルランド／ダブリン公演の映像が収録。アコースティック・ギターとハーモニカ、オルガンの演奏に加え、曲間のMCでは、歌詞だけでは説明できない物語を補足するように、様々なことが語られている。興味深いのは、2曲目「ダブルE」の前に《この作品のテーマは人だ》と発言している点だろう。

グリーン一家の家系図には、主人公のサン・グリーン（太陽）に加え、シー（海）、スカイ（空）、アース・ブラウン（地球）などの名前もあったことから、この一家を世界の縮図として捉えることもできる。その観点からすれば、現代社会における人と人の繋がりという大きなテーマが見えてくるはずだ。

なお、このグリーンデイルにおいて、ニールはきっちりとした形式や結論を用意してはいない。しかし、夢・現実・希望・絶望・様々な感情が渦巻く10曲目「ビー・ザ・レイン」で彼は歌う。《私たちは母なる大地を救わなくてはならない》と。その決意は、1曲目「フォーリング・フロム・アバヴ」で繰り返し歌われていた《ほんの少しの愛情と思いやりを持つだけで、世の中はより良い場所になるはずだ》という言葉に帰結しているのだ。

アルバム発売後のバンド・ツアーでは、ステージの後ろに別のステージを作り、ニールの歌と同時進行で演劇が行われるというミュージカルのような演出が施された。03年11月には日本公演も実現。グリーンデイルを伝えたいという熱い想いが伝わる素晴らしいコンサートであった。

そのあともツアーは続き、04年にはその演劇部分を映画化した映像作品“Greendale”（Sanctuary/883809［DVD］）と、ニールのホーム・スタジオで『グリーンデイル』全曲をバンドで演奏している映像『インサイド・グリーンデイル』付の“greendale 2nd Edition”、更にはJames Mazzeoによるイラストを纏めた書籍も発売された。

次作へ気持ちが移りがちなニールにしては珍しく、グリーンデイルへ向けた熱はなかなか冷めなかった。それだけ強い意志と覚悟が、このアルバムには込められていたということだろう。

（森陽馬）

Neil Young & Crazy Horse

Return To Greendale

リターン・トゥ・グリーンデイル

Reprise／093624893868 [CD], 093624893257 [Deluxe Edition; CD+LP+DVD]
Recording: 2003年9月4日
Release: 2020年11月6日

1. Falling From Above
2. Double E
3. Devil's Sidewalk
4. Leave the Driving
5. Carmichael
6. Bandit
7. Grandpa's Interview
8. Bringin' Down Dinner
9. Sun Green
10. Be the Rain

03年から04年にかけて、世界各地で行われたクレイジー・ホースとの『グリーンデイル』ツアーは、観に行った人々の記憶に強く残るものであった。

ステージ上では、ニールの歌とバンドの演奏に合わせて、『グリーンデイル』の物語が俳優によって演じられ、歌詞だけでは伝わりにくい情景や切実なメッセージが直に伝わるライヴであった。

日本でも、03年11月10日大阪、12日福岡、14・15日東京の計4公演が行われた。その感動を追体験できるのがこのライヴ盤だ。曲順はオリジナルと同じだが、ステージ上の演出音や観客の熱気も加味され、臨場感溢れる演奏が心を熱くさせてくれる（アルバムの中で比較的地味な6曲目「バンディット」の演奏中、歌詞にボブ・ディランが出てくる箇所で声援が上がるのは、ライヴならでは）。

同時発売されたボックス・セットに同梱のブルーレイには、当時のライヴに映画版グリーンデイルをコラージュした映像作品が収録。ステージ上の演出はもちろん、ワイシャツを片腕だけ脱いでギターを弾くニールの雄姿も存分に楽しめる。"Greendale 2nd Edition"に収められていたスタジオ・ライヴ映像『インサイド・グリーンデイル』もボーナスＤＶＤで観ることができる。

感動の公演から17年を経てのリリースとなったライヴ盤ではあるが、この間に、当時の妻ペギ・ヤング、グランパ役のベン・キース、関連映像を手掛けたL.A.ジョンソンは亡くなった。出演者全員がステージに上がり、大団円となる「ビー・ザ・レイン」では、主人公サンの母親を演じ、コーラスを担当したペギ、更には、ニールの子供3人（ジーク、ベン、アンバー）の姿も映っている。『グリーンデイル』は、ニールにとって、単なるアーカイヴではなく、家族の想い出が詰まった忘れ形見なのかもしれない。（森陽馬）

Neil Young
Prairie Wind
プレイリー・ウィンド

Reprise／49494-2［CD］
Reprise／49494-2［CD+DVD］
Recording: 2005年3月〜6月
Release: 2005年9月27日

1. The Painter
2. No Wonder
3. Falling Off the Face of the Earth
4. Far From Home
5. It's a Dream
6. Prairie Wind
7. Here for You
8. This Old Guitar
9. He Was the King
10. When God Made Me

『グリーンデイル』プロジェクトに続き、『グレイテスト・ヒッツ』が04年冬に発売された。そして、一区切りついたあと、ニールは新たな作品に取り掛かる。『ハーヴェスト』(72年)、『ハーヴェスト・ムーン』(92年) に続くナッシュヴィル録音作『プレーリー・ウィンド』だ。

しかし、05年3月、彼に思わぬ事態が起こる。3月14日の『ロックの殿堂』式典へ出演後、視界異常を訴え、検査の結果、脳動脈瘤が見つかったのだ。医師から即手術を促されたが、ナッシュヴィルへ飛び、1曲目「ペインター」から8曲目「ディス・オールド・ギター」を録音。本人にも不安があっただろうが、3月下旬にやっと行われた手術は無事成功した。

しかし、安心も束の間、父スコット・ヤングが6月12日に他界する。10曲目「ホエン・ゴッド・メイド・ミー」はその1週間後に録音された。ニール流のゴスペルとも言えるこの歌には、父の死が大きく影響していたはずだ。

紆余曲折を経て完成した本作は、全曲のレコーディング映像を収録したDVD付を"完全版"と考えたい。そこでは共同プロデュースを務めたベン・キースと、スプーナー・オールダム (キーボード)、リック・ローサス (ベース)、カール・ヒメル (ドラムス)、「ディス・オールド・ギター」で美しい歌声を聴かせてくれるエミルー・ハリス他、参加メンバーの演奏シーンを観ることができる。

なお、05年8月、カントリーの伝統的な名会場であるライマン・オーディトリアムにて、本作の楽曲を中心としたコンサートの模様が、ジョナサン・デミ監督によって撮影された。この映像は『ハート・オブ・ゴールド』として映画化、06年2月に全米封切りされた。映画を観れば、脳の病を乗り越え、亡き父へ捧げられた『プレーリー・ウィンド』の深みがより感じられるはずだ。

(森陽馬)

Neil Young
Living With War
リヴィング・ウィズ・ウォー

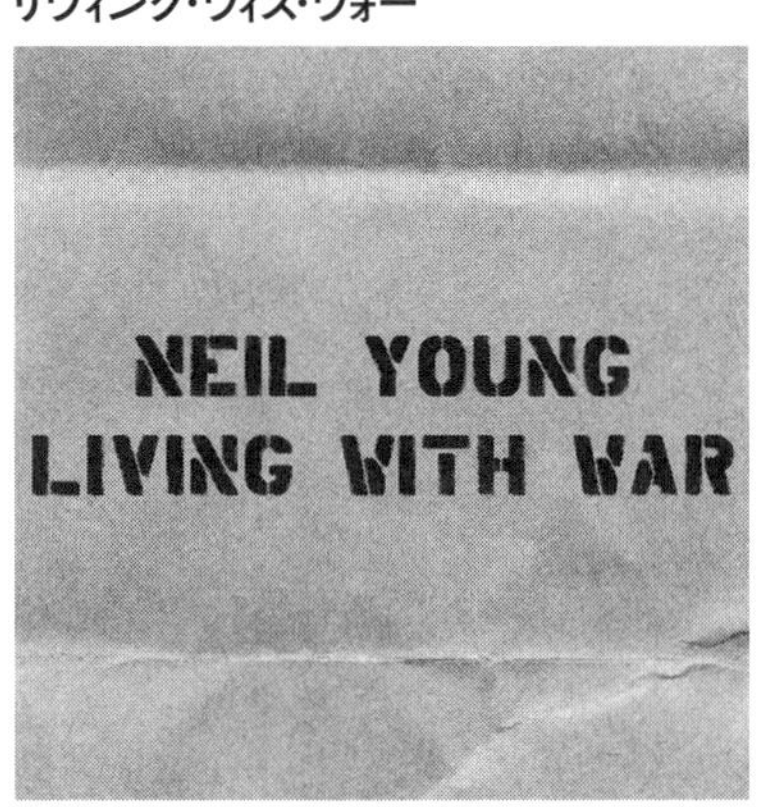

Reprise／44335-2［CD］
Recording: 2006年3月〜4月
Release: 2006年5月8日

1. After the Garden
2. Living with War
3. The Restless Consumer
4. Shock and Awe
5. Families
6. Flags of Freedom
7. Let's Impeach the President
8. Lookin' for a Leader
9. Roger and Out
10. America the Beautiful

人間の行動は理屈では割り切れないものだ。ニール・ヤングは一見理不尽に見えるような行動を怖れずに、まっすぐに〝人間〟を見せてくれてきた人だと思う。

脳動脈瘤の手術と父の死を経て発表した05年の『プレーリー・ウィンド』に続き、ジョナサン・デミ監督による映画『ハート・オブ・ゴールド』が06年に全米公開され、そのサントラが5月に発売予定であった。しかしニールはそれを突然中止にして、約2週間で録音した『リヴィング・ウィズ・ウォー』を緊急発売させる。写真が一切ないブックレットはとても簡素で、早急にリリースした経緯を色濃く感じさせる装丁であった。

サウンドはエレクトリック！ 痛烈なメッセージを持つプロテスト・ソングで統一されている。ニールはこれを、〝ボブ・ディランやフィル・オクスのメタル版〟と形容。多くの人に聴いてもらいたい、という思いから、公式サイトで全曲を無料公開した。

バックを務めたのは、チャド・クロムウェル（ドラムス）、リック・ローサス（ベース）、トミー・ブレイ（トランペット）。「ザ・レストレス・コンシューマー」の《何百の国、何百の声が、助けを求めて叫んでいる》の部分で、百人のコーラス隊が声を合わせる瞬間や、「ショック・アンド・オウ」で《棺を迎えるトランペットの音》という歌詞のあとに轟くトランペット・ソロに胸を熱くさせられる。

アメリカ大統領であったジョージ・ブッシュの矛盾した発言をそのまま中間部分に使った「レッツ・インピーチ・ザ・プレジデント」（大統領を弾劾せよ）、08年オバマ大統領の就任を予言した「ルッキング・フォー・ア・リーダー」も印象深い。

脳の手術を1年前に受けたとは思えないほど、精力的だったニール。何が彼を突き動かしていたのだろうか。（森陽馬）

Neil Young

Living With War: In The Beginning

リヴィング・ウィズ・ウォー：イン・ザ・ビギニング

Reprise／43265-2［CD+DVD］
Recording: 2006年3月〜4月
Release: 2006年12月19日

1. After the Garden
2. Living with War
3. The Restless Consumer
4. Shock and Awe
5. Families
6. Flags of Freedom
7. Let's Impeach the President
8. Lookin' for a Leader
9. Roger and Out

イラク戦争を企てたブッシュ大統領とアメリカ政府を痛烈に批判した『リヴィング・ウィズ・ウォー』は、ビルボードのアルバム・チャート最高位15位を記録した。ニールはそのメッセージを、さらに広く発信するため、06年7月からCSNYの《フリーダム・オブ・スピーチ・ツアー》を開始する。『リヴィング〜』収録曲を中心としたセットだったこともあって、保守層が多い南部の公演では演奏中に会場を出ていく観客もいた（この模様は映画"CSNY/ Deja Vu"で観ることができる）。

9月にそのツアーが終わったあとも、ニールは反戦への強い想いを絶やさなかった。11月7日のアメリカ中間選挙を受けて、12月に発売されたのが『リヴィング〜』の新ヴァージョンだった。

百人のコーラス隊や大統領のスピーチ部分などを除き、剝き出しの演奏と歌を押し出した生々しいミックスになっている。「アメリカ・ザ・ビューティフル」をカットして、『リヴィング〜』のスタジオ・ライヴ盤という位置づけになった。

注目すべきは付属のDVD。戦場で死亡した兵士の数をニュース番組のように羅列しながら、アメリカ政府の愚行を指摘する全曲のPVに加え、制作過程が伝わるスタジオでの録音風景も見どころだ。ニールがトーク・ゲストでテレビ出演した映像や、「ロング・ウォーク・ホーム」と「ミッドイースト・ヴァケイション」の86年サンフランシスコでのライヴも楽しむことができる。いま観ると09年に発売されたアーカイヴ・ボックスは、このDVDの編集アイデアがもとになっていることが実感できる。『ライヴ・アット・ザ・フィルモア・イースト』を皮切りにアーカイヴ・シリーズが開始されたのは、本作がリリースになる直前のことだ。

なおジャケットの絵は、ニールの娘アンバーが描いたものである。（森陽馬）

Neil Young

Chrome Dreams II

クローム・ドリームスⅡ

Reprise／311932-2［CD］
Reprise／348220-2［CD+DVD］
Recording: 1988年7月, 2007年5月～7月
Release: 2007年10月23日

1. Beautiful Bluebird
2. Boxcar
3. Ordinary People
4. Shining Light
5. The Believer
6. Spirit Road
7. Dirty Old Man
8. Ever After
9. No Hidden Path
10. The Way

ニール・ヤングの数多い未発表曲の中で、熱心なファンに当時最も公式発売が待たれていた曲。それが「オーディナリー・ピープル」だ。

『ディス・ノーツ・フォー・ユー』の頃に作られ、ステージで披露されたが、お蔵入りしていた。アメリカで生活しているさまざまなタイプの人間が登場する歌詞は、『グリーンデイル』の原案だったといっても過言ではないだろう。ニールの泣き叫ぶようなギターと歌に、ホーンが絡む熱い演奏が聴きどころだ。

その「オーディナリー～」の88年7月スタジオ・ヴァージョンが、76年秋に発売される予定で結局世に出なかったアルバム『クローム・ドリームス』の続編と言える本作に、遂に収録された。それほど話題になった記憶がないが、この炎が燃え上がるような18分は〝ニール屈指の名演〟と断言しておきたい。

〝21世紀のカウガール・イン・ザ・サンド〟的な趣を感じさせる14分半の曲「ノー・ヒドゥン・パス」、豪放な「スピリット・ロード」もニールらしいロック・ナンバーだ。『オールド・ウェイズ』のセッション時に作られていた「ビューティフル・ブルーバード」も穏やかでとても心地良い。

プロデュースは、『ディス・ノーツ～』などを手掛けたニコ・ボラスとニールによる共同名義ヴォリューム・ディーラーズ。ブックレットに仲良く並んで映っている写真も掲載されている。

なお、この時期のニールは、エコカー〝リンクヴォルト〟の開発に情熱を注いでいた。クラシック・カーが大好きな彼は、『グリーンデイル』以降、石油を使わずバイオ燃料で走る車を研究するようになる。アメリカのフォード・モーター社で製造されているリンカーンのロゴを使用したジャケットからも、プロジェクトへの意欲が感じられた。

（森陽馬）

Neil Young
Fork In The Road
フォーク・イン・ザ・ロード

Reprise／518041［CD］
Recording: 2008年9月～12月
Release: 2009年4月7日
1. When Worlds Collide
2. Fuel Line
3. Just Singing a Song
4. Johnny Magic
5. Cough Up the Bucks
6. Get Behind the Wheel
7. Off the Road
8. Hit the Road
9. Light a Candle
10. Fork in the Road

08年2月、ベルリン国際映画祭にて、映画"CSNY/ DEJA VU"が特別上映された。その際の記者会見で、ニールが《音楽で世界は変えられない》と発言したことが話題となった。「オハイオ」を作り、同時多発テロの被害者を支援する番組では「イマジン」をカヴァーし、『グリーンデイル』や『リヴィング・ウィズ・ウォー』を発表して戦い続けてきた音楽家の、悲観論として捉えられたのだろう。

しかし、ニールの本意は、違うところにあったのだと思う。例えば「ジャスト・シンギング・ア・ソング」で、ニールは《ただ歌を歌っているだけじゃ、世の中なんて変わらない》と歌っている。

その「ジャスト～」が収録された本作は、彼が当時推し進めていたエコカー"リンクヴォルト"のプロジェクトがテーマとなったアルバムだ。

イラク戦争の原因のひとつとなった中東の石油を使わず、地球に優しいバイオ燃料で走る車を開発するこの活動は、ニールの長年の趣味であった車と、反戦や自然保護のメッセージとが結び付き、集約されたものであったに違いない。

エコカー讃歌の「フューエル・ライン」「ヒット・ザ・ロード」、そして「ジョニー・マジック」では、フォード・モーター社のクラシック・カー、リンカーン・コンチネンタルを、環境に配慮した燃料で走る車へ改造することを歌っている。

『クローム・ドリームスII』に続き、ヴォリューム・ディーラーズ（ニール&ニコ・ボラス）がプロデュースを担当。08年に行われていたヨーロッパ・ツアーのメンバー（ベン・キース、リック・ローサス、チャド・クロムウェル、アンソニー・クロフォード、ペギ・ヤング）がバックを務めた。ロンドン録音の楽曲も含まれていることから、ライヴを重ねながら制作したのだろう。その勢いが伝わってくるアルバムだ。

（森陽馬）

Neil Young
Le Noise
ル・ノイズ

Reprise／525956-2［CD］
Reprise／7599-39975-3［Blu-ray］
Recording: 2010年3月〜7月
Release: 2010年9月28日

1. Walk with Me
2. Sign of Love
3. Someone's Gonna Rescue You
4. Love and War
5. Angry World
6. Hitchhiker
7. Peaceful Valley Boulevard
8. Rumblin'

サイケデリックな〝メタル・フォーク〟アルバム！

『ル・ノイズ』は、ニール・ヤングがギター一本で弾き語ったトラックに、プロデューサーのダニエル・ラノワが、さまざまな音響処理を施した作品だ。タイトルは、彼の名前（Lanois）からの連想である。

ダニエル・ラノワは、51年カナダ／ケベック生まれで、U2の『ヨシュア・ツリー』（87年）、ボブ・ディランの『オー・マーシー』（89年）、ウィリー・ネルソンの『テアトロ』（98年）などのプロデュースで知られる音楽家。ファーム・エイドへも出演していたことから、同じカナダ人であるニールと親交が深まったのだろう。

アメリカ政府とイラク戦争への怒りを込めた『リヴィング・ウィズ・ウォー』、アーカイヴ・ボックスのリリースを経て、2010年2月に行われたバンクーバー冬季オリンピックの閉会式で「ロング・メイ・ユー・ラン」を熱唱したニールは、さらなる刺激をラノワに求める。そして、唯一無二の爆音が渦巻くアルバムを完成させたのだ。

冒頭の「ウォーク・ウィズ・ミー」から、聴く者の覚悟を問うような、ダークでへヴィーなエレキ・ギターに圧倒される。その場の空気を振動させ、凍り付かせる音像だ。ラノワが手掛けたそれまでの作品群も独特な世界観を放っていたが、ニールとの本作はまた違った波動が伝わってくる。

「ヒッチハイカー」はニールが70年代中頃に書いた曲で、17年発売の『ヒッチハイカー』にも収められた。92年のツアーではアコースティック・ギターで歌われたことがあったが、エレキ・ギター・ヴァージョンはまた別格な印象だ。「アングリー・ワールド」は、11年に行われた第53回グラミー賞でベスト・ロック・ソングを受賞した。

《愛と戦争について歌う俺は、自分の言っていることがよくわからない》と歌われる「ラヴ・アンド・ウォー」、《サミットに集まった政治家たちは何の決断もできずに終わった》と嘆く「ピースフル・ヴァレー・ブールヴァード」は、どちらもニールらしい美しいメロディーを持った曲。アコースティック・ギターの弾き語りで聴かせてくれる。自分の部屋で歌ってくれているかのような臨場感だ。

この音像だけでもインパクトは強烈だが、発売と同時にネット上で無料公開された『ル・ノイズ・ザ・フィルム』はもっと凄い。ジャケットの雰囲気同様に、モノトーンを基調とした動画で、口ひげを蓄えた雄々しいニールが、LAのシルヴァーレイクにあるラノワの自宅スタジオで、暗闇の中を揺れるようにギターを弾き語っている姿を楽しめる。黒魔術で悪魔を召喚したようなこの映像を観れば、迫力10倍増しだろう。主にグレッチのホワイト・ファルコンを弾いているのも見どころだ。

この映像が高音質音源で楽しめるDVDとブルーレイも10年12月に発売されている。

この年は、スティルスとリッチー・フューレイがブリッジ・スクール・ベネフィット・コンサートに出演。バッファロー・スプリングフィールドが奇跡の再結成を果たすという明るい話題もあったが、映像を手掛けてきたL.A.ジョンソンが1月に他界、盟友ベン・キースが7月に急逝、情熱を注いできたリンクヴォルト・プロジェクトの車が納屋の火事で燃えてしまうなど、哀しい出来事も多かった。11年から自伝の執筆を開始したのは、旧友との再会と別れを経験して気持ちを揺さぶられたからかもしれない。(森陽馬)

Neil Young & Crazy Horse
Americana
アメリカーナ

Reprise／531195-2［CD］
Reprise／531704-BD2［Blu-ray］
Recording: 2011年10月～11月
Release: 2012年6月5日

1. Oh Susannah
2. Clementine
3. Tom Dula
4. Gallows Pole
5. Get a Job
6. Travel On
7. High Flyin' Bird
8. Jesus' Chariot (She'll Be Coming Round the Mountain)
9. This Land Is Your Land
10. Wayfarin' Stranger
11. God Save the Queen

11年、ニールは自伝の執筆を進めつつ、ソロ・ツアーと、バッファロー・スプリングフィールドの再結成ツアーを行った。そして、84年の秘蔵ライヴ音源『トレジャー』を6月に発売したあと、9月11日に行われたパール・ジャムのトロント公演に飛び入りする。

心に火がついたその勢いでクレイジー・ホースを招集し、10月に録音を開始。12年6月にリリースしたのが、この『アメリカーナ』だ。北米で古くから歌われてきたフォーク・ソングやトラディショナルに、新たなメロディーやアレンジを加えてカヴァーしたアルバムである。

こうした趣向は懐古趣味的にも映るが、現代のアメリカ社会が抱えるさまざまな事象を踏まえたうえで、伝統や歴史の中で築かれてきた夢や希望を見つめ直そう、という意図が込められているのだ。

ブックレットには、歌詞と共にニールによる解説が掲載されていて、曲が生まれた背景やカヴァーした意図、歌詞の解釈やアレンジの工夫にも言及している。この解説を読みながら聴くべきだろう。

例えば、ウディ・ガスリー作の「ディス・ランド・イズ・ユア・ランド」。移民・失業者問題の歌詞が省かれてカヴァーされることが多かったこの歌を、ニールはオリジナルの歌詞で歌っている。

共同プロデューサーは、『デッドマン』をニールとプロデュースしていたエンジニアのジョン・ハンロンとマーク・ハンフリーズ。スティヴン・スティルスとペギ・ヤングがコーラスで参加した。

本作が発売された当時、ニールが監督・出演した無声映画『アメリカーナ』が公式サイトで無料公開された。古き良きアメリカをイメージした41分のショート・フィルムだが、これは第84回米国アカデミー作品賞を受賞したサイレント映画『アーティスト』（11年製作）の影響を受けたもの、とも想像できる。（森陽馬）

Neil Young & Crazy Horse
Psychedelic Pill
サイケデリック・ピル

Reprise／531980-2 [CD]
Reprise／532775-BA2 [Blu-ray]
Recording: 2012年1月～3月
Release: 2012年10月30日

[**Disc 1**]
1. Driftin' Back
2. Psychedelic Pill
3. Ramada Inn
4. Born in Ontario

[**Disc 2**]
1. Twisted Road
2. She's Always Dancing
3. For the Love of Man
4. Walk like a Giant
5. Psychedelic Pill (Alternate Mix)

《11年1月に〝ハッパ〟（マリファナ？）を止めて以来、わたしは1曲も新曲を書いていない》

12年9月に発売された『ニール・ヤング自伝』にある一文だ。これを書いたのは11年夏頃のはずで、12年6月にカヴァー・アルバム『アメリカーナ』を発表、12年10月にはオリジナルの新曲で構成された、この『サイケデリック・ピル』がリリースとなった。

ニールが再びマリファナを吸ったかどうかはわからない。しかし、彼のオリジナル作品としては珍しい、CD2枚組（LP3枚組）の形態で発表された楽曲群は、まさにドラッギーなマジックを感じさせる閃きと輝きに満ちている。マジックとなった要因は、やはりクレイジー・ホースだろう。ニールと彼らの化学反応でしか生まれえない、とめどなく続く武骨なジャムを擁した長い楽曲が、このアルバムには3曲も収められているのだ。

まず、MP3などの劣悪な音質に対する嘆きを表した「ドリフティン・バック」が27分以上。そして「ラマダ・イン」が17分弱。「ウォーク・ライク・ア・ジャイアント」も16分以上ある。

クレイジー・ホースとの長尺曲と言えば、初期は「カウガール・イン・ザ・サンド」「ダウン・バイ・ザ・リヴァー」、90年代以降は「チェンジ・ユア・マインド」「ビッグ・タイム」が印象深いが、本作の長尺3曲には以前とはまた違った、怖いくらいのテンションと豪放さがあり、それが聴き手の度胸を試すように迫ってくる。

特に「ウォーク・ライク〜」は凄い。ニールとポンチョ（フランク・サンペドロ）による口笛に導かれながら、《俺は歩きたい。巨人のように堂々と》と歌われ、熱いジャムを挟みながら進んでいく。そして終わりそうでなかなか終わらない、巨人が足踏みするようなラストも圧巻だ。

「シーズ・オールウェイズ・ダンシング」も素晴らしい。歌の中の〝炎を宿し踊っている女性〟は、「ライク・ア・ハリケーン」に出てくる〝夢のような女性〟そのものだ。ニールの切実な歌と演奏に、吹き飛ばされそうになる。

《初めて「ライク・ア・ローリング・ストーン」を聴いたとき、マジックを感じて心に留めた》、《ラジオでグレイトフル・デッドを聴きながら》という一節が出てくる「トゥイステッド・ロード」にも注目したい。

共同プロデュースは、『アメリカーナ』に続き、ジョン・ハンロンとマーク・ハンフリーズが担当。

ブックレットには、歌詞の横にニールの一文が添えられているが、『アメリカーナ』に付いていたそれと違い、歌の解説というよりは雑感、もしくは抽象的な詩のようで、聴く者の想像をかき立てる。

なお、高音質音源が収録されたブルーレイ・オーディオも12年11月に発売された。そこではCDとLPには未収録のジャム曲「ホース・バック」（37分以上！）と、「サイケデリック・ピル」の2種類のオルタネイト・ミックスも収められた。ライヴ映像はないが、スタジオ内の機材が映る動画を楽しむこともできる。

のちにポンチョが引退を表明し、ニルス・ロフグレンがクレイジー・ホースのギタリストを引き継ぐこととなった。それはそれで喜ばしいことだが、『サイケデリック・ピル』を作り上げたポンチョを含むクレイジー・ホースとのマジックをもう二度と味わえないと思うと、少し寂しい気持ちになるのは僕だけだろうか。

（森陽馬）

Neil Young
A Letter Home
ア・レター・ホーム

Reprise／9362493999［CD］,
1-541532［Box Set: CD+LP+DVD+6inch×7］
Recording: 2013年9月
Release: 2014年4月22日
1. A Letter Home Intro
2. Changes
3. Girl from the North Country
4. Needle of Death
5. Early Morning Rain
6. Crazy
7. Reason to Believe
8. On the Road Again
9. If You Could Read My Mind
10. Since I Met You Baby
11. My Hometown
12. I Wonder If I Care as Much

ＭＰ３を含め、近年のデジタル・ファイルの音質に大きな不満を持っていたニールは、私財を投じて、高音質音源をダウンロードして楽しめるポータブル・プレイヤー〝ＰＯＮＯ〟を開発する。そのプロジェクトを進めている最中に発売したのが、究極のアナログ録音とも言うべき『ア・レター・ホーム』だ。

元ホワイト・ストライプスのジャック・ホワイトが所有している、ナッシュヴィルのサード・マン・スタジオで、47年製レコーディング・ブース“Voice-O-Graph”（ヴォイソグラフ）を使って録音。ジャケットに映っている電話ボックスみたいな箱がそのヴォイソグラフで、ブース内で演奏した音がレコード盤に直接カッティングされる仕組みになっている。

狭いブースの中に、体の大きいニールが入って、身を小さくしながらギターを弾き語り、ハーモニカと口笛も吹きながら苦労して作ったアルバムだが、誰が聴いても最初は、録音の悪い昔の作品か、デモ音源だと思うに違いない。

しかし、これは純然たる新録音の作品なのだ。

アルバムは、亡き母親へ宛てた手紙の朗読で始まる。昔を懐かしみながらの実直なメッセージに続いて歌われるのが、フィル・オクスの「木の葉の丘」だ。歌詞の一語一句を大事に、心を込めて歌うニールの憂いに溢れたヴォーカルが胸に沁みる。

ボブ・ディランの「北国の少女」、バート・ヤンシュの「死の針」への流れも印象深い。カナダ出身シンガー、ゴードン・ライトフットの「朝の雨」「心に秘めた想い」、ウィリー・ネルソンの「クレイジー」「オン・ザ・ロード・アゲイン」も取り上げている。ティム・ハーディンの「リーズン・トゥ・ビリーヴ」、アイヴォリー・ジョー・ハンターの「シンス・アイ・メット・ユー・ベイビー」も良い。ニールが子供の頃に親しんだ思い出の曲が多い中、少し意外な選曲が、ブルース・スプリングスティーンの「マイ・ホームタウン」だ。音の雰囲気のせいか、戦前のカントリーのように聴こえるのが面白い。

ラストはジャック・ホワイトとの和やかなデュエットで、エヴァリー・ブラザーズの「もう気にしないよ」。

高音質音源の配信プロジェクトと、SPレコードのような音質で聴かせる新録音作品のリリースは、矛盾しているように感じられるかもしれない。しかし、《音楽がかつて持っていたエッセンスを再び捉え、世に送り出すことができた》とニールが示しているように、良い音楽というのは、機材やデータで測れるものではないのだろう。その場の空気、そして人の心を震わせる本質的な何かが〝音〟には必要だ、ということをこのアルバムは教えてくれる。

最古に近い録音機器で吹き込んだ音源を、最良の音質で届けてくれた本作は、《わたしはあなたに音楽を感じてほしい》というニールの想いが詰まったものなのだ。

同時発売されたデラックス・ボックスには、通常のCDと重量盤LPに加え、ヴォイソグラフで直接カッティングしたオーディオ・マニア向け音源を収めたLP、録音風景映像を収録したDVD、高音質音源ダウンロード・カード、7インチよりさらに小さい6インチのアナログ盤7枚組が入っている。この6インチ盤のみのボーナス・トラック、ボブ・ディランの「風に吹かれて」に注目。外箱にはニールの写真がテープで貼り付けられており、ディテールにこだわったマニア心をくすぐる造りである。

（森陽馬）

Neil Young
Storytone
ストーリートーン

Reprise／546105-2［CD］
Recording: 2014年6月、8月
Release: 2014年11月4日
1. Plastic Flowers
2. Who's Gonna Stand Up?
3. I Want to Drive My Car
4. Glimmer
5. Say Hello to Chicago
6. Tumbleweed
7. Like You Used to Do
8. I'm Glad I Found You
9. When I Watch You Sleeping
10. All Those Dreams

10の新曲を弾き語りソロ、92人編成のオーケストラ／合唱隊の、2ヴァージョンで収録したアルバム。

94年7月、ニールは78年8月以来36年連れ添った妻ペギ（52年12月1日〜19年1月1日）と離婚した。その影にはすでにダリル・ハンナ（60年12月3日〜）の存在があり、ここには彼女が書かせたと思える曲も含まれている。同時にペギへの惜別の情も滲ませているから、後悔と逡巡と希望が入り混じったような複雑な作品になった。美しい曲が多いから、オーケストラと一緒なら感情ばかりを取り沙汰されることもないと踏んだのかもしれないが、名手アル・シュミットの録音手腕を活かしたオーケストラ編は絶品だ。

ベンとアンバーという子供をもうけたペギとは、86年にブリッジ・スクール・ベネフィット・コンサートを旗揚げ。07年にソロ活動を開始した彼女は“Pegi Young”、“Foul

Deeds"（10年）を発表後、スプーナー・オールダム、リック・ロサス、ケルヴィン・ホリー（ギター）、フィル・ジョーンズ（ドラムス）から成るザ・サーヴァイヴァーズを組織し、"Bracing For Impact"（12年）、"Lonely In Crowded Room"（14年）、"Raw"（16年）と離婚後もアルバムを発表し続けた。

一方、78年にブライアン・デ・パルマ監督の『ザ・フューリー』で映画界に登場したダリル・ハンナは、『ブレードランナー』（82年）の成功でトップ女優の仲間入りし、『スプラッシュ』（84年）、『ウォール・ストリート』（87年）、『キル・ビル』の1と2（03年、04年）などで存在感を示した。その後、映像作家としても活躍するなかでニールと出会ったようだ（私は井上公造でもデーブ・スペクターでもないから、そこまで調べる気はない）。

見開きジャケットの表裏と内側の水彩画はニールが描いたもので、カラー16ページの歌詞ブックにはアザー・シューフォトグラフィーの撮影チームによる美しい写真や、ガース・レンズの写真をジェニカ・ヘオが加工したモンタージュが掲載されている。ヴィジュアルでイメージを広げたのも、ふたりの女性に対する感情がそのままリスナーに伝わるのを避けようという意識がはたらいた結果とも思えるのだが、『ディス・ノーツ・フォー・ユー』を思い出させるビッグ・バンド・ブルース「セイ・ハロー・トゥ・シカゴ」はダリルの出生地にかけたものだろうし、その対抗ページには大きく手を広げて満面の笑顔のニールの写真が載っているのだから、気持ちはバレバレですって、師匠。

過去への旅路と思える『アメリカーナ』（フォーク・ルーツ探訪）、『サイケデリック・ピル』（ドラッグ・イヤーズの総括）、『ア・レター・ホーム』（ニール版「おふくろさん」？）にはほとんど心を動かされなかった私だが、個人的な愛の昨日・今日が歌われた本作は、『グリーンデイル』以来の傑作だと思っている。

車をジャケットに持ってきたのも、〝俺が愛するもの〟を象徴していたんじゃないかと推察できるし、そのナンバー・プレートに〝ピース〟〝ラヴ〟〝ライフ〟の文字を入れているのも念入りだ。ほかの項でも書いたけれど、プロデューサーとしての意識が高いときのニールにはミュージシャンとしての技量が表れ、とてもふくよかな作品に仕上げるのである。あっぱれですよ、これも。

19年1月にペギが亡くなったとき、ニールはどんな気持ちになったのかを訊いてみたいが、それをやったらホントに〝和久井公造〟になってしまうかな？

（井上）

Neil Young + Promise of the Real

The Monsanto Years

モンサント・イヤーズ

Reprise／550586-2［CD］
Recording: 2015年1月〜2月
Release: 2015年6月29日
1. A New Day for Love
2. Wolf Moon
3. People Want to Hear About Love
4. Big Box
5. A Rock Star Bucks a Coffee Shop
6. Workin' Man
7. Rules of Change
8. Monsanto Years
9. If I Don't Know

ニールが怒った。14年にヴァーモント州が遺伝子組み換え作物を規制する法案を通過させたところ、バイオ化学メーカーのモンサント社が法廷に訴えて覆そうとしていると報じられた。すぐさま抗議を表明したニールは、反モンサントを前面に押し出したアルバム、『ザ・モンサント・イヤーズ』をリリースしたのである。

モンサント社は20世紀はじめに創業し、除草剤のラウンドアップを開発した企業だ。ベトナム戦争で使用された枯葉剤を製造したメーカーでもある。やがてモンサントは、ラウンドアップに耐性をもつ遺伝子組み換え作物を育種して、販売するようになった。しかし世界中の雑草がラウンドアップでは枯れないように進化すると、さらに毒性の強い除草剤と、それに耐えうる遺伝子組み換え作物の開発が繰り返されるという、悪循環が起こったのだ。

まだ安全性が確認できない遺伝子組み換え作物を使った食品に表示を義務づけたヴァーモント州の動きは妥当なものだと思う。それを覆そうと企んだとされるモンサントに、かねてから環境問題に積極的だったニールが噛みついたのは当然の流れだろう。ただ、〝敵〟の社名をアルバム・タイトルに掲げ、歌詞に織り込むやり方は〝表現〟としてどうなんだろう？　これが〝活動〟ならわかるけど。

そのニールが共闘の相手として選んだのが、プロミス・オブ・ザ・リアル。ウィリー・ネルソンの息子、ルーカス・ネルソンが率いるバンドだ。ニールは父ネルソンと83年に「アー・ゼア・エニィ・モア・リアル・カウボーイ？」をデュエットして、その後はファーム・エイドに関わるようになっていく。また、14年のファーム・エイドのあと、ルーカスたちとジャム・セッションを行っているので、このときにニールは手応えを感じていたのだろう。

95年1月にはニールとバンド、そしてもうひとりのウィリーの息子であるマイカ・ネルソンが、カリフォルニアのオックスナードにあるテアトロに集結した。ダニエル・ラノワとエンジニアのマーク・ハワードが古いメキシコ系の映画館を改造したスタジオだ。ボブ・ディランの『タイム・アウト・オブ・マインド』や、ウィリーの『テアトロ』が録音された場所でもある（現在、スタジオは閉鎖）。

CDとセットで発売されたDVDを見ると、広いステージ状のスペースで、スタジオ・ライヴ形式のレコーディングが行われたようだ。バンドのタイトさもあって、演奏自体は素晴らしい。キーボード・レスなのでほどよく隙間がある音像だし、ニールとルーカス、マイカが弾くギターが、縦横無尽に暴れ回っているのだ。

ただ、作品としてあまり面白く感じられないのは、曲とヴォーカルがいまひとつ練られていないからだろう。ニールが手癖だけで書いたようなメロディが多いし、〝モンサント〟や〝スターバックス〟といった固有名詞が頻繁に出てくるところも、なんだか興醒めだ。また、バンドのメンバーはコーラスもそつなくこなしているが、ニールのヴォーカルがどうにも煮えきれないのである。

ライヴを体験すれば盛り上がるのかも知れないが、音だけだとなかなか没入できないのだ。実際のところ、筆者は発売直後にCDを購入したが、そのあとはあまり聴いた記憶がない。

ちなみに、モンサント社は18年にドイツの製薬大手、バイエルに買収された。と同時に、モンサントの名前も消えたのである。

（森次郎）

Neil Young + Promise of the Real

Earth

アース

Reprise／554514-2［CD］
Recording: 2015年10月
Release: 2016年6月24日

［Disc 1］

1. Mother Earth (Natural Anthem)
2. Seed Justice
3. My Country Home
4. The Monsanto Years
5. Western Hero
6. Vampire Blues
7. Hippie Dream
8. After the Gold Rush
9. Human Highway

［Disc 2］

1. Big Box
2. People Want to Hear About Love
3. Wolf Moon
4. Love and Only Love

15年にニールとプロミス・オブ・ザ・リアルが行った〝レベル・コンテント・ツアー〟でライヴ・レコーディングされた音源をもとにした、リ・ワーク・アルバム。スタジオでオーヴァー・ダビングを施し、さらには昆虫の羽音や動物の鳴き声などが加えられている。

収録曲は「アフター・ザ・ゴールド・ラッシュ」から『ザ・モンサント・イヤーズ』の収録曲まで、ニールの〝地球〟や〝自然〟〝環境〟にまつわる曲がピックアップされている。また、未発表の「シード・ジャスティス」も収録された。

ニールはこのアルバムのプレビューが行われた会場で、《ジョン・レノンならこう言うでしょう。意識のスイッチを切って、リラックスして、流れに身を任せましょう。》と語ったという。そんな本作は水の音とカエルの鳴き声から始まるのだ。そしてハーモニカとパンプ・オルガンが聴こえてくる。ニールの歌が始まったところでようやく1曲目が「マザー・アース」だということに気づく。『傷だらけの栄光』ではノイズ・ギターにのせてクレイジー・ホースがハーモニーをつけていたこの曲が、たゆたう水の流れのように過ぎ去り、虫の羽音で終わるのだ。

続けて、ギターのリフが印象的な「シード・ジャスティス」が始まる。ニールがディランの30周年コンサートで歌った、「見張り塔からずっと」を彷彿とさせるが、今度は鳥の鳴き声で曲が終わるのである。ずっとこんな調子なので、確かに流れに身を任せるのが正解だ。となれば、3枚組のアナログよりも、2枚組のCDのほうが合ってるのかも知れない。

なにせ最後の「ラヴ・アンド・オンリー・ラブ」はアナログの2面を使っているのだ。めくるめくギター合戦から「アーク」のようなサウンドスケープに発展していく途中で盤をひっくり返すのは野暮というものだろう。

（森次郎）

Neil Young
Peace Trail
ピース・トレイル

Reprise／558314-2［CD］
Recording: 2016年9月
Release: 2016年12月9日
1. Peace Trail
2. Can't Stop Workin'
3. Indian Givers
4. Show Me
5. Texas Rangers
6. Terrorist Suicide Hang Gliders
7. John Oaks
8. My Pledge
9. Glass Accident
10. My New Robot

ニールがまた怒った。今度はパイプラインに対する抗議だ。ダコタ・アクセス・パイプラインはミズーリ川の下を通過する計画を立てていた。万が一、石油の流出事故などが起きた場合、スタンディングロック保護地区のスー族が水源とする湖が汚染され、先住民の生活圏が破壊されるとして、抗議活動が起こったのだ。

遺伝子組み換え作物とはまた別の問題だと思ったのか、ニールはプロミス・オブ・ザ・リアルとは別のチームを立ち上げた。ドラムのジム・ケルトナーとベースのポール・ブシュネルとのトリオだ。ポールはマイカ・ネルソンと組んでいたこともあって起用されている。

4日間のセッションでレコーディングを終えたというこのアルバム、まず耳に飛び込んでくるのはジム・ケルトナーらしからぬ、ギクシャクとしたドラムだ。ニールは先住民の打楽器をイメージしていたという。その結果、グルーヴィなリズムではなく、言葉とメロディに反応した、即興性の高いものになっているのだ。ポールのベースもリズム・キープよりも自由度を優先したプレイになっている。また、ほとんどの曲が最初か2回目のテイクが採用され、完成や洗練という言葉が似合わない仕上がりなのだ。

ニールのヴォーカルも語るような場面が多く、全体的に落ち着いた印象を受けるが、アクセントになっているのはニール自身がオーヴァーダビングしたエレクトリック・ハーモニカだ。無骨なプレイだが、先住民の悲痛な叫びが込められているように聴こえる。

『ザ・モンサント・イヤーズ』と比べると、普遍的な作品に昇華させようという意識が見られるアルバムだ。ただ、「マイ・ニュー・ロボット」でヴォコーダーが使われたので、脳裏に悪夢がよぎったファンもいたに違いない。（森次郎）

Neil Young + Promise of the Real
Paradox
パラドックス

Reprise／9362493999 [CD]
Recording: 2014年6月, 2016年9月, 2017年1月
Release: 2018年3月23日
1. Many Moons Ago in the Future / 2. Show Me / 3. Paradox Passage 1 / 4. Hey / 5. Paradox Passage 2 / 6. Diggin' in the Dirt - Chorus / 7. Paradox Passage 3 / 8. Peace Trail / 9. Pocahontas / 10. Cowgirl Jam / 11. Angel Flying Too Close to the Ground / 12. Paradox Passage 4 / 13. Diggin' in the Dirt / 14. Paradox Passage 5 / 15. Running to the Silver Eagle / 16. Baby What You Want Me to Do? / 17. Paradox Passage 6 / 18. Offerings / 19. How Long? / 20. Happy Together / 21. Tumbleweed

　ネットフリックスで配信された、映画『パラドックスの瞬間（とき）』のサウンドトラック・アルバム。脚本と監督は、現在のニールの妻で女優のダリル・ハンナだ。ニールとプロミス・オブ・ザ・リアルの面々が演じる無法者の一行が、《西部の荒野で気まぐれに興じる突飛な悪ふざけと音楽を通して、創造性と命の種をまく作品》になっている。

　本作には、スタジオ録音とライヴ、そして撮影中のセッションが収録された。また、「パラドックス・パッセージ」と題したいくつかのトラックは、撮影のあとで映像を見直すことなくスタジオで録音されたものだという。

　ニールのギターにのせたウィリー・ネルソンの語りで始まり、「ショウ・ミー」（この曲のみ『ピース・トレイル』の別テイク）につなげられていく。このあとはニールとプロミス〜による演奏だ。

「ヘイ」は、「ラヴ・アンド・オンリー・ラヴ」のギターのリフをモチーフにしたセッション。「ピース・トレイル」は、改めてプロミス・オブ〜が録音している。「ポカホンタス」は、パンプ・オルガンの弾き語りだ。そして、「カウガール・イン・ザ・サンド」のセッション部分を抜き出したものが、血がたぎるような「カウガール・ジャム」である。このあたりは既視感も呼び起こす、うまい手法をとっている。

　このアルバムでは、ルーカスとマイカのヴォーカルもフィーチャーされた。ふたりの父、ウィリーの「エンジェル・フライング・トゥー・クロース・トゥ・ザ・グラウンド」のカヴァーも聴きものだ。

　後半はサントラらしく、ジミー・リードやタートルズをとりあげながら、短いトラックが多くなっている。最後の「タンブルウィード」のイントロは、ウクレレに少しだけ管と弦が加わる小粋なアレンジだ。

（森次郎）

Neil Young + Promise of the Real
The Visitor
ザ・ヴィジター

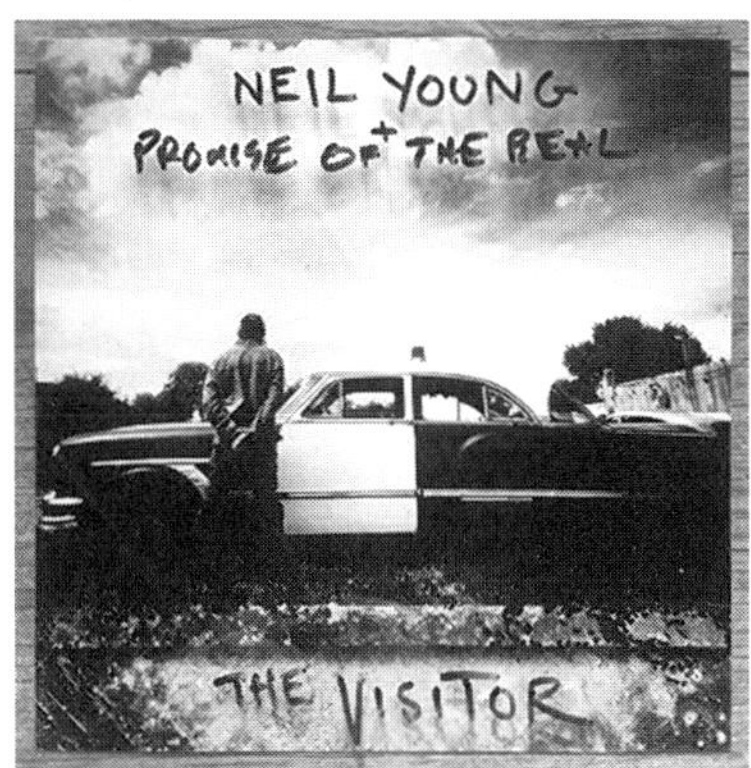

Reprise／564840-1［CD］
Recording: 2016年11月〜2017年8月
Release: 2017年12月1日
1. Already Great
2. Fly by Night Deal
3. Almost Always
4. Stand Tall
5. Change of Heart
6. Carnival
7. Diggin' a Hole
8. Children of Destiny
9. When Bad Got Good
10. Forever

16年の米大統領選に勝利したドナルド・トランプが共和党候補に名乗りを上げたとき、集会でニールの「ロッキン・イン・ザ・フリー・ワールド」を流したことがあった。ニールのマネジメントが抗議し、トランプ側も使用を中止したという。

のちにニール自身はトランプ側が米国作曲家作詞家出版社協会から曲の使用許可を得ていたことをふまえて、《曲を使うのは自由》《音楽は一度発表されたら、誰でも何のためにでも使える》と語っている。

そもそも「ロッキン〜」は、発表当時の共和党政権が掲げた新自由主義政策を槍玉にあげた歌詞だ。ニールも16年には民主党のバーニー・サンダースを支持している。トランプの集会で「ロッキン〜」が流れる滑稽さをわかった上での発言だったのだろう。

こうした出来事が、ニール自身のアイデンティティをあらためて見直すきっかけになったことは想像に難くない。だからこそ、大統領選直前からレコーディングが始められた本作のタイトルが、『ザ・ヴィジター』になったのである。「オールレディ・グレイト」で、ニールはこう歌い始める。〝オレはカナダ人で、アメリカが好きだ〟。そして〝壁はない、差別もない、アメリカにファシストはいない〟と続けられるのだ。

プロミス・オブ・ザ・リアルとふたたびスタジオに入った本作では、さまざまなトライアルが行われている。スポークン・ワードがインサートされる「オールモスト・オールウェイズ」や、ラテン風味をまぶした「カーニヴァル」など、うまい料理のしかただ。

しかしミックスのせいか、いまひとつニールの歌が伝わってこない。『アース』は良かっただけに残念だ。やはりライヴ向きのユニットなのか？　（森次郎）

Neil Young & Crazy Horse
Colorado
コロラド

Reprise／093624898917［CD］
Recording: 2019年1月〜4月
Release: 2019年10月25日

1. Think of Me
2. She Showed Me Love
3. Olden Days
4. Help Me Lose My Mind
5. Green Is Blue
6. Shut It Down
7. Milky Way
8. Eternity
9. Rainbow of Colors
10. I Do

フランク・サンペドロが現役をリタイアしたため、ニールはクレイジー・ホースの後任のギタリストとして旧知のニルス・ロフグレンを召喚した。新しいラインナップで5本のコンサートを行い、ニールは手応えを感じたのだろう。すぐさまスタジオ・ライヴ形式のレコーディングに突入したのである。

録音風景を収めたドキュメンタリー映像である『マウンテントップ』を見ると、演奏中にニルスがそれぞれのメンバーの前へと移動していく様子が収められている。明確な指示を出しているようではないが、ポイントだけを示してあとは任せた、といった雰囲気だ。サウンド面云々はともかくとして、ニルスの加入で大きく変わったのはこのような役割やバランスの変化なのかも知れない。

1曲目の「シンク・オブ・ミー」はエレクトリック・ギターを使わず、ニールがアコギとハーモニカ、ニルスはピアノで、拍子抜けしそうになる立ち上がり。それでも無骨なドラムとベースやコーラスが入ってくると、実にクレイジー・ホースらしく聴こえるのが不思議だ。

2曲目は13分を超える「シー・ショウド・ミー・ラヴ」。コーラスが繰り返される中で2本のギターがゆったりと絡み合っていくが、決して丁々発止といった緊張感はなく、あくまで緩く収斂していくような雰囲気だ。このあとはコンパクトにまとまった、ミディアム・テンポの曲が続いていく。

2枚組で3面を使ったアナログには、「レインボー・オブ・カラーズ」のライヴ初演の音源（ニールのエレキ弾き語り）と、本セッションからアルバム未収録曲「トゥルース・キルズ」を収録した7インチ・シングルが同梱された。

なお、本作はこの年他界したニールのマネージャー、エリオット・ロバーツに捧げられている。

（森次郎）

Neil Young
The Times
ザ・タイムス

Reprise／093624888956［CD］
Rccording: 2020年6月19～23日
Release: 2020年9月18日

1. Alabama
2. Campaigner
3. Ohio
4. The Times They Are A-Changin'
5. Lookin' for a Leader
6. Southern Man
7. Little Wing

20年に世界中を襲ったパンデミックの影響で、ニール&クレイジー・ホースのツアーも延期になった。

しかし、ニールはすぐに動く。新型コロナ・ウィルスの感染拡大を防ぐために外出を控えている人々に向けて、自宅で撮影したパフォーマンス映像の配信を始めたのである。妻のダリル・ハンナが撮影を行ったこのシリーズは、「ファイアサイド・セッションズ」と名づけられた。実際にニールは暖炉の近くやデッキで演奏している。

この『ザ・タイムズ』は、そのセッションの中からとくにアメリカの状況とリンクした内容の楽曲を集めたもの。タイトルはボブ・ディランの「時代は変わる」からとられている。

この年はアメリカ大統領選があり、トランプが再選を目指していた。集会で「ロッキン・イン・ザ・フリー・ワールド」などを流したとして、ニール側がトランプ陣営を訴えたのもこれで2回目になる。ディランがジョン・F・ケネディの大統領就任演説にヒントを得てつくったとされる「時代は変わる」を、ニールが歌った意図は明白過ぎるだろう。

あとに続くのが「ルッキン・フォー・ア・リーダー2020」だ。『リヴィング・ウィズ・ウォー』収録曲の歌詞を次のように書き換えている。《そう、我々にはバラク・オバマがいた／そして、今も彼を必要としている／彼を支持する人物が、その地位に就かなければならない》。

さらに「アラバマ」「オハイオ」「サザン・マン」も収録された。もともとステイ・ホーム中の人々に向けて、《くつろいだプロダクション》を提供しようと始められたファイアサイド・セッションだが、本作を聴くかぎりはとてもリラックスできそうもない。ローファイな音質も含めて、20年のアメリカの空気をはらんだ1枚だ。

（森次郎）

Opera Star (edit) / Surfer Joe and Moe the Sleaze Reprise / RPS50014 / 1982.2
Little Thing Called Love / We R in Control Geffen / 7-29887 / 1982.12
Mr. Soul (Parts I) (extended; alternate mix) / Mr. Soul (Parts II) (extended; alternate mix) Geffen / 7-29707 / 1983.3
Sample and Hold (extended; dance mix) / Mr. Soul (extended; alternate mix) / Sample and Hold (edit) Geffen / 0-20105 / 1983.5 ●12 inch
Wonderin' / Payola Blues Geffen / 7-29574 / 1983.8
Cry, Cry, Cry / Payola Blues Geffen / 7-29433 / 1983.11
Get Back to the Country / Misfits Geffen / 7-28883 / 1985.9
Old Ways / Once an Angel Geffen / 7-28753 / 1986.2
Weight of the World / Pressure Geffen / 7-28623 / 1986.6
Mideast Vacation (edit) / Long Walk Home Geffen / 7-28196 / 1987.9
Ten Men Workin' (edit) / I'm Goin' Reprise / 7-27908 / 1988.4
This Note's for You (live) / This Note's for You Reprise / 7-27848 / 1988.6
Rockin' in the Free World (edit) / Rockin' in the Free World (live acoustic) Reprise / 7-22766 / 1989.11
Mansion on the Hill (edit) / Don't Spook the Horse Reprise / 9-21759 / 1990.9 ●CD
Harvest Moon (edit) / Old King Reprise / 7-18685 / 1992.11 ●CD
Philadelphia / Such a Woman / Stringman (live) Reprise / 9362-41518-2 / 1994.4 ●CD
※Released only in the UK and France
Rockin' in the Free World (Fahrenheit 9/11 Mix) / Rockin' in the Free World / Rockin' in the Free World (live) Reprise / 16197-2 / 2004.8 ●CD
This Old Guitar Reprise / 2005.9 ●Digital File
Fork in the Road Reprise / 2009 ●Digital File
Cinnamon Girl (Live) Reprise / 2009.10 ●Digital File
Sign of Love (feat. Dave Grohl) Reprise / 2011.5 ●Digital File
Walk Like a Giant Reprise / 2012 ●Digital File
Who's Gonna Stand Up? (Orchestral) / Who's Gonna Stand Up? Who's Gonna Stand Up? (live with Crazy Horse) / Who's Gonna Stand Up? (Children's Version) Reprise / 546420-0 / 2014.10 ●12 inch
My Pledge Reprise / 2016.11 ●Digital File
Hitchhiker Reprise / 2017.6 ●Digital File
Already Great Reprise / 2017.11 ●Digital File
Milky Way Reprise / 2019.8 ●Digital File
Rainbow Of Colors (Solo-Live) / Truth Kills Reprise / 27774 / 2019.11
Try Reprise / 2020.5 ●Digital File
Lookin' for a Leader Reprise / 2020.7 ●Digital File

Neil Young U.S. Single List

リストはUS盤7インチシングルの通常盤を基本にしています。
フォーマットの表記のないものは全て7インチ盤です。
デジタル配信シングルは、ストリーミング・オンリーのタイトルは除外し、
ダウンロード販売を対象にしたタイトルをリストに加えています。

The Loner (edit; mono) / Sugar Mountain (live; mono) Reprise / 0785 / 1968.12
Everybody Knows This Is Nowhere / The Emperor of Wyoming Reprise / 0819 / 1969.4
Down by the River (edit; mono) / The Losing End (When You're On) (mono) Reprise / 0836 / 1969.9
Oh Lonesome Me (extended; alternate mix) / I've Been Waiting for You (alternate mix) Reprise / 0898 / 1970.2
Cinnamon Girl (edit; alternate mix) / Sugar Mountain (live; mono) Reprise / 0911 / 1970.4
Only Love Can Break Your Heart (mono) / Birds (alternate take; mono) Reprise / 0958 / 1970.9
Cinnamon Girl (edit; alternate mix) / Only Love Can Break Your Heart (mono) Reprise / 0746 / 1970.12
When You Dance I Can Really Love (extended; mono) / Sugar Mountain (live; mono) Reprise / 0992 / 1971.2
Heart of Gold (edit; mono) / Sugar Mountain (live; mono) Reprise / REP1065 / 1972.12
Old Man (live; mono) / The Needle and the Damage Done (live; mono) Reprise / REP1084 / 1972.3
War Song [Neil Young & Graham Nash] / The Needle and the Damage Done (live; mono) Reprise / REP1099 / 1972.6
Heart of Gold (edit) / Old Man (edit; mono) Reprise / REP1052 / 1972.10
Time Fades Away (edit; mono) / The Last Trip to Tulsa (Live; mono) Reprise / REP1184 / 1973.11
Walk On / For the Turnstiles (edit) Reprise / REP1209 / 1974.6
Lookin' for a Love / Sugar Mountain (live; mono) Reprise / RPS1344 / 1975.11
Drive Back (edit) / Stupid Girl (extended) Reprise / RPS1350 / 1976.3
Long May You Run / 12/8 Blues (All the Same) [The Stills-Young Band] Reprise / RPS1365 / 1976.7
Midnight on the Bay / Black Coral [The Stills-Young Band] Reprise / RPS1365 / 1976.11
Hey Babe / Homegrown Reprise / RPS1390 / 1977.6
Like a Hurricane (edit) / Hold Back the Tears Reprise / RPS1391 / 1977.8
Sugar Mountain (Live) / The Needle and the Damage Done (Live) Reprise / RPS1393 / 1977.11
Comes a Time / Motorcycle Mama Reprise / RPS1395 / 1978.11
Four Strong Winds / Human Highway Reprise / RPS1396 / 1979.1
Hey Hey, My My (Into the Black) (edit) / My My, Hey Hey (Out of the Blue) (edit) Reprise / RPS49031 / 1979.8
The Loner (Live) / Cinnamon Girl (Live) Reprise / RPS49189 / 1980.2
Hawks & Doves (mono) / Union Man (mono) Reprise / RPS49555 / 1980.1
Stayin' Power / Captain Kennedy Reprise / RPS49641 / 1980.12
Southern Pacific (edit; mono) / Motor City Reprise / RPS49870 / 1981.11

Chapter 8

Family, Friends & Crazy Horse

森 陽馬、和久井光司

参加作品

森 陽馬

The Monkees
Instant Replay

Colgems／COS-113　1969年

Grin
Grin

Spindizzy／Z30321　1971年

この項では、ニール・ヤングが参加した楽曲や編集盤の主要なものを紹介する。

モンキーズが69年に発表した7作目『インスタント・リプレイ』収録曲「ユー・アンド・アイ」に参加。「ローナー」と同じ68年晩夏の録音で、当時のニールらしいエレキ・ギターを聴くことができる。

この頃の作品では、トロント出身の女性シンガー、エリスの“Elyse”（Orange Twin/OTR001［CD］）のセッションにも参加した。当時は未発表に終わり、CD化の際に追加された‘Houses’で情熱的なエレキを奏でている。また、パット・ブーンのアルバム“Departure”（Tetragrammaton/T118）にもニールの名前があるが、参加した経緯や担当楽器は不明。

注目すべきはニルス・ロフグレンのバンド、グリン。デイヴィッド・ブリッグスのプロデュースによるデビュー作に収録の「シー・ホワット・ア・ラヴ・キャン・ドゥ」「アウトロウ」「パイオニア・メアリー」に、ニールはクレイジー・ホースと共に加わっている。若きニルスの男気が迸る傑作だ。また、ニルスの92年作“Crooked Line”（Ryko/RCD10238［CD］）にも参加した。

Buffy Saint-Marie
She Used To Wanna Be A Ballerina
Vanguard／VSD79311　1971年

The Band
Last Waltz
Warner Bros／3WS3146　1976年

OST
Where The Buffalo Roam
Backstreet／MCA-5126　1980年

Emmylou Harris
Light Of The Stable
Warner Bros／BSK3484　1980年

アメリカ・インディアンの血を引く女性シンガー、バフィ・セントメリーの71年作ではタイトル曲にクレイジー・ホースと共に参加。彼女は盟友ジャック・ニッチェの妻であった。「ヘルプレス」のカヴァーも聴きものだ。

ジョニ・ミッチェルの76年作“Hejira”（Asylum/7E1087）には、叙情的な「ファリー・シングス・ザ・ブルース」にハーモニカで参加した。

ザ・バンドの解散コンサート『ラスト・ワルツ』では、そのジョニをコーラスに従えて「ヘルプレス」を披露。マーティン・スコセッシ監督による映画では、ニールの鼻に付いていた白い粉（コカイン）を修正処理したという逸話もある。そんな危うさもニールらしい名演は、是非映像でもご覧いただきたい。DVDのボーナス・セクションでは当時は未公開だったジャム・セッションも観られる。

映画と言えば、ビル・マーレイが主演した“Where The Buffalo Roam”（80年日本未公開）で、ニールは「峠のわが家」を歌いギターも弾いている。音楽はデイヴィッド・ブリッグスが手掛けていた。

79年にはエミルー・ハリスのクリスマス・ソング「ライト・オブ・ザ・ステイブル」にコーラスで参加した。彼女が95年に発表した傑作“Wrecking Ball”（Elektra 61854［CD］）では、ニールのカヴァーであるタイトル曲と、「スウィート・オールド・ワールド」にハーモニーを加えている。エミルーの清い声とニールの儚く脆い歌が合わさって、美しく響く。

リンダ・ロンシュタット&エミルー・ハリスの99年作“Western Wall–The Tucson Sessions”（Asylum/62408-2［CD］）でもニールのハーモニカとコーラスを聴くことができる。

〝カナダ版ウィ・アー・ザ・ワールド〟とも称される「ティアーズ・アー・ノット・イナフ」は、カナダ出身アーティストによるアフリカの飢餓貧困を救うために制作された85年のチャリティ・ソング。ニールもヴォーカルで参加している。

ウォーレン・ジヴォンが87年に発表した『センチメンタル・ハイジーン』ではタイトル曲で「ロッキン・イン・ザ・フリー・ワールド」を予感させるギターを弾き、89年作〝Transverse Ciry〟(Virgin/91068［CD］)では「スプレンディド・アイソレイション」でコーラス、「グリッドロック」にギターで参加した。無骨な男どうしの友情が感じられる好演だ。

このころニールは、ゲフィンから古巣リプリーズに戻った。それを機に、歌や演奏、活動自体も積極性を取り戻したように思う。女性ふたりを中心としたバンド、スティーリン・ホーシズの88年作〝Stealin Horses〟(Arista/ARCD8520［CD］)の「ハリエット・タブマン」ではハーモニカを演奏。黒人女性シンガー、トレイシー・チャップマンが89年に発表した2作目『クロスローズ』の「オール・ザット・ユー・ハヴ・イズ・ユア・ソウル」にはギターとピアノで花を添えた。

ロビー・ロバートソンが91年にリリースした〝Storyville〟(Geffen/GEF24303［CD］)の「ソープ・ボックス・プリーチャー」ではバック・ヴォーカルで加わり、ランディ・バックマンが92年に発表した〝Any Road〟(Ranbach Music/RBK1111［CD］)の「プレイリー・タウン」ではギター・ソロを炸裂させている。また『オン・ザ・ビーチ』に参加していたラスティ・カーショウが92年に発表した作品『ナウ&ゼン』では、13曲中7曲でコーラスとハーモニカを担当した。

Northern Lights
Tears Are Not Enough

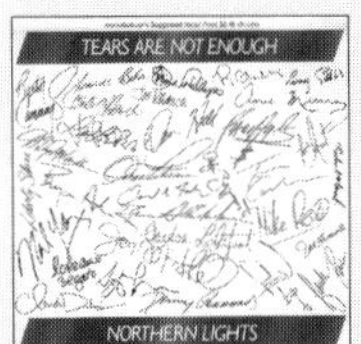

Columbia／7BEN-7073　1985年

Warren Zevon
Sentimental Hygiene

Virgin／90603　1987年

Tracy Chapman
Crossroads

Elektra／60888-2［CD］1989年

Rusty Kershaw
Now & Then

Domino／8002-2［CD］1992年

ボブ・ディランのデビュー30周年記念コンサートは感動的だった。聖職者の性的虐待に抗議してローマ教皇の写真を破り捨てたシネイド・オコナーがブーイングを浴びてステージを去ったあと登場したニールは、「親指トムのブルースのように」と「見張り塔からずっと」を披露して、場内の不穏な空気を一変させる。ブッカー・T&ザ・MGズにジム・ケルトナーが加わったバンドも熱を帯びた演奏を繰り広げた。ボブ&出演者全員による「マイ・バック・ペイジズ」「天国の扉」も胸に迫る。映像を観ると涙が溢れてきてしまうのは僕だけではないはずだ。

ジョナサン・デミ監督による映画『フィラデルフィア』(93年公開)には、ニールが書き下ろした「フィラデルフィア」が印象的に使われている。

ロブ・ワッサーマンの94年作"Trios"(GRP/MGD4021 [CD])に収録されている「イージー・アンサーズ」にはグレイトフル・デッドのボブ・ウェアと共にギターとヴォーカルで参加した。

ボビー・チャールズが94年に発表した"Wish You Were Here Right Now"(Story Plain/SPCD1203 [CD])にはニールがギターを弾いた84年録音の4曲を収録。

盟友ベン・キースが仲間と一緒に作り上げた94年の『クリスマス・アット・ザ・ランチ』では4曲でオルガン、ギター、ヴォーカルを担当。『ミラー・ボール』と同時期のパール・ジャムのシングル"Merkinball"(Epic/34K78199 [CD])の2曲にはギターで参加している。

ハンク・マーヴィンのトリビュート・アルバム"TWANG! A Tribute To Hank Marvin & The Shadows"での「春がいっぱい」のカヴァーでは、郷愁を誘う旋律をニールらしいギターで聴かせてくれる。

Bob Dylan
The 30th Anniversary Concert Celebration

Columbia/C2K53230 [CD] 1993年

OST
Philadelphia

Epic/EK57624 [CD] 1994年

Ben Keith & Friends
Christmas At The Ranch

Vapor/20072-2 [CD] 1994年

V.A.
TWANG! A Tribute To Hank Marvin & The Shadows

Pang/5271045 [CD] 1996年

V.A.
The Bridge School Concerts Vol.1

Reprise／46824［CD］1997年

V.A.
America: A Tribute To Heroes

Interscope／069493188-2［CD］2001年

Jerry Lee Lewis
Last Man Standing – The Duets

Artists First／AFT20001-2［CD］2006年

V.A.
Goin' Home – A Tribute To Fats Domino

Vanguard／5099950805327［CD］2007年

ペギ・ヤングと主催していた障害者支援フェス、〝ブリッジ・スクール・コンサート〟の公式盤は、97年に発売されたCDと11年の"25th Anniversary Edition"(Reprise/529080-2［CD］)の2種がある。

テレビ番組『サタデー・ナイト・ライヴ』の放映25周年を記念して99年にリリースされた"SNL25-Saturday Night Live Vol.2"(Dream Works/50206-2［CD］)には「ノーモア」が収録。本放送でオンエアされた「ロッキン・イン・ザ・フリー・ワールド」は残念ながら未収録だ。

01年9月11日の同時多発テロで犠牲になった人たちの遺族への寄付を募るテレビ番組『アメリカ：トリビュート・トゥ・ヒーローズ』で披露されたジョン・レノン「イマジン」のカヴァーは非常に印象深いものだった。放送自粛されていたこの曲を生放送で歌い、"And No Religion Too"というところでカメラに目線をおくった姿は今でも記憶に残っている。

ウィリー・ネルソンと共に行っているファーム・エイドの、00年に発売された編集盤"Farm Aid Volume One LIVE"(Redline/674797500328［CD］)には「ホームグロウン」「マザーアース」を収録。

ネイティヴ・アメリカンの血筋を継ぐJoanne Shenandoahが01年に出した"Eagle Cries"(Red Feather／RFP7005-2［CD］)では'Treaty'を共作し、ギターも弾いている。

当時71才のジェリー・リー・ルイスがゲストを迎えて録音した06年の快作『ラスト・マン・スタンディング』では、「ユー・ドント・ハフ・トゥ・ゴー」で共演。

07年に発売のファッツ・ドミノのトリビュート盤に収録されたニールが歌う「ウォーキング・トゥ・ニューオリンズ」のカヴァーは滋味にあふれている。

Booker T
Potato Hole

Anti／86948-2［CD］2009年

Garth Hudson
Garth Hudson presents a Canadian Celebration of The Band

Curve／CURV21［CD］2010年

V.A.
Echo In The Canyon

BMG／538493922［CD］2019年

Sheryl Crow
Threads

Valory Music／843930041411［CD］
2019年

　ブッカー・Tがドライヴ・バイ・トラッカーズを従え、3日で録音した『ポテト・ホール』は粗削りなロック・アルバム。ニールはほぼ全編でギターを弾いた。

　10年バンクーバー冬季オリンピックの公式CD『Sounds Of Vancouver 2010 Closing Ceremony Commemorative Album』(EMI/5099962809825［CD］)に、ニールが閉会式で歌った「ロング・メイ・ユー・ラン」(拍手入り)が収録。

　ザ・バンドのガース・ハドソンがカナダ人音楽家を迎えて10年に発表したアルバムでは、Neil Young & The Sadies名義で「火の車」をカヴァーしている。

　14年にニールと離婚する以前、ペギ・ヤングが発表した07年作"Pegi Young"(Warner/162300-2[CD])、10年作"Foul Deeds"(Vapor/VPR2-524523［CD］)、11年作"Bracing For Impact"(Vapor/VPR2-529440［CD］)に、ギターとハーモニカで参加。

　ローレル・キャニオンの音楽を追ったドキュメンタリー映像『エコー・イン・ザ・キャニオン』は、ボブ・ディランの息子ジェイコブ・ディランが案内役&音楽監督。ニールはビーチ・ボーイズの「駄目な僕」を歌い、バーズの「ホワッツ・ハプニング」で豪放なギターを轟かせた。

　シェリル・クロウの19年作『スレッズ』の「クロス・クリーク・ロード」に、ルーカス・ネルソンとギターで参加。

　ルーカス・ネルソン&プロミス・オブ・ザ・リアルの19年作"Turn Off The News (Build A Garden)"(Fantasy/7209518［CD］)では、オルガンを弾いている。

　ニールが参加した曲は自作でなくてもオリジナルに聴こえるから不思議である。そういうところこそ唯一無二、音楽に愛と情熱を刻む彼の個性と言えるだろう。

Crazy Horse

Crazy Horse
クレイジー・ホース

Reprise／RS 6438
Release: 1971年2月

[Side A]
1. Gone Dead Train
2. Dance, Dance, Dance
3. Look At All The Things
4. Beggars Day
5. I Don't Want To Talk About It

[Side B]
1. Downtown
2. Carolay
3. Dirty, Dirty
4. Nobody
5. I'll Get By
6. Crow Jane Lady

ダニー・ウィッテンの置き土産「アイ・ドント・ウォナ・トーク・アバウト・イット（もう話したくない）」に尽きるアルバムだ。イアン・マシューズのヴァージョンも良かったが、ロッド・ステュアートが75年の『アトランティック・クロッシング』で取り上げたことで世界的になり、のちにはエヴリシング・バット・ザ・ガールにもカヴァーされた。そのオリジナル・ヴァージョンが入っているため、名盤と謳われるようになった。

　ザ・ロケッツとして68年にアルバムを出していたウィッテン、ビリー・タルボット、ラルフ・モリーナが、ニール・ヤングと合流した69年がクレイジー・ホースのスタート地点。ニールの2枚のアルバムでバック・バンド以上の働きをしてリプリーズに認められ、単独でデビューするチャンスを得たわけだが、シンガー・ソングライターとリズム・セクションのバンドを、鍵盤のジャック・ニッチェとギターのニルス・ロフグレンが補うような格好で録音が始まったようだ。

　ウィッテンは自分が書いた5曲を歌っているが、「ゴーン・デッド・トレイン」はラス・タイトルマンとニッチェの共作、「クロウ・ジェーン・レディ」はニッチェの作でヴォーカルも彼、「ベガーズ・デイ」を提供したロフグレンも同曲ではヴォーカルを取り、ニール作の「ダンス・ダンス・ダンス」はモリーナが歌っている。「もう話したくない」など3曲にスライド・ギターでいい味を加えたのはライ・クーダー。

　ゆえに〝バンドの核〟は見えにくいのだが、「タルボットとモリーナを中心とするセッションをクレイジー・ホースと呼ぶ」と言わんばかりの頑固な佇まいが、リード・シンガーの個性を凌駕していくようなところが面白い。

　しかしウィッテンはヘロイン中毒で帯同不可となり、脱退するのだ。（和久井）

Crazy Horse
Loose
ルース

Reprise／MS 2059
Release: 1972年1月
［**Side A**］
1. Hit And Run
2. Try
3. One Thing I Love
4. Move
5. All Alone Now
6. All The Little Things
［**Side B**］
1. Fair Weather Friend
2. You Won't Miss Me
3. I Don't Believe It
4. Going Home
5. Kind Of Woman
6. One Sided Love
7. And She Won't Even Blow Smoke In My Direction

ソングライターでシンガーのウィッテンを失ったため、タルボットとモリーナはロケッツでギターとヴォーカルを担当していたジョージ・ウィッセルとグレッグ・リロイ、キーボード／ヴォーカルのジョン・ブラントンを呼び寄せ、セカンド・アルバムを録音する。同じバンドだったからか、つくる曲やヴォーカルもウィッテンと似ているから違和感はないが、良くも悪くもローカル・バンドらしさが出てしまった。こういう路線はいまなら〝ジャム・バンド〟と形容されるだろうし、中央にいるスターにはないユルさも好まれそうだが、商業的には惨敗に終わり、リプリーズでの次作はなかった。

リリースから半年後の11月18日にはウィッテンがヘロインで亡くなり（29歳だった）、クレイジー・ホースの活動もいったん終了してしまう。05年にライノ・ハンドメイドから2500セットの限定盤としてリリースされた"Scratchy: The Complete Reprise Reprdings"には、本作のアウトテイクや、ウィッテンの最初のバンド、ダニー&ザ・メモリーズが64年にリリースしたシングルのAB面など、9曲がボーナス収録されているが、このCDはいまや入手困難だ。

ダニー&ザ・メモリーズ、タートルズのホワイト・ホェール・レーベルにいたザ・ロケッツ、そしてクレイジー・ホースという流れは、ロサンゼルスのローカル・シーンを物語っている。ウィスキー・ア・ゴー・ゴーのレギュラー・バンドだったロケッツの同窓会だと思えば、このアルバムのジャム・セッション感が愛おしく思うてくるだろう。決め手に欠ける内容と言ってしまえばそうなのだが、みんなが持ち寄った曲を順番に歌うバンドなんて民主的じゃないか。

フロント・カヴァーに写るメンバーの力の抜けた感じがそのまま音になったような、いい具合のダメ盤だ。　（和久井）

Crazy Horse
At Crooked Lake
クルックト・レイクのクレイジー・ホース

Epic／KE 31710
Release: 1972年10月
［Side A］
1. Rock And Roll Band
2. Love Is Gone
3. We Ride
4. Outside Lookin' In
5. Don't Keep Me Burning

［Side B］
1. Vehicle
2. Your Song
3. Lady Soul
4. Don't Look back
5. 85 El Paso's

1年半強のあいだに3枚のアルバムをリリースしたのはタルボットとモリーナにやる気があったからではなく、ニールの人気にあやかろうとしたマネージメント・サイドの意向だったはずだ。前作から残ったのはグレッグ・リロイだけで、メインに躍り出たのはマイケルとリックのカーティス兄弟。リプリーズを離れてすぐエピックと契約を交わせたのも、エピックが「いまなら」と判断したからだろう。『ハーヴェスト』効果である。

マイケルは翌年トラック（Truck）というバンドのリード・シンガーとしてキャピトルから再デビューしているし、76年にはポリドールからカーティス・ブラザーズを名乗ったアルバムも発表している。ソングライター、シンガー、プレイヤー（マイケルはキーボードとギター、リックはギターとバンジョー）としての実力は充分だから、タルボットとモリーナはフリートウッド・マックのジョン・マクヴィとミック・フリートウッドのように、〝主役〟を挿げ替えたわけだ。

馬の形にくり抜かれたフロントからメンバーのポートレイトが覗いているジャケも雰囲気があっていいし、〝中堅のカントリー・ロック・バンド〟といった風情に味もある。けれど、こうなると〝クレイジー・ホースである意味〟が希薄なのである。悪くはないから難なく聴けてしまうのだが、「で?」とツッコミを入れたくなるわけだ。「これなら前作のローカル・バンド感の方が〝らしい〟」と評する人が少なくないのも私は知っている。どっちがいいかはリスナーの判断に委ねるけれど、クレイジー・ホースに〝優柔不断〟のイメージが付いてしまったのは、72年の無理やりな2作のせいだろう。

ダニー・ウィッテンが亡くなるのはこのアルバムの発売直後。昔の仲間による『ルース』も、別のバンドになった本作も、彼を落ち込ませたはずだ。（和久井）

Crazy Horse
Crazy Horse
クレージー・ムーン

RCA／AFL1-3054
Release: 1978年11月
［Side A］
1. She's Hot
2. Going Down Again
3. Lost And Lonely Feelin'
4. Dancin' Lady
5. End Of The Line
6. New Orleans

［Side B］
1. Love Don't Come Easy
2. Downhill
3. Too Late Now
4. That Day
5. Thunder And Lightning

5年ぶりのアルバムにおけるクレイジー・ホースは、新ギタリストのフランク〝ポンチョ〟サンペドロと、タルボット、モリーナのトリオ。ウエスト・ヴァージニア出身のポンチョがデトロイトを経てサン・フェルナンド・ヴァレイにやって来たのは60年代末のことで、ポンチョはマリファナやLSDを扱う〝ヘッド・ショップ〟の店員としてニールたちと仲良くなったらしい。74年11月にシカゴのチェス・スタジオを行われたセッションからタルボット／モリーナに合流したポンチョは、解散状態にあったクレイジー・ホースの再編をふたりに決意させ、ニールと合流。『ズマ』を生むことになった。オン・タイムで『ズマ』を聴いたオールド・ファンは憶えているはずだが、クレイジー・ホースがバンドらしいバンドとして復活し、ニールもその一員となったように思えた。それが間違いではなかったことを証明したのがこのアルバムだった。ニールとデイヴィッド・ブリッグス、そしてエンジニアのティム・マリガンが、嬉々としてバンドをサポートしているのが伝わってくる、まるで『ズマ』の続編のような一枚だからである。

11曲中5曲でニールがギターを弾き、ロケッツのメンバーだったグレッグ・リロイ、マイケル・カーツ、ボビー・ノトコフや、バリー・ゴールドバーグ、ベン・キース、ジャイ・グライデンといった旧友たちも参加。一体感は過去3作と比べるまでもない。ニールとニルス・ロフグレンの中間のようなポンチョのキャラクターに触発されたのか、「ニューオリンズ」ではタルボットが力強いヴォーカルを聴かせたりする。ラフでワイルドなロックで統一された中にも三人三様の個性を発見できるのは、プロデュース陣の采配が的確だったからだろう。

99年に出たオーストラリア盤CDには未発表の7曲を追加収録。（和久井）

Crazy Horse
Left For Dead
レフト・フォー・デッド

Heyday／HEY 009-CD［CD］
Release: 1989年
1. Left For Dead
2. Child Of War
3. You And I
4. Mountain Man
5. In The Middle
6. If I Ever Do
7. World Of Love
8. Show A Little Faith

11年ぶりとなったアルバムは、ニールとのセッションやツアーにはその後も帯同するサンペドロが不参加。フロントに立つのは、リード・ヴォーカル／ギターのソニー・モーン、リード・ギター／ヴォーカルのマット・ピアッチだ。

ニュー・イングランド出身のモーンは80年代半ばにロサンゼルスで音楽活動を開始したシンガー・ソングライターで、このアルバム以外にキャリアらしいキャリアはない。ピアッチはミネソタで結成され83年にデビューしたレイン・パレード（何度か活動停止期間があったが、現在も続いているようだ）の中心者である。84年に渋谷公会堂で観たよ、レイン・パレードは。ドリーム・シンジケートとジョイントで、前座は立川芳雄を中心とする水族館オールスターズだった。

まったく無名のモーンと、インディー・シーンで活躍するピアッチを加えて、モリーナとタルボットはバンドの若返りを誇ったのだろうが、成功したとは言い難い。8曲中6曲がモーンの作、「ユー・アンド・アイ」はタルボット／ピアッチ、「イン・ザ・ミドル」はタルボット／モリーナ／ジェリー・コンフォーティの共作曲なのだが、やたらと力が入るのがいただけないモーンのヴォーカルと、デジタルっぽいドラムの音に興醒めさせられ、聴いていても気持ちが入らないようなアルバムになってしまった。

のちに「ライク・ア・ハリケーン」をカヴァーするピアッチのギターはグランジ手前といった感じで魅力があるし、アコースティックな「ユー・アンド・アイ」にはグッとくるのだが……。

ジャケ違いの再発CDは日本でもリリースされたが、オリジナルのLP、CDはかなりレア。狂った馬が死んでいくさまが記録されているアルバムとも言えるけれど、これをオススメするほど私は悪趣味ではないかなぁ。

（和久井）

関係者作品

森 陽馬

この項ではニール・ヤングと縁の深い関係者や家族の主な作品を紹介する。

ジャック・ニッチェは60年代前半、フィル・スペクターの片腕として〝ウォール・オブ・サウンド〟の形成に貢献した音楽家。映画『カッコーの巣の上で』や『愛と青春の旅立ち』の音楽を担当したことでも知られている。ニールとはバッファロー・スプリングフィールドの「エクスペクティング・トゥ・フライ」の編曲を手掛けたことから親交が深まった。63年発表の初リーダー・アルバム『ロンリー・サーファー』は、幻想的で壮大な音の壁を聴かせるインスト作品。大滝詠一の変名プロジェクトによる77年作『多羅尾伴内楽團Vol.1』のジャケットはこのアルバムへのオマージュだ。

ニコレット・ラーソンは52年モンタナ州ヘレナ生まれの女性シンガー。リンダ・ロンシュタットの紹介で知り合い、ニール作の「溢れる愛」で78年にデビューした。この曲はビルボード8位のヒットを記録している。『ラスト・ネヴァー・スリープス』『ハーヴェスト・ムーン』『アンプラグド』に参加してハーモニー・ヴォーカルを聴かせたが、97年に病死。

Jack Nitzsche
The Lonely Surfer

Reprise／R-6101 1963年

Nicolette Larson
Nicolette

Warner Bros／BSK-3243 1978年

Astrid Young
Matinee

Inbetweens／IRCD15［CD］ 2002年

Billy Talbot Band
Alive In The Spirit World

Sanctuary／84730-2［CD］ 2004年

Nils Lofgren
**The Loner
(Nils Sings Neil)**

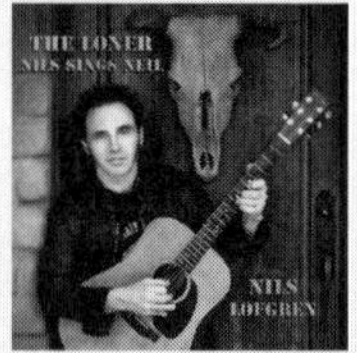

Vision／VMCD-1013［CD］ 2008年

Pegi Young & The Suvivors
**Lonely In
A Crowded Room**

New West／NW-6322［CD］ 2014年

アストリッド・ヤングはニールの妹。62年生まれでシンガーとしても活動している。『ハーヴェスト・ムーン』『アンプラグド』『ロード・ロック・ヴォリューム・ワン』等にコーラスで参加。02年にはフォーキーなソロ作『マチネ』を発表した。

クレイジー・ホースのメンバーにもソロ作がある。ベーシストのビリー・タルボットは、自身のバンドを率いた04年の『アライヴ・イン・ザ・スピリット・ワールド』で武骨なロックを聴かせている。いかにもクレイジー・ホースらしい好盤だ。ソロのときはギターを弾き、野性味あふれる渋い声で唄っている。

ニルス・ロフグレンが08年に発表したアルバム『ザ・ローナー』はニール・ファン必聴の一枚だろう。これは『アフター・ザ・ゴールド・ラッシュ』に参加したときにニールからもらったアコースティック・ギター（マーティンD18）で、彼の名曲を弾き語ったアルバム。95年に逝去した盟友デイヴィッド・ブリッグスをプロデューサーとしてクレジットしている。ニールへの愛が伝わってくる作品だ。なお、ニルスはフランク・サンペドロが抜けたあとのクレイジー・ホースに加入し、現在もニールの活動を支えている。

ペギ・ヤングは78年にニールと結婚し、障害を持つ子供のための学校〝ブリッジ・スクール〟を設立するなど、長きにわたって公私共に活動してきた。仲睦まじく見えていただけに、14年の離婚報道は驚きだった。彼女が14年に発売したソロ・アルバム『ロンリー・イン・ア・クラウデッド・ルーム』にニールは不参加。ブックレットの最後に《And to NEIL. Wishing You “Peace Of Mind”》と記載がある。ペギは17年に“Raw”を発表したが、19年に癌で逝去している。

　バッファロー・スプリングフィールドのリッチー・フューレイは、牧師をしながら音楽活動を続行中だ。10年のブリッジ・スクール・コンサートでニール&スティルスと共演し、〝バッファロー・スプリングフィールド・アゲイン〟が実現。13年の来日公演も素晴らしかった。15年発表の『ハンド・イン・ハンド』にニールがバック・ヴォーカルで参加した「カインド・ウーマン」が収録されている。

　ウィリー・ネルソンの息子ルーカスを中心に08年に結成されたバンドが、ルーカス・ネルソン&プロミス・オブ・ザ・リアル。バンド名は「ウォーク・オン」の歌詞の一節から取ったそうだ。ニールの『ザ・モンサント・イヤーズ』でバックを務め、ツアーにも同行。17年にメジャー・デビューを果たした。

　クレイジー・ホースのドラマー、ラルフ・モリーナは19年にアルバムを発表している。ダニー・ウィッテンが遺したギターを使って制作されたオリジナル曲は、優しい温もりに溢れている。彼の公式サイトで視聴・購入できるので是非チェックしてもらいたい。

　カナダ出身女性シンガー、ジョニ・ミッチェルのアーカイヴ・リリースが20年から始まった。その第1弾に、ニールが19歳のとき、大人になることの不安と嘆きを綴った「シュガー・マウンテン」のカヴァーを収録。のちに彼女が作ったアンサー・ソング「サークル・ゲーム」では、《新しい夢が生まれるはず。季節は廻りめぐっていく》と歌われている。

　孤高の存在として語られることも少なくないニールだが、その活動の傍らには常に家族と仲間がいた。彼の歌には共に愛を育む人たちが寄り添っていたことを忘れてはならない。

Richie Furay
Hand In Hand

E-One／EOMCD9464［CD］2015年

Lukas Nelson & Promise Of The Real
Lukas Nelson & Promise Of The Real

Fantasy／00174［CD］2017年

Ralph Molina
Love & Inspiration

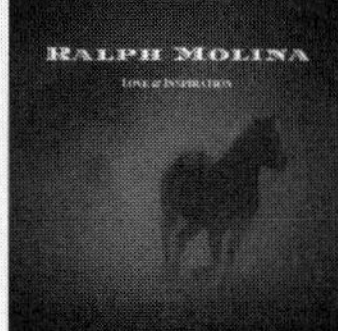

Vapor／18101［CD］2019年

Joni Mitchell
Archives Volume 1: The Early Years 1963–1967

Rhino／R2-604555［CD］2020年

したい。ニールの音そのものへの愛を感じながら、今日も「ハーヴェスト」を聴く…。

森 次郎（もり・じろう）
①1968年、愛媛県生まれ。兼業ライター。キンクスのロンドン、ルー・リードのアリスタに続いて、ニールのゲフィン時代のアルバムをレヴューしました。ビミョーな時期担当と呼んでください。
②「ダウン・バイ・ザ・リヴァー」「ライク・ア・ハリケーン」「ヘイ・ヘイ、マイ・マイ（イントゥ・ザ・ブラック）」「ディス・ノーツ・フォー・ユー」「オーディナリー・ピープル」
③『イヤー・オブ・ザ・ホース』『シルヴァー＆ゴールド』、CSN『CSN 2012』、グレアム・ナッシュ『ディス・パス・トゥナイト』、スティルス＆コリンズ『エヴリバディ・ノウズ』
④気まぐれとか、飽きっぽいとか、頑固とか、偏屈とか。どれもあてはまるように見えるのは、パラレルにいろんなことを同時進行させているからなんじゃないかと。その分ちょっとツメが甘いときもありますが。

森 陽馬（もり・ようま）
①1974年、東京都品川区生まれ。父の森勉が“ちょっと変わった街のレコード店”として武蔵小山駅前に81年オープンしたCD・レコード店PET SOUNDS RECORDに勤務。店舗は21年に40周年を迎えました。夢は、この店をこれからも続けていくことです。
②「ハート・オブ・ゴールド」「シー・ザ・スカイ・アバウト・トゥ・レイン」「オーディナリー・ピープル」「アイム・ジ・オーシャン」「ビー・ザ・レイン」
③『アフター・ザ・ゴールド・ラッシュ』、CSNY『4ウェイ・ストリート』、『オン・ザ・ビーチ』、『シルヴァー・アンド・ゴールド』、『サイケデリック・ピル』
④〈俺は事故　あまりにも飛ばしていて止まることができなかった　その瞬間が今もずっと続いている〉これは「アイム・ジ・オーシャン」の歌い出しの歌詞だ。気まぐれで本能のままに活動してきた、と評されることが多いニールだが、他でもない自分自身に正直なだけだったのだろう。正直であるということは誤解を生むこともある。人はその誤解を恐れて一歩目を躊躇するものだが、ニールはとにかく一歩を踏み出す。そして「ウォーク・オン」していく。過去を振り返りながら、前へ進んでいく。生きるということはそういうことだ、と改めてニールは教えてくれた。

和久井光司（わくい・こうじ）
①1958年、東京渋谷生まれ。総合音楽家。81年にスクリーンを率いてデビュー。82年にはキティレコードと作家契約し、他者に作品を提供するようになるが、会社に飼われるのがいやになって数年で辞める。88年にスクリーンが解散してからは、さまざまな形態で音楽活動。ソロ名義の代表作は、07年に同時発売したボブ・ディラン公認の日本語カヴァー集『ディランを唄う』とオリジナル・アルバム『愛と性のクーデター』（いずれもソニーミュージック）。著書に『ビートルズ原論』『ザ・ビートルズ・マテリアル（全4巻）』『ビートルズはどこから来たのか』『ヨーコ・オノ・レノン全史』などが、編著書に『ラヴ ジョン・レノン』『フランク・ザッパ攻略ガイド』『ザ・キンクス　書き割りの英国、遙かなる亜米利加』『ヴェルヴェット・アンダーグラウンド完全版』などがある。
②「カウガール・イン・ザ・サンド」「ウォーク・オン」「コルテス・ザ・キラー」「ロッタ・ラヴ」「マイ・ハート」
③『ラスト・ネヴァー・スリープス』『ウェルド』、CSN『アフター・ザ・ストーム』、デイヴィッド・クロスビーほか『ヒア・イフ・ユー・リッスン』、スティヴン・スティルス『スティルス・アローン』
④すべては通過点、完成を目指していない人なんだな、と改めて思う。なので、「全部聴く」と壮大なライフ・ストーリーが見えてくる。ロックではこんなミュージシャンはほかにいない。マイルス・デイヴィスやオーネット・コールマンのようでもあるが、歌詞があることの強みでニールの勝ち。

執筆者プロフィール／アンケート

① 生年、出身地、職業、主なキャリア
② あなたが選ぶ「ニール・ヤング、この5曲」
③ 本書の中から読者にどうしても聴いてほしいアルバム5枚（ニール以外も可）
④ 本書に関わって、改めてニールに思うこと

犬伏 功（いぬぶし・いさお）
①1967年大阪生まれ、大阪市在住の音楽文筆家／グラフィック・デザイナー。英国産ポップ・ミュージックを軸足に音楽執筆活動を展開、地元大阪ではトークイベント『犬伏功のMusic Linernotes』を定期開催している。
②「オハイオ」「ライク・ア・ハリケーン」「ハート・オブ・ゴールド」「ハーヴェスト・ムーン」「シナモン・ガール」
③『ズマ』『ウェルド〜ライヴ・イン・ザ・フリー・ワールド』『フリーダム』『エブリバディズ・ロッキン』、グレアム・ナッシュ『ソングス・フォー・ビギナーズ』
④ここまで“生きざま”が作品と一体になったミュージシャンはいないんじゃないか。ゆえに道を誤ることもあるだろうし、聴き手として考えに同意できないこともある。しかし、その正直さにブレは一切なし。だからずっと聴き続けられるし、常に“気にならずにいられない”んだと思う。

梅村昇史（うめむら・しょうじ）
①1961年名古屋生まれ。グラフィック・デザイン／イラストを生業とする。在野のフランク・ザッパ研究家。ザッパの国内発売に際しては何かしらの関与をしています。
②「ダウン・バイ・ザ・リヴァー」「テル・ミー・ホワイ」「カントリー・ガール」「ウィル・トゥ・ラヴ」「シュガー・マウンテン」
③『アフター・ザ・ゴールド・ラッシュ』『ライヴ・アット・マッセイ・ホール』『ホームグロウン』『ラスト・ネヴァー・スリープス』『スリープス・ウィズ・エンジェルス』。『ホームグロウン』は最初ピンとこなかったけど、本書をきっかけに聴き込んだら良さがわかりました。
④ビートルズ、ディラン、ストーンズのある一面を一人で兼ね備えつつ、デッドのような行方知らずのジャム演奏を展開し、カート・コバーンやニック・ドレイクのような人たちが行ってしまった領域にも片足突っ込んでいるという稀有な存在。ラフさと緻密さの混在バランスの不思議さ。

真下部緑朗（まかべ・ろくろう）
①1964年、鹿児島県生まれ、某出版社・営業部勤務 。『フランク・ザッパ攻略ガイド』『ザ・キンクス　書き割りの英国、遙かなる亜米利加』に続いて参加。
②「ハート・オブ・ザ・ゴールド」「アフター・ザ・ゴールド・ラッシュ」「ハーヴェスト・ムーン」「ダウン・バイ・ザ・リヴァー」「シナモン・ガール」
③『ハーヴェスト』『アフター・ザ・ゴールド・ラッシュ』『デジャ・ヴ』『ハーヴェスト・ムーン』バッファロー・スプリングフィールド『バッファロー・スプリングフィールド・アゲイン』
④ニールが始めたハイレゾ配信サービスと専用プレイヤー「PONO」は決して成功したとは言えないが、「音楽は最高のクオリティで聴きたい」というニールの思いには強く同意

執筆　犬伏 功、梅村昇史、真下部緑朗、森 次郎、森 陽馬、和久井光司
アート・ディレクション　和久井光司
デザイン　倉茂 透

ニール・ヤング　全公式音源攻略ガイド

2021年9月20日　初版印刷
2021年9月30日　初版発行

責任編集　和久井光司
発行者　小野寺優
発行所　株式会社河出書房新社
〒151-0051　東京都渋谷区千駄ヶ谷2-32-2
電話　03-3404-1201（営業）
03-3404-8611（編集）
https://www.kawade.co.jp/

組版　倉茂 透
印刷・製本　株式会社暁印刷

Printed in Japan
ISBN978-4-309-28920-5